KB236189

뜻밖의 세계사

# 딸맛의 세계사

엄창현 지음

페이퍼로드
paperroad

# '한 인간의 삶'의 궤적이 당대 '역사의 거울'이다

사실 사회학은 '세상사는 얘기'가 본질입니다. '세상사는 얘기'를 시간대별로 엮어놓으면 역사가 되고, 그중 특정부분, 예를 들면 '먹고사는 얘기'를 떼어내어 이해하기 쉽도록 틀을 만들고, 소위 '이론'이란 걸 다듬어놓으면 경제학도 되고 '어울려사는 얘기'를 떼어내면 정치학도 되고 그렇지 않습니까?

전공자로서 쉽게 할 말은 아닙니다만 역사학, 정치학, 경제학, 철학 등을 열심히 공부하여 그 틀을 통해 세상이 보이면 구태여 사회학 공부 따위는 하지 않아도 될 성싶습니다. 뒤집어서 "사회학을 제대로 하면" 역사학, 정치학, 경제학, 철학 등 가까운 이웃동네를 기웃거리지 않아도 세상이 보이고, 사람이 보인다는 얘기를 해도 될까요?

요즘은 잘 모르겠습니다만 제가 학교 근처를 맴돌고 있을 때는 부전공으로 사회학을 하는 사람들이 많았습니다. 아무래도 다들 사회학을 만만하게 생각해서 그랬지 싶습니다. 그러나 이론 몇마디 외우자면 간단하겠지만 '세상 보는 눈'을 얻기는 그리 간단치 않았을 것입니다.

한때는 저도 평생 연구하고, 가르치는 학자이고자 했던 적이 있었고, 그래서 단 며칠만 책을 손에서 놓으면 왠지 모르게 불안해하기도 했습니다만 흘러가는 대로 살다보니 연구하고 가르치는 직업과는 멀어지고 말았습니다. 그러다보니 책을 멀리한 지도 꽤 오래됐습니다.

다행히 아직도 '배우는 것'이 재미있기는 합니다. 언제 어디서든 접속 가능한 인터넷 세상이 도래한 덕분에 그때그때의 욕구는 컴퓨터 앞에 앉아 해결하는 버릇이 몸에 배어가고 있습니다. 저뿐만 아니라 많은 사람들이 그렇게, 그렇게 변해가는 세상에 살고 있습니다.

이렇게 가다가는 우리 모두 "침 발라가며 책장 넘기는" 쏠쏠한 재미를 잊어버릴지도 모릅니다. 시절이 이렇듯 하수상한지라 "새삼스레 책이라니?" 싶기도 합니다만.

이 책에 실린 글들은 제가 소위 '공부'란 걸 하다가 '이론 공부'가 지

겨워질 때쯤 곁눈질해서 얻은 "유별난 삶을 살고 간 사람들"에 대한 이야기를 모은 것입니다. 10여년 전부터 여기저기 몇몇 잡지들에 실렸던 글들을 묶었습니다.

'공부'를 통해 학자로서 '세상 보는 눈'을 얻는 데는 실패한 것 같습니다만 부지런히 한눈을 판 덕분에 한 시대를 치열하게 살고 간 '한 인간의 삶의 궤적이 당대 역사, 당대 사회의 등신대 거울'이라는 깨달음 하나는 건진 것 같습니다. 달리 표현하면, 개인사를 모으니 '뜻밖의 세계사'가 되더란 말입니다.

독자들께서 이 책에 실린 글들을 통해 유럽여행도 하고, 남미여행도 하고, 고대로 중세로 현대로 맘껏 넘나들면서 '그때, 그곳 사람'들과 같은 질감으로 호흡을 나누셨으면 하는 제 바람이 쉽게 이루어질는지는 모르겠습니다만 여기까지가, 책을 내는 데까지가 제가 할 몫입니다.

말씀드렸듯이 단기간에 쓴 글이 아니라서, 실렸던 매체도 다르고, 또 어떤 것은 학술적인 글을 약간 고치기만 한 것도 있어서, 글의 체계나 이야기의 전개방식이 고르지 못한 것이 문득 마음에 걸립니다만, 독자들께서 이 책에 등장하는 인물들에 대한 관심과 사랑으로 그 모자람을 메워주실 것으로 믿습니다.

아무튼 이 책을 읽어주심으로서 저는 독자들께 큰 빚을 졌습니다. 아예 '전문 이야기꾼'이 되어 자주 뵙게 되면 그 빚을 갚는 건가요?

어쨌거나…… 고맙습니다.

2006년 12월

엄창현

차 례

세기의 여간첩인가, 조작된 희생양인가

# '아마추어 스파이' 마타 하리

마타 하리와 관련된 시끌벅적한 염문들은 마타 하리 쪽에서 자가발전한 광고
용 헛소문들이었을 수도 있고 그녀를 '세기의 여간첩'으로 만들기 위해 조작
된 것일 수도 있다. 어쨌거나, 그녀의 애기를 다루었던 프랑스 쪽의 몇몇 저술
가들은 네덜란드의 기숙여학교에서 독일어를 배운 그 무용수가 이미 1904년
경부터 독일 정보기관의 끄나풀이었다는 내용을 일반화시킨 장본인들이다.

Mata Hari 1876~1917

## 한국의 마타하리

나의 친척 아주머니 한 분이 쉰살을 갓 넘긴 나이에 홀로 되셨다. 어디 한 군데로 마음 둘 곳을 찾아 전전긍긍하다가 친지의 인도를 받아 성당에 나가게 되었다. 오다가다 우연히 들른 것도 아니었고, 나름대로 확실한 동기도 있었던 터라 아주머니는 아주 열심히 천주님을 믿었다. 돈독한 신심을 높이 산 신부님이 아주머니에게 영세를 받을 것을 권했다.

존경해 마지않는 신부님이 자신의 신앙심을 인정해주는 것도 감격스러웠지만 그것보다는 멋진 서양 이름을 세례명으로 얻게 된다는 사실이 아주머니를 더욱 흥분시켰다. 아주머니는 세례명이란 것을 스스로 선택하는 건지 혹은 신부님이 하사하는 건지조차 모르고 있는 자신이 한심하기는 했으나 며칠 동안 고민한 끝에 마음에 드는 이름을 하나 떠올렸다.

본인이 원하는 대로 택할 수 있다면 그 이름을 그대로 세례명으로 쓰면 될 것이고, 만약 신부님이 일방적으로 점지하는 것이 원칙이라면 신부님이 결정하기 전에 미리 자신이 원하는 이름을 신부님께 알려서 인간적으로 호소하면 뜻을 이룰 수 있을 것으로 생각했다.

아주머니는 신부님께 영세를 받겠다고 했다. 그리고 원하는 세례명이 있다고 했다. 신부님이 그 이름을 물었다. "마타 하리!"라고 아주머니가 대답했다. 신부님은 잠시 혼란스러워졌다. 어디서 많이 듣던 이름이기는 한데 세례명으로 써서는 안될 이름인 것 같기도 하고, 될 것 같기도 하고.

위에서 소개한 일화는 실화다. 그만큼 '마타 하리'라는 이름은 우리에게 친근하다. 살았던 곳이 유럽이었고, 그리고 이미 90년 전에 죽은 사람임에도 불구하고 그녀는 우리에게 낯설지 않다.

### '세기의 여간첩'에 대한 전설

1917년 10월 15일, '세기의 여간첩'으로 우리에게도 잘 알려진 무용수 마타 하리가 프랑스의 뱅상에서 처형되었다. 적국 독일을 위해 간첩행위를 했다는 기소내용이 프랑스 법원에 의해 받아들여졌고, 그 유죄판결에 따라 총살형이 집행된 것이다.

마타하리는 짧은 기간 안에 새로운 유행의 중심이 되었다.

그녀의 삶을 내용으로 한 소설도 많았고, 그녀의 생애를 소재로 한 영화도 몇편 있었다. 그러나 이들 영화나 소설의 대부분이 사실과는 전혀 상관없는 창작물이었다는 데에 문제가 있다. 어쨌든, 그런 엉터리 중의 몇개가 우리에게까지 소개되었고, 그래서 우리는 그녀의 이름을 들으면 '세기의 여간첩'을 떠올리게 되었다.

어떤 사람이 유명해지면 으레 그 사람의 출생에까지 거슬러 올라가서 보통사람과는 다른 점을 찾으려고 애쓰는 것이 글쟁이나 말쟁이들의 버릇이다. 마타 하리의 경우도 예외는 아니어서, 그녀의 아버지가 어떤 후작의 후예라는, 즉 그녀가 귀족의 핏줄을 타고났다는 것이 거의 정설처럼 되어 있다. 그러나 실제로 그녀의 아버지는 조그마한 모자가게의 주인이었다.

마타 하리는 1876년 8월 7일, 네덜란드 레바르덴에서 태어났다. 아버지는 딸에게 마가레타 게르트루데라는 이름을 붙여주었다. 성은 쩰레였다. 유럽인들은 우리처럼 이름을 '짓지' 않는다. 그냥 흔히 부르는 이름들 중에서 하나를 골라낸다. 더러는 몇개의 이름을 조합해서 쓰기도 한다. 마가레타 게르트루데라면 두 개의 이름이 보태어진 것이다. 재수 없는 경우에는 할머니 이름, 어머니 이름, 이모 이름, 등등 여러개를 한꺼번에 일인분의 이름으로 부여받는 경우도 있다. 그러다보면 '엘리자베스 마리안네 수잔네 도로테아' 하는 식으로 이름이 길어지기도 한다.

그래서 그들의 문화권에서는 그것을 간단히 줄여버리는 '애칭'이란게 필요했는지도 모른다. 한 개의 이름만을 쓴다하더라도 자주 부르기에는 길어서 귀찮다. 엘리, 마리, 수지…… 등으로 줄여 부르는 것이 그들에게 일반화된 것도 대부분의 이름이 긴 때문이었을 것이다.

어쨌거나, 주로 '그레타'라는 애칭으로 불리었던 긴 이름의 딸이 태어난 지 얼마 되지 않아서 모자가게는 문을 닫았고 가족은 네덜란드의 암스테르담으로 이주했다. 아버지는 그곳에서 조그마한 지하실을 세내어서 석유소매업으로 전업했다.

1890년, 어머니가 사망했다. 아버지는 그녀를 삼촌 집에 맡겼고, 삼촌은 얼마 후 그녀를 기숙사가 딸린 사범학교에 입학시켰다. 그레타는 그 학교를 졸업하지 못했다. 결혼이 학업중단의 이유였는지, 아니면 원인모를 학업중단 이후의 방황 가운데서 갑자기 결혼하게 되었는지 명확치는 않으나, 어쨌든 그녀는 1895년 6월에 스무살 연상의 직업군인과 결혼했다.

주로 식민지에서 근무했던 매클라우드라는 장교와의 사이에서 결혼 이듬해에 노만이라는 이름의 아들이 태어났다. 매클라우드는 스코틀랜드 태생이었으며, 집안은 대대로 군인가문이었던 것으로 알려지고 있다. 그는 오랜 기간 동안의 식민지 근무 탓에 몸과 마음이 잔뜩 피곤해 있는 상태였다. 1897년 3월에 그는 아내와 아이를 데리고 임지였던 자바섬에 도착했다. 자바에서 잠시 근무하고 나서 소령으로 진급한 그는 네덜란드령 인도의 말랑지역 책임자로 부임했다. 1898년 5월에는 딸이 태어났다. 루이자 요한나라는 이름이 딸에게 붙여졌다.

이듬해에 매클라우드가 수마트라로 전출되었을 때 그는 아내와 아이들을 다시 자바로 돌려보냈다.


**원만한 부부사이는 아니었다** │ 그 무렵, 부부가 주고받았던 편지들의 내용을 보면 둘 사이가 그리 원만하지는 않았다는 것을 알 수 있다.

20년의 나이차와 성장환경의 이질성, 그리고 부부사이가 원만하지 않을 때 상투적으로 언급되는 성격차 등이 그 원인이었던 것 같다. 매클라우드가 아내에게 보낸 편지 가운데서 두 사람 사이에 가로놓인 벽을 극명하게 드러내어주는 부분을 여기에 옮겨본다.

"아무런 쓸모없는 얘기뿐인 네 편지를 받고, 어제 하루 종일 내가 얼마나 불쾌했었는지 너는 모르겠지. 도무지 신경 써서 읽어줄 만한 말이라고는 단 한마디도 들어 있지 않더군. 사치스런 옷 얘기, 헤어스타일 얘기, 이 따위들을 제외하고 다른 것들에는 관심도 없을 테지. 그래, 너는 읽을 가치가 있는 편지를 쓰기에는 너무 바보스럽고, 너무 피상적인 인간이야."

후일 그들이 다시 함께 살게 되었을 때도 부부사이가 호전된 것 같지는 않다. 1899년, 아들 노만이 죽었다. 매클라우드는 아이의 죽음은 아내의 책임이라고 믿었다. 그녀가 아이를 제대로 돌보지 않았기 때문이라는 것이 그의 생각이었다. 얼마 후, 아이가 어떤 하녀에 의해 독살되었다는 것이 밝혀지기는 했다. 하녀가 어떤 현지인 출신의 군인으로부터 버림받은 데 대한 보복으로 그 군인을 독살하려던 것이 실

1895년, 마타 하리는 스무살 때 스무살 연상의 직업군인 매클라우드와 결혼했다. 2년 후, 매클라우드가 네덜란드령 인도의 말랑지역 책임자로 근무하고 있을 때 마타 하리는 남편, 그리고 아이들과 함께 이 집에서 살았다.

수로 아이를 죽이게 된 것이었다. 그러나 진상이 밝혀진 것과는 상관없이 이미 부부관계는 회복불능의 상태였다.

### 별거와 화해, 그리고 완전한 결별

매클라우드는 식민지에서의 근무에 진저리가 났다. 1902년, 그는 가족을 데리고 임지였던 바타비아를 떠나 네덜란드로 돌아왔다. 긴장의 연속인 이국생활을 청산하고 귀국하였음에도 불구하고 부부사이는 파국으로 치달았다. 별거와 짧은 기간 동안의 화해, 그리고 마침내 완전한 결별로 이어졌다. 법적으로 이혼절차를 마친 것은 아니었고, 법원의 지시에 의한 공식적인 별거였다.

그레타, 즉 마타 하리의 결혼생활이 이렇듯 파경에 이른 것은 남편과의 이런저런 차이도 원인이었지만, 남편의 친구와 그레타의 관계 때문이었다는 내용을 담은 자료도 더러 있다.

그러나 그것의 사실여부도 명확치 않고, 그리고 사실이라 하더라도 그것이 파경의 원인이었는지, 아니면 결별 이후의 심심풀이였는지도 분명치 않다. 확실한 것은 이들이 제삼자의 개입이 없었더라도 결코 백년해로할 부부는 아니었다는 사실이다.

### 생활의 불안정이 정신의 혼란을 가져오다

별거기간 동안 매클라우드는 매달 아내에게 100굴덴의 생활비를 지불해야만 했다. 그러나 법원의 명령은 제대로 이행되지 않았다. 지불날짜가 지켜지는 경우도 드물었고, 때로는 액수가 모자라기도 했다. 설사 그 돈이 제때에 모두 그녀에게 건네졌다하더라도 알뜰한 생활을 영위할 능력도, 의지도 없는 그녀에게는 충분치 않은 액수였다.

생활의 불안정은 정신의 혼란을 가져오게 마련이다. 게다가 홀로 된다는 것은 일단은 심심하다. 그렇더라도 이 무렵, 그녀의 생활이 문란했었다는 증거는 없다. 그녀를 '세기의 여간첩'으로 만들기 위한 전단계로서 이 무렵의 그녀를 우선 '몸 뜨거운 여자'로 만들어놓고 보겠다는 소설 같은 소설도 있었던 모양이다.

1903년 여름, 그녀는 생애 처음으로 파리로 갔다. 어떤 유명한 화가의 전속모델이 되고자 하는 것이 여행목적이었다. 그녀의 희망은 이루어지지 않았다. 가슴이 덜 발달했다는 것이 이유였다. 그 유명한 화가가 누구였는지는 모르지만, 아마도 가슴 큰 여자의 나체를 주로 그리는 작자였던 모양이다. 파리여행 한달이 채 못 되어 그녀는 다시 네덜란드로 돌아왔다.


**파리의 무희가 된 그녀, 마타 하리로 불리다** | 그녀의 두번째 시도가 어떻게 진행되었는지 자세히 알려진 바 없다. 그러나 그녀는 1905년 초의 두번째 도전에서 배타적인 파리의 연예계에 진입하는 데에 성공한 듯하고, 그해 3월부터 '인도의 사원에서 춤을 추던 무희'라는 소개와 함께 파리의 중심무대에서 '이국적인 춤'을 추기 시작했다. 그때부터 그녀의 이름은 마타 하리였다. '아침노을과 같은 눈동자'라는 뜻

의 인도 말로 된 예명이었다.

그녀가 춤을 추는 무대의 뒷배경은 항상 파괴의 신이자 춤의 신이며, 또한 결실의 신이기도 한 힌두교의 시바 나타라자 신의 조상으로 장식되어 있었다.

당시 파리는 이국적인 것을 좇는 것이 유행이었다. 문화의 전부분에서 이국적인 것들이 상종가를 기록하고 있었다. 그러나 이 새로운 이국적인 것이 이제까지의 모든 잡다한 것들을 덮어버렸다. 파리인들은 감탄했고, 마타 하리는 짧은 기간 안에 새로운 유행의 중심이 되었다.

그녀의 성공은 파리에만 머문 것이 아니었다. 몬테카를로, 빈, 베를린 등도 차례차례 그녀의 춤에 환호했다. 그녀는 유럽을 휘감아 정복하고 다시 파리로 돌아왔다. 1907년, 그녀는 '무랑루즈'를 비롯한 파리의 모든 중요한 무대를 휩쓸었다. 새로운 '자바춤'과 또다른 '인도춤'을 선보이면서 그동안 그녀의 빈자리를 메우고 있었던 그녀의 아류들을 앞질러 나갔다.

그녀의 대중적 인기를 증폭시키는 데는 뛰어난 선전술도 물론 중요한 역할을 했다. 그 무렵부터 나돌기 시작한 그녀와 관련된 선정적인 얘기들이 그것과 무관하지는 않을 것이다. 그녀는 원래 인도 브라만 계급의 후손이며, 그녀의 어머니도 역시 무희로서 시바의 사원에서 춤을 추었다는 것이었다. 게다가 그녀는 영국군 장교에게 납치되어 결혼을 강요당했으며, 그래서 매클라우드 부인이 되었다는 것이 소문시장에서 거래되는 내용의 골자였다.

실제로 그녀는 1906년 4월 아른헴의 지방법원에서 법적 이혼절차를 완전히 마쳤었다. 그러나 당시의 언론은 그것을 알지 못했다.


## 전쟁의 시작으로 그녀의 황금기는 마감되다

제1차 세계대전이 발발할 때까지 그녀는 성공가도를 질주했다. 독일에서 국민총동원령이 내렸을 때에 그녀는 마침 베를린에 체류하고 있었다. 그 무렵에 그녀와 독일의 황태자가 열렬히 사랑하는 관계라는 확인하기 힘든 소문이 떠돌았다. 사실여부를 떠나서 이 소문은 후일, 프랑스 법원으로부터 유죄판결을 받게 되는 데에 악영향을 끼쳤을 것이다. 소문이 법정에서 증거로 채택되지야 않았겠지만, 그녀가 독일의 간첩임이 분명하다는 예단은 가능케 했을 것이다.

어쨌든, 전쟁발발과 더불어 그녀의 황금기는 마감되었다. 대책 없는 내리막길이었다. 전쟁을 수행하는 나라들은 더이상 이국적인 춤에 관심을 갖지 않았다. 게다가 마타 하리의 나이 또한 무희로서는 환갑을 지난 서른여덟살이었다. 그녀는 자신의 소유였던 파리근교의 빌라를 처분해야만 했다. 네덜란드로 돌아가 덴하그(헤이그)에서 조그마한 셋집을 빌렸다. 그녀는 주로 네덜란드의 극장무대에 섰다. 바쁘기는 전과 다름없었다. 파리, 마드리드, 런던, 쾰른 등지를 쉴 새 없이 왕래했다. 파리에서는 그녀가 오늘날 우리가 '러브호텔'이라고 부르는 특수목적의 호텔을 드나드는 것이 더러 목격되기도 했다.

1905년 마타 하리는 파리에서 이국적인 춤을 추기 시작한다. 파리의 한 극장에서 한창 전성기를 누리던 때의 마타 하리를 본뜬 밀랍인형이 있다.

### 간첩혐의로 체포되다

1915년 중반에 처음으로 그녀는 런던에서 영국정보기관에 의해 체포되었다. 물론 간첩혐의였다. 그녀는 곧 풀려났다. 그러나 런던 쪽이 프랑스정보기관에 뭔가를 알려준 듯했다. 마타 하리는 이제 감시받는 신세가 되었다. 프랑스정보기관이 그녀의 혐의에 관한 충분한 증거가 확보되었다고 판단했을 때가 1917년 초였다. 그녀는 1917년 2월 13일 파리에서 체포되었다.

전쟁발발 이전부터 나돌았던 그녀의 남자관계에 관한 이런저런 소문들은 그녀의 생활방식으로 미루어봤을 때 전혀 엉뚱한 것은 아니었을 수도 있다. 그러나 그녀의 연인으로 혹은 정부로 지목된 자들의 면면이 지나치게 화려하다는 것이 문제였다. 나도는 명단에는 독일의 황태자에서부터 정부의 각료에 이르기까지 수많은 저명인사들과 고관대작들이 망라되어 있었다.

### 뭐, '세기의 여간첩'으로 만들기 위해 조작된 거라고?

후일 '프리드리히 벤커–빌드베르그'라는 이름의 부지런한 작가는 이 명단에 거명된 인물들의 대부분이 실제로 마타 하리와 만난 사실조차 없다는 것을 밝혀내기도 한 모양이다.

정리해보면, 마타 하리와 관련된 시끌벅적한 염문들은 마타 하리 쪽에서 자가발전한 광고용 헛소문들이었을 수도 있고, 그녀를 '세기의 여간첩'으로 만들기 위해 조작된 것일 수도 있다는 얘기다. 어쨌거나,

그녀의 얘기를 다루었던, 혹은 전기를 집필했던 프랑스 쪽의 몇몇 저술가들은 네덜란드의 기숙여학교에서 독일어를 배운 그 무용수가 이미 1904년경부터 독일 정보기관의 끄나풀이었다는 내용을 일반화시킨 장본인들이다. 나아가서 전쟁발발 무렵 독일의 정보기관이 그녀의 첩보활동에 대한 '선금'으로 3만 마르크라는 거액을 지불했었다는 얘기도 실은 그들의 입에서 나왔다.

### 역량미달의 스파이가 거액을 받았다는 건 아리송…

독일 쪽의 자료들은 이 부분을 허구라고 보고 있다. 스파이로서의 역량을 인정받을 만한 실적이 전혀 없었던 상황에서 독일의 정보기관(독일군 참모본부 3국 B과, 책임자는 니콜라이 대령)이 관례를 무시하고, 그녀에게만 거금을 '선금'으로 주었다는 것은 생각하기 힘들다는 것이다. 게다가 전쟁발발 무렵의 그녀의 생활정도를 살펴보면 그녀가 거액을 받았을 가능성은 전혀 없다는 것이다. 그녀가 덴하그에 얻어놓은 조그마한 셋집은 1년치 집세가 겨우 750굴덴에 불과한 초라한 집이었다. 이것은 그녀가 이제껏 흥청망청 써왔던 탓에 모아둔 돈도 따로 없었고, 그리고 전쟁발발과 더불어 수입도 현저히 줄어들었다는 것을 말해주는 증거라고 독일 측은 보고 있다.

앞부분에서 그녀가 파리에 있던 빌라를 처분하고 나서 덴하그로 옮긴 이후 '시간제 호텔'에 드나드는 것이 자주 목격되었다는 얘기를 한 적이 있다. 관련 자료나 목격담들이 의미하는 바는, 한때 전 유럽을 떠들썩하게 했었던 독보적인 인도춤 무희가 전쟁 발발 이후 고급 창녀로 전락했다는 것이다. 그 것은 아마도 생활고 때문이었을 것이다. 그렇다 면 전쟁발발 무렵 그녀가 독일정보기관으로부 터 거액을 받았다는 것은 더더욱 믿기 힘들다.

그녀를 죽음으로 몰고 간 후일의 간첩혐의도 모두 제1차 세계대전 기간 중의 그녀의 행동과 관련된 것이지 전쟁발발 무렵이나 전쟁발발 이 전의 행동 때문에 의심을 받은 것은 아니다.

재판에서 마타 하리의 간첩활동의 증거로 제 출된 악보. 난수표로 쓰여졌다고 했다. 이것 과 프랑스정보기관에서 일하던 한 여자의 증 언은 아마추어 여간첩을 세기의 간첩으로 만 들었다.

## 소문의 진상

전쟁발발과 더불어 유럽의 여러 나라를 마음대로 여행하는 것은 거의 불가 능해졌다. 네덜란드 국적의 마타 하리가 스위스를 경유해서 프랑스로, 그리고 그곳에서 다시 스페인이나 스웨덴, 그리고 영국 등지로 계속 여행할 수 있었던 것은 해당국 대사관 직원들의 도움을 받고서야 가능 했을 것이며, 그런 도움을 줄 수 있는 관계였다면 그들의 외교행낭 속 에 마타 하리의 편지가 한두 번쯤 끼어들 여지도 있었을 것이다.

스페인 마드리드에서 그녀는 두 명의 독일해군 무관과 관계를 맺었 던 것으로 어떤 자료는 밝히고 있다. 빌헬름 카나리스 중위와 폰 칼레 중위가 그들이다. 그 무렵 독일대사관의 해군 무관은 폰 크론 대위였 다. 칼레라는 사람이 실재했다면 그는 폰 크론 대위의 부하였을 것이다. 카나리스라는 인물은 당시 이제 막 중위가 된 자로서 특수 임무를 띠고 스페인에 잠깐 파견 나와 있던 자였다.

그러나 그 특수임무라는 것도 독일잠수함 승무원들에 대한 보급을 스페인 현지의 항구에서 해결하는 방안을 연구하는 것이었다. 그러니까 정보업무와는 전혀 상관이 없는 순수한 해사 업무였다.

## 첩보활동의 기간은 아주 짧았다

워싱턴의 기록보관소 '내셔널 시큐리티 아카이브스(NSA)'에는 당시 독일정보기관의 활동에 관한 자료들이 많이 보관되어 있다. 그 속에는 마타 하리가 첩보활동과 인연을 맺은 시기와 과정을 밝혀주는 자료가 포함되어 있다. 그 자료에서조차 마타 하리는 아주 짧은 기간 동안만 첩보활동을 한 것으로 되어 있다. 그중에 포함된 한 장의 보고서를 소개한다.

이 보고서는 마타 하리가 첩보활동 무대에 처음으로 등장하던 무렵, 독일 뒤셀도르프에 소재하고 있던 전쟁정보국 서부지부의 책임자였던 폰 뢰펠 소령이 작성한 것이며, 수신자는 방첩대장 겜프 소장으로 되어 있다. 이 사본은 제2차 세계대전 종전 직후에 제1차 세계대전 당시의 독일군 참모본부 제3국 B과, 즉 정보과의 다른 문서들과 함께 미군 측에 압수된 것이다. 이 보고서의 원본은 1945년 4월 14일, 베를린 근교 포츠담에서 있었던 마지막 격전 과정에서 포격에 의해 소실된 것으로 알려지고 있다.

## 미군에 압수된 보고서의 일부

"마타 하리는 노출된 상태였습니 다"로 보고서는 시작된다.

요한회(귀족단체)의 회원으로서 3급 정보장교로 위촉받은 바 있는 폰 미르바흐 남작이 H21(마타 하리의 인식번호)을 3국 B과에 연결한 것으로 알고 있습니다. 1914년 11월 24일, 저는 뒤셀도르프 전쟁정보국 서부지부 사무실에 있다가 니콜라이 대령의 전화를 받고 쾰른으로 향했습니다. 니콜라이 대령은 돔 호텔에서 H21과 면담하겠다고 했습니다. 저는 물론이고, 미르바흐까지 나서서 덴하그에 살고 있는 H21을 독일땅에 오게 해서는 안된다고 말렸습니다. 그러나 3국 B과장은 그것을 고집했습니다.

제네바 쪽으로 해서 국경을 넘어설 때에 이미 감시받고 있었던 듯한 느낌이 들더라고 마타 하리는 후일 제게 말했습니다. 그녀는 출신이 불분명한 인도인 하녀를 대동하고 있었는데, 그 하녀 역시 의심가는 구석이 많은 여자였습니다. 3국 B과장은 H21을 쾰른으로부터 프랑크푸르트 암 마인으로 보내도록 조치했습니다. 마타 하리를 프랑크푸르트 호프 호텔에 묵도록 하고 나와 슈레그뮐러 박사는 챨톤 호텔에 숙소를 정했습니다. 나에게 부여된 임무는 며칠간 H21에게 그녀의 임무와 관련이 있는 정치적, 군사적 소양을 주입하는 것이었으며, 슈레그뮐러 박사의 임무는 H21의 여행계획을 수립하고, 그녀에게 정보수집 요령과 보고방법 등을 가르치는 것이었습니다.

육안으로 보이지 않는 특수잉크를 사용하는 방법을 가르치기 위해서 안트

워프에 있는 전쟁정보국 지부에 근무하는 하버자크씨가 특별히 초치되기도 했었습니다. 교육기간 중에 한번 더 쾰른의 돔 호텔에서 3국 B과장과의 면담이 있었습니다. 그 면담에 H21은 참석하지 않았습니다. 공교롭게도 프랑크푸르트 호프 호텔의 지배인이 한때 파리에 있는 리츠 호텔의 지배인이었던 자였습니다. 그는 마타 하리를 첫눈에 알아보았습니다. 뒤에 들은 얘기로는, 그런 일이 있은 지 얼마 후 마타 하리가 그의 집으로 초대되어 그의 가족과 만찬을 함께 하기도 했던 모양입니다. 저는 남의 눈에 띄지 않도록 하기 위해 주로 한적한 프랑크푸르트 근교를 산책하면서 그녀를 교육시키는 방법을 쓰고 있었습니다. 그런 산책중에 그녀와 지배인의 관계를 물어봤습니다. 저녁초대에 응하지 않으면 오히려 그가 더 의심을 할 것 같아서 응했다고 했습니다. 그러나 제 생각으로는 그녀가 파리시절에 그 지배인에게 빚을 지고 있었던 것 같았습니다. 그리고 실제로 나중에 그녀가 그에게 수표를 써주는 것을 우연히 목격하기도 했습니다.

마드리드에 있는 칼레와 H21 사이에 실제로 관계가 있었는지에 대해서는 정확히 알지 못합니다. 후일, 그러니까 1918년에 제가 덴하그에서 근무했을 그 당시 암스테르담의 총영사로 있었던 크레머 박사와 H21에 관해 얘기할 기회가 가끔 있었습니다. 그 당시는, 우리가 그때까지 사용했었던 '갈색 난수표'가 이미 적군의 수중에 들어가 있다는 것을 우리 모두 눈치 채고 있을 때였습니다. 그런데 바로 그 문제의 난수표에 의거한 이상한 전문이 마드리드에서 크레머 박사에게 왔다고 했습니다. H21이 프랑스와 영국을 경유해서 스페인까지 여행을 하고 암스테르담으로 돌아오는 즉시 그녀에게 2만 굴덴을 지불하라는 내용이었다고 했습니다. 그 전문을 받은 크레머 박사 역시도 당시에는 깜짝 놀랐고, 그리고 뭔가가 잘못되어가고 있다는 것을 알게 되었다고 했습니다.

이제 H21의 능력에 관해 얘기해보겠습니다. 이 부분에 대해서는 사람마다 평가가 크게 다릅니다. 제 개인의 의견으로는 그녀가 아주 관찰력이 뛰어났고, 정보보고 또한 정확했다고 봅니다. 그녀는 이제껏 제가 알고 지냈던 여자들 중에 가장 영리한 여자였다고 기억하고 있습니다. 제가 뒤셀도르프에 있던 위장주소지를 통해 그녀에게서 직접 받은, 특수잉크로 쓰여진 몇몇 편지에는 그리 가치 있는 정보는 포함되어 있지 않았습니다. 그러나 그녀가 수집한 더 중요한 정보가 타인에 의해 가로채어졌거나 차단되었을 가능성도 있다는 것이 제 생각입니다.

그녀는 독일을 위한 첩보활동을 분명히 했습니다. 그래서 프랑스가 그녀를 처형한 것은 옳았다고 봅니다. 우리로서는 유감이긴 합니다만.


## 독일기관은 '의도적으로' 프랑스에 마타 하리를 노출시키다 | 첩보

활동과 관련된 저술로 널리 알려진 독일계 미국인 쿠르트 징거는 무희 마타 하리의 첩보활동의 결과는 사실 보잘것없었다고 적고 있다. 그의 생각이 어쩌면 사실에 제일 가까울 것이다. 그의 결론은 드라마틱하다. 독일은 그녀가 필요 없어졌고, 그래서 그녀를 '정리'하기 위해 파리로 보냈으며, 그곳에서 출발 전에 카나리스에게 연락을 취하도록 명령했다는 것이다. 그리고 이 지시는 의도적으로 프랑스의 정보기관이 이미 알고 있는 옛날에 쓰던 암호 코드로 송신되었다는 것이다. 그것은 말하자면 의도적으로 프랑스의 정보기관에 그녀의 첩보활동에 대한 구체적인 물증을 제공한 것이었다는 것이다.

"어쩌면 카나리스 대위는 그녀의 수중에서 벗어나고 싶은 개인적인 이유를 갖고 있었을 수도 있다."고 징거는 덧붙이고 있다. 그러나 '물증'을 얘기하는 징거 자신도 자신의 결론에 대한 '물증'을 우리에게 제시하지는 못하고 있다. 인용한 부분에서 보듯 징거 역시도 소설가다. 게다가 앞서 잠깐 언급했듯이 카나리스라는 인물은 그 당시 이제 막 잠수함 지휘교육을 수료한 햇병아리 해군 중위에 불과했었다.

### 프랑스기관, 감시는 했으되 물증은 얻지 못하다 | 워싱턴에서 발견

된 서류철에는 아주 흥미로운 주석이 붙어 있다.

"1916년 5월 초, 파리의 정보기관은 마드리드 주재 독일대사관의 모든 암호전문을 해독할 수 있는 상태였던 것이 분명하다. 여기서 문제가 되는 것은 '갈색 난수표 책'이다. 그 난수표를 1916년 5월 4일에 외무부에 근무하는 어떤 사람을 통해 입수했다고 한다."

이 시점 이후에도 마드리드의 독일대사관이 계속 이 옛날 암호를 사용해서 전문을 주고받았는지는 확실치 않다. 그러나 앞서 소개한 보고서의 내용으로 미루어보면 독일 역시 그 암호코드가 노출되었다는 것을 알고 있었으므로 어느 시점부턴가는 그것을 공식적으로 사용하지 않았을 것으로 보는 것이 옳을 것이다.

어쨌든 런던의 영국 정보기관의 충고가 있은 직후부터 프랑스가 이 무희에게 주목하고 있었던 것은 확실한 것 같다. 이 무렵부터 그녀가 감시받고 있었다는 것은 나중에 사실로 확인되기도 했다. 감시는 했으되 물증은 얻지 못한 상태였던 모양이다.

1916년에 들어 마타 하리는 종군간호사로 비텔에 가겠다고 자원했다. 그녀는 그곳에서 중상을 입고 입원해 있는 남자친구, 즉 러시아군의 마슬로프 대위를 간호하고 싶다고 신청서에 기록했다. 이 무렵 문제의 마슬로프 대위는 라임스에 주둔하고 있었으며, 부상을 입은 적도 없었다는 것은 앞서 잠시 거명했었던 벤커-빌드베르그라는 부지런한 작가가 후일 밝혀냈다. 마타 하리가 근무를 희망했었던 비텔지역에는 프랑스 공군이 주둔하고 있었고, 군사적으로 중요치 않은 도시는 분명 아니었다.

짧은 기간 안에 마타 하리는 여러명의 조종사들과 깊은 관계를 맺은 것으로 알려지고 있다. 그러나 오래지 않아 그녀는 비텔을 떠나야만 했다. 프랑스 방첩기관의 소환을 받았기 때문이었다. 조사과정에서 마타 하리는 독일과의 관계를 단호히 부정했다.

그러면서 오히려 프랑스를 위해 첩보활동을 하겠다는 제의를 했다. 책임자 라두 소령은 그 제의를 받아들이는 척했고, 그것은 그녀를 함정에 빠뜨리는 것이었다. 그녀에게 주어진 일거리는 벨기에의 스파이들에 접근해서 별가치도 없는 정보를 주고받는 것이 고작이었다.

그러나 그중에 프랑스에 충성하는 이중간첩이 있었는데, 그가 그녀와 접촉한 지 얼마 되지 않아 총에 맞아 살해되는 사건이 발생했다. 그의 죽음에 마타 하리가 어느정도의 책임을 져야 하는지, 어떤 역할을 했는지는 명확치 않다. 그러나 1917년 초 프랑스정보기관은 그것으로써 그녀의 간첩활동을 증명하는 물증은 충분하다는 판단을 한 듯하고, 그래서 2월 13일 아침, 그녀를 체포했다.

### 전쟁의 후유증을 잠재우기 위해 희생양이 필요했다

그녀에 대한 재판은 7월 24일 시작되었다. 그 무렵, 전쟁은 절정에 이르러 있었고, 그래서 대전국간의 적대감은 최고조에 달해 있었다.

교도소에 수감되었을 때의 마타 하리.

사형선고 이외에 다른 가능성은 보이지 않았다. 5월과 6월에 걸쳐 수행된 니벨레 총공세가 실패하면서 독일의 방어선을 돌파하기는커녕 오히려 프랑스군 내부에서 소규모의 반란까지 발생한 터였다.

5월 20일, 일부 부대가 영원히 고착된 듯한 진흙탕 전선에서 명령이행을 거부한 것으로부터 반란은 시작되었다. 일부는 제멋대로 해산해버렸고, 일부는 인근 도시에 모여 시위를 벌이기도 했다. 파리로 가려는, 전선을 이탈한 군인들이 최전선에 가까운 기차역들에 진을 치고 있었다. 참호에서 참호로, 병영에서 병영으로 날아다니는 선동 삐라들이 프랑스군의 사기를 엉망으로 만들고 있을 무렵이었다.

프랑스 전역에, 특히 파리에는 온갖 불길한 소문이 난무하고 있었다. 승리를 예감하고 있던 주민들 사이에도 불안감이 팽배해져갔다. 그러나 최고 사령부는 냉혹하게 대처했다. 전선의 군법회의는 이탈자들에게 가혹한 판결을 내리고 있었다. 약 150명 정도가 총살되었다. 기병과 헌병들을 총동원하여 탈영병이 늘어나지 않도록 틀어막았다. 6월 중순쯤 위기를 겨우 넘겼다.

끝없는 소모전으로 이어지는 지긋지긋한 전쟁을 계속 수행하기 위해서는 대공세의 실패와 그에 뒤이은 일부 부대의 반란소식이 프랑스 국민에게 준 충격을 해소시켜야만 했었고, 그 후유증으로서의 불안감을 다른 곳으로 돌려야만 했다. 희생양이 필요했다. 그 대상으로서 떠오른 것이 마타 하리였다.

### 재판도 받기 전에 판결문이 나와 있었다

그녀는 당시에 이미 살아있는 전설이었다. 독일을 위해 간첩행위를 한 '세기의 여간첩'을 자랑스러운 프랑스의 정보기관이 용의주도하게 감시하다가 마침내 그 꼬리를 잡아챈 것으로 사건은 포장되어 있었다.

그녀에 대한 재판은 시작도 하기 전에 이미 판결문까지 완성되어 있었던 셈이다. 재판관들은 그녀가 독일을 위해 간첩활동을 했다는 것을 이미 확신하고 있었다. 반면에 변호인은 파리의 예술인들 사이의 송사를 주로 맡아왔던 자로서 큰 형사사건에는, 더구나 전시군법회의 관할의 사건과는 전혀 인연이 없었던 사람이었다. 그녀 자신은 자기가 비록 네덜란드인이기는 하지만 오직 프랑스를 위해 첩보활동을 했노라고 항변했다. 그러나 그녀가 같이 일했다고 주장하는 프랑스의 정보기관은 그녀에게 유리할 수도 있는, 그 어떤 증거자료도 법정에 제출하지 않았다.

## 조작된 증언으로 '세기의 간첩'이 된 마타 하리

대세가 기울면 원래 비난이나 혐의는 그 약한 쪽으로 쏠리게 마련이다. 지중해에서 14척의 병력수송선이 독일잠수함의 어뢰공격을 받고 침몰된 것도 그녀가 독일에 넘긴 정보 때문이었다는 혐의가 추가되었다. 그러나 침몰된 배들의 이름도 그리고 그 손실 규모에 관한 구체적인 자료도 법정에 제출되지는 않았다. 어떤 독일 고관과 주고받은 편지도 논란거리가 되었다.

특히 클로드 프랑스라는 여자의 증언은 마타 하리를 대단한 간첩으로 만들었다. 그녀의 본명은 한자 비티히였고, 베를린 태생이었다. 그 무렵 그녀는 프랑스 정보기관을 위해 일하고 있었으며, 나중에는 영화배우를 하기도 하는 등 마타 하리만큼이나 모험적인 삶을 살다가 1928년에 자살로 생을 마감한 여자였다. 어쨌거나, 그 당시 그녀는 프랑스 정보기관이 필요로 하는 역할을 성공적으로 수행했다.

마타 하리에게 쏟아진 비난과 혐의를 모두 사실이라 치고 종합해보면 한 아마추어 여간첩이 프랑스에 끼친 피해는 상상하기 힘들 정도로 엄청난 것이었으며, 만약 그녀를 잡지 못했다면 그녀 때문에 프랑스가 망해버렸을 것 같은 느낌이 들 정도였다.

마타 하리의 생애를 추적한 미국작가 S. 와게나르는 『그녀는 스스로를 마타 하리로 명명했다』라는 제목의 책에서 다음과 같이 적고 있다.

"그녀의 명성은 손상되지 않을 것이다. 그녀가 무슨 짓을 했건 안 했건, 증거가 있건 없건, 그런 것은 상관없다"

그녀를 따라다닌 명성이 그녀의 비극적인 종말에 촉매역할을 한 것은 분명한 사실이다. 판결은 총살에 의한 사형이었다. 프랑스 대통령에게 올린 사면청구는 기각되었다. 사형집행일자는 1917년 10월 15일로 확정되었다.

마타 하리가 처형되는 모습을 그린 캐리커처. 이후 비운의 무희는 소르본느 의과대학 해부학교실 해부대로 옮겨졌다.

**죽음을 눈으로 보고 싶었던 그녀, 승천하다** | 원래 시인과 작가들은

흥미로운 인간의 최후의 시간을 묘사하기를 즐겨한다. 이 비운의 무희의 경우도 예외는 아니어서 그녀의 죽음에 관한 이런저런 묘사나 기록들은 어디까지가 사실이고 어디서부터 창작인지 모를 정도이다.

처형되는 날 아침, 그녀는 세 통의 편지를 썼다. 하나는 딸에게, 또 다른 하나는 잠깐 소개되었던 마슬로프 대위에게, 그리고 마지막은 체포되기 며칠 전에 그녀가 사흘 밤을 봉사했었던 프랑스 정부의 어떤 고관에게 보내는 것이었다. 그녀가 편지를 쓰는 동안 그녀의 죽음을 목격할 증인들이 5대의 차에 나누어 타고, 그녀가 나오기를 기다리고 있었다.

마타 하리는 스스로도 감당하기 힘들었던 모험적인 삶의 질곡에서어서 벗어나려는 듯, 그래서 생사의 경계를 빨리 넘어서려는 듯 몹시 서둘렀다고 목격자들은 전하고 있다. 그녀와 마지막으로 악수한 사람은 변호사였다고 한다. 교도소에서의 최후의 몇달 동안 그녀를 돌봐주었던 레오니드 수녀가 그녀에게 모든 사람을 용서하고 떠나라고 조언했다. 마타 하리가 고개를 끄덕이며 몇마디 불분명한 말을 중얼거렸다. 그리고 그녀는 사형수를 묶는 기둥으로 향했다. 눈을 가리지 말아달라고 했다. 자신의 죽음을 자신의 눈으로 보고 싶다고 했다.

열두 명으로 구성된 총살 집행조는 아주 앳된 소위의 지휘를 받고 있었다. 구령이 떨어지자 열두 자루의 총이 그녀를 향해 조준되었다. 레오니드 수녀와 임석한 어떤 신부는 임종기도를 중얼거리고 있었다. 그

앳된 장교가 군도를 치켜들면서 사격 구령을 토했고, 동시에 총소리가 뒤를 이었다. 한 가닥 포승으로 느슨하게 묶여 있던 사형수의 몸은 별 요동 없이 서서히 무너져 내렸다. 장교가 다가가서 권총으로 그녀의 귀 뒤를 겨누어 한 발을 발사했다. 법의가 그녀의 사망을 확인했다. 총알 하나가 정확하게 가슴을 꿰뚫은 상태였다. 확인사살조차 필요 없었던 것이다.

나무관을 실은 장의차가 대기해 있었다. 가족이 한 사람도 없었으므로, 그리고 아무도 그녀의 시신을 거두려고 하지 않았으므로 소르본느 의과대학 해부학교실의 해부대가 이 비운의 무희의 무덤이 되었다. 전설로서 승천하고, 육신으로만 남은 그녀의 원래 이름은 '마가레타 게르트루데 젤레'였다.

'대중적 스타'가 된 유일한 좌파

체 게바라

에르네스토 체 게바라는 1967년 10월 9일 정오쯤에 심장에 총을 맞고 사망했다. 체포된 지 20시간 만에 볼리비아군 장교에 의해 짧은 삶을 마감한 것이다. 총살 명령은 볼리비아 대통령의 육성으로 하달되었다는 것이 정설이다.

Ernesto Guevara 1928~1967

20년 전쯤 어느날 한밤중에 나의 기숙사 방으로 선배 한 분이 전화를 하셨다. 빨리 자기 방으로 와달라는 간단한 얘기를 하고 선배는 전화를 끊으셨다. 마침 그 선배는 중병을 앓고 계셨던 터라 나는 황망히 달려갔다.

첫눈에 돌아가실 상황은 아니라는 판단이 들어 안도하긴 했으나 슬며시 부아가 치밀었다.

"와요?"라고 인사를 건넸다.

선배가 "앉아 봐라."했다.

시키는 대로 앉아서 반시간 가까이 경청했던 얘기의 골자는 '남미로 가자'였다. 선배의 무릎 앞에 놓인 책은 체 게바라의 『진중일기』였다.

투병중이었던 선배는 생애를 '혁명가'로서 마감하기로 결정하셨다고 했다. 어려운 병이었던 탓에 '장렬한 최후'에 이끌릴 정도로 마음이 약해져 있던 탓이라 싶어 애써 화를 삭였다.

"그 몸으로 거가서 뭐할 낀데?"라고 물었다.

"총 쏴야지!"가 답이었다.

"총 쏘고 시푸마 혼자 가서 쏘지, 나는 말라꼬 가자카요?"

말 같잖은 말들이 그럭저럭 계속 이어졌다. 농담과 진담의 구분도 없

체 게바라(1928~1967).
'인류역사 최후의 혁명가'.

었다.

"니는 내 업어야지!"

그날 밤, 선배와 나는 남미로 갔다. 총도 쏘고, 총도 맞고, 죽이기도 하고, 죽기도 하다가 사이좋게 누워 잤다.

아침에 일어나서 우리는 간밤의 '혁명'에 진저리쳤다. 아무나 흉내낼 수 있는 삶이 아니라는 것을 잠이 깨면서 깨달았기 때문이다.

우리의 투쟁을 글로 남긴다면 그 제목은 『남미의 한국별』이 될 터였다. 물론 한때 대한민국 청년들의 필독서였던 『중국의 붉은 별』의 표절이다. 제목까지만 정해놓고 우리는 다시 일상으로 돌아갔다.

### 체 게바라 유행은 10년 주기로 반복되었다

그 무렵은 체 게바라 사후 20주년이 가까웠던 때였고, 그래서 전 유럽의 좌파 지성인들의 입에 다시금 체 게바라가 오르내리고 있었다. 니카라과에 산디니스타 정권이 막 들어선 것도 그 즈음이었다. 닉 놀테와 진 해크만이 주연했던 영화 〈언더 파이어〉도 그 당시에 상영되고 있었다. 체 게바라는 유행의 한가운데에 있었다.

1996년쯤 독일의 《슈피겔》지는 몇회에 걸쳐 체 게바라

볼리비아 밀림에서 동료 게릴라들과 함께. 오른쪽에서 네번째가 게바라.

특집을 게재했다. 그가 간 지 30년이 다가왔기 때문이었다.

《슈피겔》지에는 스위스의 어떤 시계회사가 새로 나온 제품의 이름을 '체'로 결정했다거나 하는 등의 상업적인 이용사례와 남미 현지인에게는 그가 일종의 '신'으로 받들어진다는 등의 얘기를 싣고 있었다. 집안에 우환이 있거나 우박이 내릴 것 같으면 '체'에게 기도한다는 그곳 촌부의 사진까지 싣고 있었다.

### 혁명가의 삶은 '깨달음'을 전제로 한다

그는 남미 아르헨티나에서 비교적 부유한 건축가의 아들로 태어났다. 누구든 제법 유명해지면 남달랐던 어린시절에 대한 얘기가 발굴되게 마련이다. 경우에 따라서는 조작되기도 한다. 자꾸자꾸 유명해지다보면 그런 얘기들이 늘어난다. 어느것이 발굴된 진짜 진실이고, 어느것이 조작된 사실인지 구분조차 되지 않는다. 그러다가 나중에는 본인조차 조작된 성장기를 실재했던 것으로 믿게 되는 경우도 있다고 한다. 참말인지 거짓말인지 모르겠으나.

체 게바라에게도 그런 얘기들이 많다. 그러나 이 글에서는 대학시절 이전은 생략한다. 혁명가의 삶은 분명히 어떤 '깨달음'을 전제한다. 스물 이전의 나이에 깨달음은 불가능하다는 것이 나의 판단이며, 이 글에서는 '혁명적 삶'만을 얘기하고 싶기 때문에 군더더기는 뺀다. 나도 스물 이전의 얘기

1960년 쿠바혁명 성공 직후.

는 '전생'으로 치고 산다. 유명해지면 써먹을 수 있는 몇가지 사건들은 그러나 혹시나 싶어 잊지 않고 꼬불쳐두었다.

### 그를 혁명으로 이끈 것은 '이론'이 아닌 '사람'이었다

그는 의과대학을 마쳐서 의사도 되었고 박사도 되었다. 대학시절 그곳 '운동권'을 기웃거리기도 했으나 말만 하는 놈들이 싫어서 적극적으로 가담하지는 않았다.

폐쇄된 공간에서 환자나 들여다보고, 괜찮은 수입으로 여유 있는 생활을 하는 방식은 그의 삶이 아니었다. 그는 무수한 여행을 경험했다. 남미인의 일상적 삶의 현장이 그를 '의식화' 시킨 스승이었다. 그를 혁명으로 이끈 것은 그가 책으로 배운 이념이나 이론이 아니었고, 그가 만난 사람들이었다.

사람은 살면서 사람을 만난다. 누구는 '의식'하고, 누구는 지나친다. 그는 사람들을 그저 스쳐 지나지 않고, 제대로 만났다. 그래서 그는 사람 잡는 의사보다 세상 잡는 의사가 되기로 했다. 세상을 낫게 하면 모든 사람이 낫는다는 것이 그의 판단이었을 것이다. 그는 타고난 의사였고, 천부적인 혁명가였다.

1953년 과테말라에서 그의 투쟁은 시작되었다.

선동가로서의 체 게바라. 쿠바혁명 전후.

그곳의 사회주의 혁명은 결국 좌절되었다. 1955년에 그는 멕시코에 있었다. 그곳에서 피델 카스트로를 만났다. 우리에게 잘 알려져 있듯이 피델 카스트로는 1959년에 쿠바혁명을 성공시킨 이후 아직껏 권좌에 앉아 있다. 카스트로를 보면 "검은 머리가 파뿌리 될 때까지 해로하라."는 주례선생님들의 상투적인 명령이 떠오른다. 카스트로는 검은 수염으로 혁명을 성공시켰고, 이젠 흰 수염인 채로 아직도 쿠바를 통치하고 있다.

'체'라는 애칭은 1955년 무렵부터 사용된 모양이다. 성은 게바라, 이름은 에르네스토, 그리고 애칭으로 덧붙여진 것이 '체'다. 혁명가로서의 삶이 시작되면서 얻은 새로운 이름에 그 자신이 애정을 가졌을 것이 분명하다는 판단에서인지는 몰라도 그에 대한 일반적인 호칭은 '체'다. 본명 에르네스토는 거의 쓰이지 않는다. 독일학생운동의 전설적인 지도자인 루디 두츠케는 자신의 아들 이름을 '체'로 지었다.

**카스트로를 도와 쿠바혁명을 성공시키다** | '체'라는 말은 그곳 토속어로서 '나의'라는 뜻이다. 그러니까 '나의 게바라'다. 그곳 사람들의 애정이 담긴 글자 그대로의 '애칭'인 셈이다. 우리나라 사람들이 존경하는 마음이나 애정을 담아 사람을 부를 때 '우리'라는 말을 앞에 붙이는 것과 비슷한 모양이다. '우리 스님' '우리 신부님' '우리 목사님' '우리 선생님' '우리 선배님'…… 어쨌거나.

'저들의 게바라'는 카스트로를 도와 1959년에 쿠바혁명을 성공시켰다. 혁명직후 그는 쿠바중앙은행 총재와 산업장관을 겸임했다. 그리고 쿠바의 대표로서 유엔총회에도 참석했다.

1965년 5월, 그는 장관자리를 내던지고, 콩고로 갔다. 카스트로에게는 작별의 편지 한 장만을 남겼다. 책상에서 엮어지는 일상이 싫었던 모양이다. 혁명의 완성을 카스트로에게 맡기고, 그는 새로운 전장으로 떠나갔다. 콩고 내전이 진행되던 무렵이었다.

그가 남긴 편지는 길지 않다. 자기를 필요로 하는, 혁명이 전개되는 전장으로 가겠다는 것이 주된 내용이다. 카스트로는 이 편지를 그해 10월에야 받아보았다. 전달과정에 어떤 문제가 있었는지는 불분명하다.

그 편지의 전문을 소개한다.

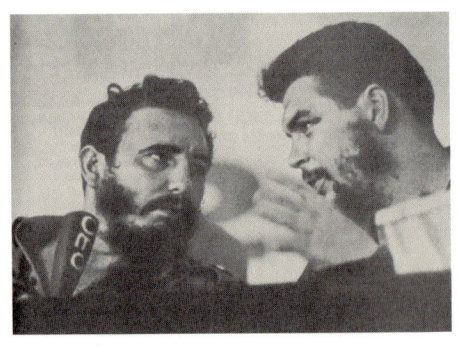 

좌) 체는 카스트로를 도와 쿠바혁명을 성공시켰다. 왼쪽에 있는 이가 피델 카스트로다.
우) 유엔총회에서 연설하는 체 게바라. 1964년.

## "혁명가는 승리하거나 아니면 죽을 뿐이라네."

피델.

지금 이순간 만감이 교차하네.

마리아 안토니아의 집에서 이루어졌던 우리의 첫 만남, 함께 가자던 자네의 제안, 혁명을 준비하는 과정에서의 그 긴장되었던 나날들.

언젠가 누군가가 우리에게 물었었지.

우리가 죽는 경우, 누구에게 그 소식을 전해야 할지를.

그순간 우리는 우리가 정말 죽게 될지도 모른다는 생각 때문에 숙연해졌었지, 그리고 훗날 깨달았지. 혁명가는 승리하거나 아니면 죽을 뿐이라는 사실을, 그것이 진정한 혁명이라면.

죽어간 수많은 동지들과 친구들의 얼굴이 떠오르네.

요즈음은 모든 것이 그때처럼 극적으로 느껴지지는 않아. 아마도 우리가 성숙해진 때문이겠지. 그러나 실제로는 모든 것이 반복되고 있을 터이고.

쿠바라는 나라를 위해, 그리고 쿠바혁명의 과정에서 맡았던 나의 임무를 어느정도는 제대로 해냈다는 생각이 들어. 이제 자네에게, 동지들에게, 친구들에게 그리고 쿠바의 민중들에게 작별의 인사를 하고자 하네.

이 편지를 통해 나는 정식으로 당에서의 나의 지위, 장관이라는 직위, 군에서의 계급, 그리고 쿠바의 국적, 그 모든 것을 포기한다는 것을 밝히고자 하네.

이제 나는 법적으로는 쿠바와 단절되었네.

남아있는 유일한 관계는 법과는 전혀 다른 인간의 관계일 테지. 그것은 법적인 연계처럼 무효화시킬 수는 없는 성질의 것이니까.

이제 와서 생각해보면 지난 시절 나 스스로 혁명의 승리를 위한 숭고한 사명감을 갖고 있었고, 그리고 헌신적으로 투쟁했었다는 생각이 들어.

내가 저지른 한 가지 실수는 시에라 마에스트라에서 우리가 처음으로 만났던 그순간부터 자네에게 전적인 신뢰를 보이지 않았던 것일 거야. 혁명지도자로서의 자네의 역량을 첫눈에 알아보지 못했던 거지.

유엔총회에서 연설하기 위해 대기하고 있는 체 게바라.
1964년.

그래, 우리는 참으로 많은 사건들을 경험했었어. 순간순간이 위기로 점철된 나날들이었지. 그 시간들이 때로는 쿠바사의 아픈 기억으로 남을지라도 나는 자네를 자랑스럽게 생각하네. 자네 같은 훌륭한 지도자를 나는 본 적이 없거든.

그래서 자네를 따라간 나 자신도 스스로 자랑스럽게 생각하지. 자네의 생각과 자네의 인격, 그리고 자네의 사상과 자네의 원칙들을 내 것으로 받아들인 나 자신을 말이야.

나의 노력을 필요로 하는 다른 민족은 많네. 나는 자네가 할 수 없는 일을 할 수 있지.

자네는 쿠바혁명의 지도자로서 혁명의 완성에 대한 책임을 떠맡을 수밖에 없지 않은가.

이제 때가 되었으므로 우리는 헤어져야만 하는 것이지.

나는 기꺼이 이런 결정을 내렸네. 결정 이후 미래에 대한 불안감과 즐거움이 교차하고 있네.

나의 유일한 희망은 내가 사랑하는 모든 사람들이 잘사는 사회를 만드는 것이야.

이제 나는 나를 아들로 받아준 쿠바민족을 떠나야만 하네. 가슴이 미어지는 듯하이.

이제 나는 자네가 나에게 가르쳐준 그 이념의 전선으로 나가고자 하네. 내 민족의 혁명정신과 정서, 그리고 나에게 부여된 성스러운 임무를 그곳에서 실현하고자 하네.

제국주의자가 있는 곳은 그곳이 어디든 가서 싸워야만 하는 것이 나의 삶이라는 생각이야. 그 사명감이 쿠바를 떠나는 아픔을 상쇄시켜주고 있어.

다시 한번 분명히 말하지만 이제 쿠바는 내가 새로이 시작하는 혁명의 모델일 뿐 그 어떤 관계도 쿠바와는 맺지 않을 작정이네. 그러나 그 어디서든 내가 죽어가는 최후의 순간에 내 머릿속을 맴도는 생각은 쿠바민족에 대한, 그리고 자네에 대한 사랑일 것이야.

자네가 나에게 가르쳐준 그 모든 것들에 대해 다시 한번 감사드리네. 살아숨 쉬는 그 마지막 순간까지 자네의 가르침에 충실하고자 하네.

국제사회에서 혁명의 전도사로서 인식되어져 있는 나의 이미지를 계속 유지시킬 작정이야. 외교적 활동을 계속하겠다는 뜻이지.

쿠바혁명 성공 직후 동독을 방문한 체 게바라. 1960년의 사진이다.

내가 어디에 있든 쿠바혁명의 얼굴에 먹칠을 하는 일은 없을 것이네.

아내와 아이들에게 물질적인 풍요를 주지 못하는 데 대해서는 괘념치 않기로 했네. 지금 현재의 상태로도 족하다는 것이 나의 생각일세. 아이들을 교육시켜주고 기본적인 생활을 영위할 수 있도록 해주는 지금의 정부지원 수준에 만족하네.

자네와 쿠바민족에게 더 많은 얘기를 하고 싶으나, 그게 뜻대로 되지 않네.

하고픈 말을 모두 표현할 수 없어 안타깝네. 그러나 단어들을 찾아 나열한들 무슨 큰 의미가 있을 것 같지도 않아.

우린 승리하게 될 것이야.

조국 아니면 죽음을!

혁명을 향한 나의 열정을 모두 모아 자네를 포옹하며.

— 체

## 세계혁명을 포기하고 남미혁명으로 다시 돌아오다

만 2년을 못 채우고, 그는 남미로 돌아왔다. 아프리카의 상황에서는 체계적인 투쟁이 불가능했다. 브라질을 제외한 남미전역에서 스페인어가 통용되는 것과는 달리 아프리카는 소부족 단위로 언어가 달랐다. 그들의 역사와 그들의 문화를 이념이 전제된 무장혁명으로 연결시키는 것은 거의 불가능했다. 그의 피부색 역시 그곳 전사들의 피부색과는 달랐다. 그는 세계혁명을 포기하고, 남미혁명으로 돌아왔다. 그때부터 그는 남미전

게바라는 세계혁명을 포기하고 남미혁명으로 돌아왔다.

역에서 동에 번쩍, 서에 번쩍했다.

오래지 않아 그는 중남미 14개국에서 지명수배되었다. 중남미에 절대적인 영향력을 행사하고 있던 미국과 미국의 비호를 받는 대다수의 군부독재 정권들에게 있어서 체 게바라는 '공적 제1호'였다.

어떤 날은 그가 스무 군데에 동시에 나타나기도 했다. 물론 한 군데를 제외하고는 나머지는 모두 거짓소문이었다. 그는 이미 '신화'였다. 그가 이끌고 다닌 다국적 민중해방군은 불과 50명 남짓이었다. 물론 상황에 따라 지역게릴라들의 도움도 받았을 것이다. 그렇더라도 그 수는 상대에 비해서는 너무 작았다. 남미 10여개국에서 그를 사냥하기 위해 투입한 병력은 수만명에 달했다.

그는 실병 지휘관이었고, 종군의사였다. 그리고 대단한 문장력도 지니고 있었다. 나의 선배를 꼬드긴 『진중일기』는 전장에서 쓰여진 그의 글들을 모은 것이다. 그 속에는 별도 있고, 달도 있고, 전투도 있고, 죽음도 있고…… 그렇게, 그렇게, 사람 사는 얘기들이 들어 있다.


**죽음 앞에서 당당한 체!** ┃ 1967년 10월 8일 저녁 무렵, 그는 총상을 입고 포로가 되었다. 마지막 전투에서 그의 지휘를 받았던 병력은 불과 13명이었고, 그 며칠간 그와 조우했던 사냥꾼들은 2개 사단이었다는 기록이 있다. 그곳 편제로서 사단의 정규병력이 얼마인지에 대해서는 아는 바 없으나, 지휘관이 대령이었다는 기록으로 미루어보면 우리나라 편제의 사단 병력만큼은 안되었지 싶다. 확실한 것은 그들이 보통 군인이 아니라 특별히 훈련받은 특수부대였다는 사실이다.

앞서 언급한 《슈피겔》지에 체 게바라가 부상을 입고, 체포당한 마지막 전투에서 상대했던 볼리비아군 특수부대의 병력이 1800명이었다는 기록은 나와 있다.

몇시간이 흐른 뒤에 부상포로가 체 게바라라는 사실이 확인되었다. 지휘관은 그 사실을 상부에 보고했다. 그리고 신문이 있었다. 신문과정에서 그가 신문장교에게 침을 뱉고, 욕을 하는 것을 목격한 병사도 있었다. 그 병사는 후일 목격한 사실을 증언했다.

다음날 한낮에 그는 들것에 누운 상태에서 총살되었다. 그 직후에 촬영한 사진이 남아 있다. 왼쪽 가슴 심장부위에 총알구멍이 나 있다. 눈은 반쯤 뜬 채 아래를 향하고 있다. 자신의 발치에 서서 자신의 심장을 겨냥해 총을 쏘는 총살집행 장교의 눈을 마지막까지 쏘아보고 있었던 듯하다. 입가에는 묘한 미소가 머금어져 있는 것도 같다. 죽음 앞에서의 공포의 흔적은 없어 보인다.

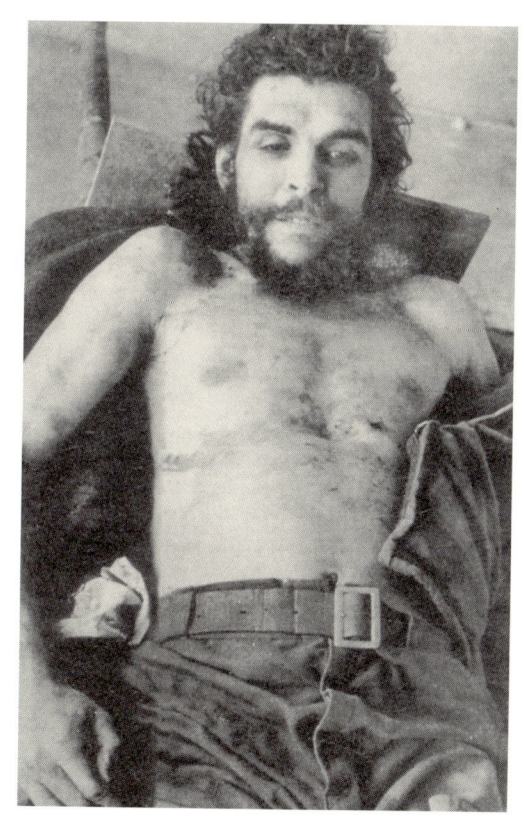

체의 사망 직후, 그 사냥에 참석했던 볼리비아 특공대원이 찍은 사진.

시신의 모양새를 따지는 것이 실없는 짓이지만, 어쨌든 죽어서도 그는 게릴라 두목의 풍모를 잃지 않고 있다. 갑오농민전쟁을 이끌었던 전봉준 장군의 참수된 머리를 찍은 사진은 널리 알려져 있다. 그 사진을 보면서 죽은 얼굴에도 어떤 기품이 서릴 수 있다는 사실을 우리는 확인했다. 녹두장군은 목 잘려진 그 머리만으로도 잘난 사람이라는 느낌을 준다. 체 게바라의 최후 사진을 보면서도 그런 류의 별스런 느낌을 받는다.

볼리비아에는 사형제도가 없었다. 법정 최고형은 종신형이었다. 볼리비아 정부는 체 게바라를 감옥에 넣어놓고, 겪어야 할 골치 아픈 뒷일들이 싫었을 것이다. 생포된 게릴라 두목을 법정에 세워놓고, 사회주의 이념과 혁명을 조목조목 단죄하고도 싶었겠지만 그들은 실리를 택했다. 체 게바라는 무덤도 없었다. 시신도 어디에 있는지 몰랐다. 그래서 그는 사후 오랫동안 계속 살아있는 것처럼 알려지기도 했다.


**사후 30년에 이르러 역사의 재조명을 받다** | 결국 그의 사망사실은 몇년 후에야 유럽의 좌파 지성인들의 노력과 그의 최후를 목격했던 볼리비아 병사들의 증언에 의해 확인되었다. 당시 병사들의 증언에 따르면, 전투중의 전사가 아니었다는 사실, 정신이 맑은 상태에서 총살되었다는 사실만큼은 진실인 것으로 확인되었다. 전투중에 입은 부상의 정도가 심하지 않았으므로 그것이 사망원인이 될 수는 없었다. 그러니까 곧이곧대로 말하자면 그는 불법적으로 살해된 것이다. 그렇게 살해

되고도 그는 30년 동안을 전설로서 남미 전역을 떠돌았다.

1997년 여름 볼리비아 비야그란데의 공동묘지에서 그의 무덤이 발견되었다. 30년 만에 발굴된 혁명가의 시신은 양손 손목 아래가 잘린 채였다. 들리는 얘기로는 '체 게바라 사냥'의 배후 조종역을 맡았던 미국 CIA가 "세계가 체 게바라의 죽음을 믿지 않을 것을 염려하여" 체 게바라의 양 손목을 잘라 피델 카스트로에게 보냈다는 것이다.

삼국지에 보면 관우의 목을 친 손권이 유비와 장비의 복수를 두려워한 나머지 마치 탁구공 넘기듯 관우의 머리를 조조에게 보내자 조조가 아름다운 냄새가 나는 향나무로 몸체를 만들어서, 잘린 머리에 붙여 후하게 장사지내주었다는 기록이 나온다. 게바라를 다시 묻을 때 손목 아래를 나무로라도 만들어 붙였는지 모르겠다. 30년 동안 손이 없어

그는 결혼도 했고 아이도 있었다. 체 게바라의 가족사진.

혁명을 계속하지 못했던 혁명가가 저승에서라도 혁명을 위해 총 쏠 수 있도록 말이다.

어쨌거나…… 대부분의 남미 국가들은 이제 군부독재를 종식시키고, 민주적인 민간정부를 수립했다.

내가 그를 '인류역사 최후의 혁명가'로 보는 것은 그가 혁명가로서 완벽했던 유일한 존재였다는 서구 지성인들의 일반적인 평가와 같은 이유다.


**대중적 스타가 된 유일한 좌파** | 그는 1928년에 태어나서 1967년에 죽었으므로 39년을 살았다. 요절하는 경우 그 삶이 짧았던 만큼 애틋할 수밖에 없고, 그래서 '영생'하게 되는지도 모른다.

60년대 말부터 시작되어 전 유럽을 휩쓸었던 학생운동의 와중에서 커다란 그의 얼굴사진은 항상 시위대의 선두에 서 있었다. 사후 40년이 되었으나 그는 여전히 서구 젊은이들의 마음속에 살아있다. "대중적 '스타'가 된 유일한 '좌파'"라는 표현도 틀리지는 않다.

그는 결혼도 했고, 아이도 있었다.


20년 전 나를 꼬드겨 『남미의 한국별』이 되고자 했던 선배는 5년 전 끝내 눈을 감으셨다. 치열하게 사신 분이기에 하늘 어딘가에 밝은 별이 되어 계시지 싶다. 국민대에서 후학들에게 가르침을 베푸셨던 고 최종욱 교수가 그분이다.

마르크스가 가장 존경했던 인물

# 반란노예 스파르타쿠스

"스파르타쿠스가 반란노예들의 지휘자가 된 것은 대담성이나 근력 때문만이

아니었다. 자신의 출신과는 어울리지 않는 치밀한 사고력과 온후함이 그를

그 자리로 끌어올린 것이었다." 그에게서는 그리스인 특유의 교양이 천부적

인 자질로서 배어나고 있었다. 반란 150년 후 플루타크는 스파르타쿠스를 이

렇게 묘사했다.

Spartacus ?~BC 71

## 마르크스도 '스파르타쿠스'에게 애정을 느끼다

"……그리고 그들은 세 명의 지도자를 선출했다. 그중 스파르타쿠스가 그 우두머리가 되었다. 그 트라키아인이 반란노예들의 지휘자가 된 것은 대담성이나 근력 때문만이 아니었다. 자신의 출신과는 어울리지 않는 치밀한 사고력과 온후함이 그를 그 자리로 끌어올린 것이었다. 그에게는 그리스인 특유의 교양이 천부적인 자질로서 배어나고 있었다."

이것은 150년 후에 플루타크(기원전 119~46, 그리스 철학자이자 역사가)가 '문제의 반란노예' 스파르타쿠스를 묘사한 것이다.

인류역사상 최고의 학자이자 혁명가였던 칼 마르크스가 미국의 어떤 신문과 인터뷰를 한 적이 있었다. 이런저런 얘기 끝에 질문이 시시콜콜한 데까지 이르렀다.

질문　좋아하는 색깔은?

대답　빨간색

질문　존경하는 사람은?

대답　스파르타쿠스

이와 비슷한 내용이 구소련의 학술원에서 나온 마르크스의 공식 『전기』에도 나온다. 이 전기에서는 마르크스의 딸들이 아버지를 대상으로 한 장난스런 설문조사에 대한 답이었던 것으로 소개되고 있다. 질문과 대답이 조금 다르다. 그 부분만 옮긴다.

질문   당신의 영웅은?
대답   스파르타쿠스, 케플러

케플러라는 사람은 코페르니쿠스의 '지동설'을 논증했고, 뉴턴의 '만유인력의 법칙'을 가능케 했던 선구적인 천문학자라는 것은 독자들도 잘 아시리라 믿는다. 칼 마르크스가 스파르타쿠스에게 남다른 애정

트라키아인이었던 스파르타쿠스가 반란노예들의 지휘자가 된 것은 대담성이나 근력 때문만이 아니었다.

을 갖고 있었던 것은 분명한 것 같다. 그의 생애와 사상의 핵심이 기존 질서에 대한 반발이었고 대안의 제시였던 만큼 2천년 전 맨몸으로 그 것을 실천한 스파르타쿠스를 그가 존경한 것은 어쩌면 너무나 당연한 일일 수도 있다.

우리에게도 '반란노예'가 있었다. 고려 때의 '만적'이라는 이름을 우 리는 알고 있다. 그러나 스파르타쿠스가 2년 동안 이탈리아 반도 전역 을 휘젓고 다닌 반면 우리의 만적은 "왕후장상의 씨가 따로 없다."는 혁명적인 슬로건까지는 그럴듯했으나, 사전에 발각되어 봉기조차 하 지 못했던 모양이다. 기록이 전하는 바에 의하면 그는 꽁꽁 묶인 채 일 당들과 함께 강물에 수장되었다고 한다.


## 고대사회에서 노예는 생물체로 간주됐다

플루타크는 크라수스(기 원전 115~53년, 로마공화정 말기의 정치가)의 생애를 서술하면서 스파르타 쿠스의 반란의 전모를 상세히 기록하고 있다. 앞서 인용한 부분에서 눈에 뜨이는 것은 플루타크가 '사고력' '온후함' 그리고 '교양' 등의 고 상한 단어를 동원해서 트라키아 출신의 이 노예를 묘사했다는 사실이 다. 이 기록 때문에 후세 사람들의 뇌리에 스파르타쿠스는 항상 도전 적이고 신비로운 인물로 영생하게 되었다고 볼 수 있다.

사실 여부를 떠나서 기록이 흔치 않은 고대의 사건에 대한 유일한 자 료이기 때문이기도 할 것이다. 그러나 우리가 고대의 역사서술에서 간 과해서는 안되는 것은 사료의 취사선택이나 역사기록의 목적이 당시의 신분적 질서에 의해 제한될 수밖에 없었다는 것, 그리고 기독교적 질서가 자리잡기 이전 사회에서의 노예에 대한 일반적인 인식은 노예를 그저 생물체의 한 종류로 간주했었으며, 설사 인간으로 취급한다하더라도 3류 혹은 4류의 신분으로 취급했다는 사실이다.

## 로마시대의 대규모 농장은 노예들에 의해 유지되었다

로마제국의 세력확장은 농부들에게는 오히려 부담만 가중시켰다. 기사들은 지방으로부터 세금을 거둬들였고, 그것으로 자신의 사병들의 무장을 강화하고 신병을 모집했다. 특히 남부, 중부 이탈리아 지역에 산재한 기사계급 소유의 대규모 농장, 즉 라티푼디움들은 엄청난 수의 노예집단에 의해 유지되고 있었다.

로마가 세계제국으로서의 풍모를 유지하기 위해 구석구석에서 군사적 분쟁을 일으키거나 개입하게 되면서부터 자유인 신분의 농민층은 군인으로 징발되는 등의 원인으로 인해 그 숫자가 고갈되어갔다. 그리고 동시적으로 진행된 토지소유의 집중은 농민들을 토지로부터 내쫓았다. 가진 것 없는, 분해된 농민층은 로마로 몰려들었고, 그들은 이곳저곳으로 휩쓸려 다니면서 이런저런 정치적 집단들에 가담하거나 이용당하거나 했다.

정복지에서 수탈한 제물이나 노예들은 귀족이나 기사와 같은 소수의 손에 귀속되었고, 로마제국의 주요 도시들은 그들 가진 자들의 낭비로 흥청거리고 있었다. 도시의 화려함은 가지지 못한 자들을 도시로

유혹했다. 로마는 보기 좋은 것, 향기로운 것, 맛있는 것, 놀라운 것, 그 모든 것을 살 수 있는 곳이었다.

## 모든 노동은 노예들의 몫이었다

도시의 거리와 골목은 생기가 넘치고 있었다. 화려한 겉옷을 걸친 몇 안되는 자유시민들과 귀족들 사이로 그저 간단히 아랫도리만을 가린 잡색의 민중들이 뒤섞여 있었다. 온통 노예였다. 그들은 사소한 심부름에서부터 장보기, 우편배달 등의 일을 맡았으며, 가마꾼이나 기사계급의 사병이기도 했다. 그들은 온갖 건축공사에 동원되었다. 그리고 더러는 호화롭게 치장되어 문지기나 관리인 혹은 비서로 활용되었다. 그들의 요란한 복장이나 절도 있는 몸가짐은 그들의 소유주의 위신이나 사회적 위상을 한껏 높여주는 장식품이었다.

자본주의가 무르익을 대로 무르익은 오늘날뿐만 아니라 그 당시에도 이미 '소비는 미덕'이었던 모양이다. 사람들은 더러 로마의 멸망원인을 이런 식의 사치와 향락에서 찾기도 한다.

그러나 그 당시 아직은 로마사회의 중산층을 이루고 있었던 수공업자들이나 상인들이 건강했다. 중산층이 건재한 사

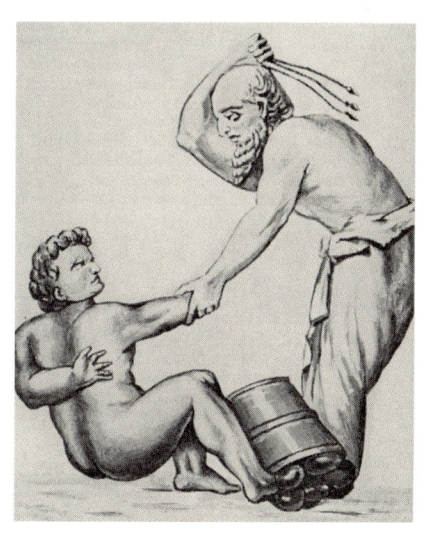

한때 화산재에 파묻혔던 도시 폼페이에서 발견된 동판화. 당시 로마인들이 노예를 어떻게 다루었는지를 잘 보여주고 있다.

반란노예 스파르타쿠스 **63**

회는 쉽게 흔들리지 않는다. 게다가 계속 정복지는 늘어나고 있었고, 그곳들로부터 약탈된 재화가 도시에 유입되고 있었다. 로마의 화폐였던 데나르는 여전히 유효했고, 이탈리아 전역은 평화로웠다.

**소문, '노예들의 반란'** | 태평성대에 어울리지 않는 소문 하나가 나돌고 있었다. 소문은 극장에서, 광장에서, 경기장에서 급속히 전파되었다. 카푸아에서 노예들의 반란이 일어났다는 것이 그 내용이었다. 반란에 가담한 노예의 수는 2백명이라 했다. 그랬던 것이 1천명으로 늘어났고, 마침내는 5천명까지로 부풀려졌다. 그러나 카푸아는 로마에서 너무 먼 곳이었고, 노예의 반란 또한 처음 있는 일도 아니었다. "그 큰 도시가 설마 어떻게 되려구……"가 로마인들의 일반적인 생각이었다.

그러나 소문은 쉽게 사라지지 않았다. 소문의 생명이 길어지자 카푸아 근처에 토지를 소유하고 있는 원로원 의원들과 기사들은 불안해지기 시작했다. 원로원 회의가 소집되었다. 집정관을 불러 진상을 캐물었다. 노예의 반란은 사실이었다. 카푸아에서 올라온 보고서의 내용이 공개되었다. 2백명의 검투사들이 칼, 도끼 그리고 창 등으로 무장한 채 렌투루스 바티아에 있는 숙소를 이탈하였다는 것이었다. 검투사 양성소를 경비하던 병력들은 모두 살해되었으며, 누구든 그들을 제지했던 자들은 모두 그 자리에서 죽음을 면치 못했다는 내용이었다.

## 반란군의 지휘자는 스파르타쿠스

그들이 탈영하는 그순간에 우연히 무기를 잔뜩 실은 마차가 그곳을 지나고 있었는데, 돌발적인 사태에 놀란 마부가 마차를 버리고 달아나는 바람에 마차에 실렸던 무기가 고스란히 탈출한 검투사들에게 넘어갔고, 그것으로 무장한 그들이 도시 전체를 위협하는 폭동을 일으키게 되었다는 것이었다. 그들의 목표가 무엇인지는 알려진 바 없으되, 그들을 지휘하는 자의 이름은 보고되었다. 스파르타쿠스가 그의 이름이었다.

심심했던 로마가 흥분했다. 도시는 온통 반란에 관한 소문으로 들끓었다. 대중들은 남쪽 카푸아에서 올라오는 새로운 소식을 고대했다. 원로원은 회의를 거듭했고, 반란에 가담한 자 모두를 처형하라는 결정을 내렸다. 높은 분들의 결정과는 달리 급히 카푸아에 투입되었던, 인근지역에 주둔하고 있었던 로마군은 패주하고 말았고, 그들에게서 빼앗은 무기로 반란군의 무장은 강화되었다.

그러나 그 정도로 로마가 흔들릴 상황은 아니었다. 원로원은 곧바로 집정관 아피우스 클로디우스에게 3천명의 병력을 주어 반란진압 임무를 지워내려 보냈다. 그는 반란노예들이 진을 치고 있는 베주프 화산을 포위하여 그들을 전멸시키겠다는 작전을 세웠다.

클로디우스는 오후 늦게 베주프 화산에 도착했다. 그는 허섭스레기 같은 탈출 노예들 때문에 구덩이를 파거나 방책 따위를 구축할 필요는 없다고 판단했다. 그는 인솔해온 병사들에게 휴식을 취하도록 했다. 군인들은 대부분 전투경험이 없는 신병들이었다.

## 로마군은 갑작스런 야습에 우왕좌왕했다

밤이 되었다. 그날 밤에 클로디우스가 포위했던 산, 즉 반란노예들이 주둔하고 있던 산에서 일어났던 일은 플루타크의 영웅전에 나오는 부분을 그대로 옮기는 것이 전달에 보다 효과적일 것 같다.

"로마군은 출구가 한쪽밖에 없는 곳에 진을 치고 있었다. 그래서 클로디우스는 그쪽만을 삼엄하게 경계하고 있었다. 출구 쪽을 제외한 사방은 깎아지른 듯한 절벽이 앞을 가로막고 있거나 까마득한 낭떠러지였다. 반란노예들은 식물의 넝쿨을 잘라 모아서 튼튼한 사다리를 만들었다. 충분한 길이로 사다리가 엮어졌을 때 그들은 그 한쪽 끝을 뾰족한 바위에 걸어 고정시키고 다른 쪽 끝을 아래로 드리웠다. 그들은 그 사다리를 타고 평지로 내려왔다. 마지막 사람들은 동료들이 모두 내려가고 난 다음 무기를 내려 보냈다. 그리고나서 자신도 아래로 내려갔다. 그들은 아무런 낌새도 채지 못하고 있던 로마군의 등뒤로 다가갔다. 로마군은 갑작스런 야습에 우왕좌왕했다. 진압하러온 로마군이 오히려 반란군에 의해 진압되는 데는 그리 오랜 시간이 필요치 않았다."

사실 이 무렵, 로마의 군사력에는 구멍이 뚫려 있었다. 그것이 스파르타쿠스에게 유리한 조건을 제공했고, 반대로 로마가 사태의 조기진압에 실패하게 되는 원인이 되기도 했다.

군사력에서 소진된 이유는 벌써 3년째 폼페이우스가 대규모 병력을 이끌고 스페인에서 전쟁을 치르고 있었기 때문이었다. 로마에 대항하는 세르토리우스를 제압하기 위한 싸움이었다. 그를 제거하는 것이 생각처럼 쉽지가 않았다. 그가 이베리아반도 주민들의 절대적인 지지를 받고 있었고, 심지어는 북아프리카 지역으로부터도 경제적, 군사적 원조를 받고 있었기 때문이었다.

동쪽에도 문제가 있었다. 알렉산더 대왕을 흉내내고자 하는 중동 출신의 어떤 제후가 로마에 반기를 들었다. 그는 페르시아 쪽의 위대한 제왕들의 후예임을 자처하면서 지중해에 대한 독점적 권리를 선언하고, 지중해 연안의 교통요지에 건설된 로마의 도시들을 잠식해오고 있었다.


**오죽하면 '폼페이우스가 있었다면!'을 외쳤을까** | 로마의 군사력이 양분되어 동서 양쪽의 전선에서 힘든 전쟁을 치르고 있던 바로 그때에 스파르타쿠스의 반란이 일어난 것이었다. 단순한 탈출사건이 우연히 폭동으로 연결된 듯 알려지고 있기는 하지만, 그가 처음부터 대규모의 반란을 의도했을 수도 있을 것이다. 그것은 그가 당시의 로마가 처한 정치적, 경제적 그리고 군사적 상황을 정확하게 파악하고 있었다는 전제하에서 가능한 설명이다.

집정관 클로디우스가 수천명의 사상자를 내고 패주한 이후 로마는 심각해졌다. 원로원에서 의원들은 서로간에 책임을 떠넘기기에 바빴다. 말이 노예지 정규군인보다 하나도 못할 게 없는 검투사들의 반란은 사실 간단한 문제가 아니었다. 그들과 마주친 로마 군인들이 오히려 달아나기에 급급했던 모양이다. "폼페이우스가 있었다면!"이라고 탄식하는 원로원 의원들이 많았다. 그러나 당시 로마인들의 우상이었던 그는 그 무렵 머나먼 스페인에서 결말이 쉽지 않은 전쟁을 치르고 있었다.

### 로마완성의 최대 장애는 그리스인

남쪽에서 올라오는 새로운 소식은 불길한 기별뿐이었다. 반란지역의 양치기나 목동들이 반란노예들에 합류했다는 소식도 있었다. 그들은 "신 앞에 맹세했고, 그리고 달리고 싸우면서 전사로 조련되어갔다."고 플루타크는 적고 있다. 그들은 특히 그 지역의 지리에 밝았으므로 스파르타쿠스는 그들의 일부를 중무장시켜 경계병으로 혹은 연락병으로 활용했다.

스파르타쿠스는 뛰어난 전략가였다. 그는 주어진 상황과 조건을 능수능란하게 이용할 줄 알았다. 이제 반란군 내부의 규율이 강화되어야만 했다. 그들의 규모가 이미 수만명을 넘어선 탓이었다.

원래 카푸아 주변에는 여러개의 검투사 양성소가 있었다. 이탈리아 남부의 주요 도시들은 지루한 전쟁을 치른 끝에 기원전 88년경에 로마 제국에 편입되었으나, 한동안은 로마의 통치에 전적으로 승복하지 않고 저항을 계속했었다. 그 원인 중의 하나는 남부 이탈리아 주민 중에 로마에 동화되기가 쉽지 않은 그리스인의 핏줄을 타고난 사람이 많다는 것이었다.

서양사를 거슬러보면 로마 이전의 세계는 그리스의 세계였다. 로마의 질서라는 것이 그리스의 그것을 극복하는 것이었으므로 로마완성의 최대 장애는 그리스의 잔재였다. 그런 탓에 완전한 병합 이후 그곳 주민 중에 그리스 출신 노예의 비율이 아주 높을 수밖에 없었다.

### 일사불란한 통솔은 의사소통이 자유로웠기 때문

그리고 당시의 언어권으로 봤을 때, 트라키아는 여타 그리스의 변방 주민들과 같은 말을 쓰고 있었다. 스파르타쿠스가 그들을 쉽게 통솔할 수 있었던 것은 의사소통이 자유로웠기 때문이기도 했다.

체격이 뛰어난 켈트족이나 게르만족 출신의 노예들이 가담하면서 반란군은 또다시 강화되었다. 로마는 이제 푸블리우스 바리누스를 사

콜롯세움과 같은 대형 경기장에서 벌어진 검투경기는 로마인들이 가장 즐겼던 오락 중의 하나였다. 건장한 노예들 중에서 선발되어 일정한 수련과정을 거친 검투사들은 살아남기 위해서는 상대를 죽여야만 했다.

령관으로 삼아 진압군을 내려 보냈다. 진압군은 수적으로 반란노예들을 압도하고 있었고, 로마군은 소위 '로마식'으로 잘 훈련된 병사들이었다.

"그러나 그들은 첫번째 싸움에서 바리누스의 부장 푸리우스와 그의 지휘를 받던 2천명을 제압했다. 그리고 스파르타쿠스는 병력을 매복시켰다가 바리누스의 친구이자 참모인 코시누스를 생포하는 개가를 올리기도 했다."고 플루타크는 그 싸움을 묘사하고 있다.

이 부분의 기록을 보면 스파르타쿠스는 기민하게 이동하면서 싸움을 주도한 듯하고, 그 지역의 지리에 밝은 점을 효과적으로 이용하여 로마군들보다 항상 한발 앞서가는 기동전을 펼친 듯하다. 한마디로 그는 용병의 귀재였던 모양이다.

로마군의 진영을 하나하나 점령해가는 것은 스파르타쿠스의 무리들에게는 신으로부터 선물을 받는 과정이었다. 점령한 로마군의 진영에는 군사작전에 필요한 모든 물자가 쌓여 있었기 때문이었다. 그것은 반란에 새로이 가담한 무리들을 무장시키는 수단이었으며, 굶주린 배를 채울 수 있는 보급이었다.

로마는 확실한 대책을 갖고 있지 못했다. 그러는 동안 반란군의 기세는 올라가고, 가담자는 늘어가고 있었다. 혼란기에는 벼락출세하는 자가 있게 마련이고, 국가나 사회의 위기상황을 이용하여 신분상승을 꾀하는 자들은 어디든 존재한다. 크라수스는 오랫동안 때가 오기를 기다리던 자였다. 당시의 로마인들에게 있어서 가장 '위대한' 사람은 폼페이우스였다. 폼페이우스의 위치에 이르는 것이 크라수스의 목표였다.

이쯤에서 플루타크를 한 번 더 인용한다.

"스파르타쿠스는 이제 아주 힘 있는 자가 되었고 두려운 존재가 되었다. 그러면서도 그는 여전히 냉철한 판단력을 소유하고 있었다."

**팔은 안으로 굽게 마련이다**  인용된 부분에서는 플루타크의 스파르타쿠스에 대한 애정이 엿보이기도 한다. 알려진 대로 플루타크는 그리스인이다. 그가 로마인이었다면 스파르타쿠스에 대한 묘사가 달라졌을 수도 있다. 앞부분에서 우리는 플루타크가 스파르타쿠스를 묘사하면서 '온후함' '사고력' '교양' 등의 용어를 사용했던 것을 기억하고 있다. 그것이 스파르타쿠스라는 인간을 설명하는 '바른 묘사법'이 되어버린 것은 앞서 언급했듯이 플루타크의 기록이 스파르타쿠스에 대한 가장 오래된, 그러면서도 가장 상세한 기록이기 때문이다.

스파르타쿠스는 트라키아인이었으며, 유목민 출신이었으되 한곳에 정주해서 살고 있던 상위 귀족계급의 후예였던 것으로 플루타크는 기록하고 있다. 그러나 그가 언제, 어떻게 이탈리아로 건너왔는지에 대해서는 정확한 기록이 없다. 여러 자료에서 일반적으로 알려지기로는 그가 전쟁포로였던 것으로 되어 있다.

그러나 어떤 기록에는 그가 한때는 로마군으로 있다가 탈출했으며, 얼마 후, 체포되어 카푸아에 있는 검투사 양성소로 보내졌다고 되어 있다. 그가 훗날 항상 로마인의 의표를 찌르는 작전을 쓸 수 있었던 것은 그 자신이 한때는 로마군이었으므로 그들의 상투적인 전술이나 작전을

플루타크(기원전 124~50). 철학자이 자 역사가. 고대 그리스인과 로마인 중 에서 탁월한 업적이나 이름을 남긴 46 명의 전기를 집필했다. 흔히 말하는 『플루타크 영웅전』이 그것이다.

잘 알고 있었기 때문이라는 게 이 설이 갖는 강한 설명력이다.

플루타크의 기록에 의하면, 그는 싸움터에서 늘 그의 아내와 동행한 것으로 되어 있다. 실재했던 일화인지 전해오는 설화인지는 분명치 않으나 플루타크는 그 여자가 스파르타쿠스와 같은 그리스 혈통으로서 예언의 능력을 가지고 있었으며, 봉기 이전에 이미 스파르타쿠스의 짧은 성공과 비극적 최후를 내다보았으면서도 끝내 그의 곁을 떠나지 않았던 것으로 기록하고 있다.

### 출신과 어울리지 않게 '지식과 교양'을 어디서 얻었을까?

내가 25년 전쯤에 읽었던 우리말로 번역된 소설에는 스파르타쿠스의 아내가 게르만족 출신의 금발이었다고 기록되어 있었던 것으로, 그리고 국내에도 소개된 미국영화에서는 스파르타쿠스의 아내 역을 검은 머리의 여배우가 맡았던 것을 기억하고 있다.

수수께끼가 한둘이 아니다. 그의 아내의 머리 색깔도 그렇지만, 스파르타쿠스 자신도 바로 노예로 팔려갔는지, 아니면 잠깐이나마 로마군에 편입되었는지조차 명확치 않다.

그런데 문제는 '출신과는 어울리지 않는', 즉 '미개한' 트라키아 태생의 노예에게는 걸맞지 않는 그의 지식과 교양이 어디서 얻어졌는가

하는 것이다. 그리고 그가 검투사 동료들과 함께 검투사 양성소를 탈출하게 된 직접적인 동기는 무엇이었으며, 어떻게 하여 곧바로 반란 혹은 봉기로 이어지는 조직적인 행동을 보여줄 수 있었느냐는 것이다. 그가 로마의 동쪽과 서쪽에서 벌어지고 있던 전쟁상황을 알고 있었는가 하는 것도 역시 질문거리가 된다.

그러나 그로부터 2천년이 지난 지금, 그런 질문들에 명확한 답을 기대할 수는 당연히 없다. 사실 말이 2천년이지, 우리로 치면 삼국시대가 본격적으로 시작되기도 전이다. 우리가 지금 할 수 있는 일은 단편적인 정보나 자료들을 모아 스파르타쿠스의 형상을 한 모자이크를 한번 만들어보는 것이 고작일 것이다. 그래서 이제부터는 얘기를 소설식으로 전개시키는 것이 효과적일 것 같다.

반란 초기의 거듭되는 승리에도 스파르타쿠스는 만족하지 않았다. 그는 그의 부하들에게 루쿨루스(기원전 111~56년, 로마의 장군)와 폼페이우스(기원전 106~48년, 로마공화정 말기의 정치가)의 군대가 없는 상황을 잘 이용해야 한다고 역설했다. 속히 북으로 진군해서 어서 빨리 이탈리아 반도를 벗어나고자 했다. 갈리아, 게르마니아 혹은 트라키아로 가는 것은 어렵지 않을 것이라고 했다. 그는 실제로 그것이 가능하다고 믿었다. 도대체 두려울 것이 없었다. 그들의 무리는 이미 7만명을 넘어서고 있었다.

그러나 크리조스가 그를 막았다. 그는 조야한 켈트족 출신이었다. 켈트족이라면 지금의 독일 남동부쯤에서 청동기시대를 보낸 종족이다. 갈리아인으로 불리기도 했던 모양이고, 풍습이나 언어상의 흔적이 지금의 아일랜드나 웨일즈지방에 일부 남아있는 모양이다. 어쨌거나, 그는 사사건건 스파르타쿠스에게 반대했다. 그는 약탈과 복수를 주장했다. 자신들이 당했던 모든 채찍질, 발길질 그리고 주먹질을 로마인들에게 되돌려주자고 했다. 분별없는 자들은 환호했다. 크리조스는 그들의 대변자였다. 그들은 크리조스를 무등태웠다. 떠들썩한 잔치가 벌어졌고 폭음과 간음이 뒤를 이었다. 그것으로 반란노예들은 분열되었다. 분열은 몰락의 시작이다. 일어나서는 안될 치명적인 일이 얼어난 것이다.

스파르타쿠스는 어두운 미래를 예감했다. 스파르타쿠스는 교양이 있고, 그리고 냉철한 사람이었다. 그는 그들의 반란이 성공할 수 있는 조건들을 정확히 계산하고 있었고, 온갖 잡탕들이 모인 반란군들에게 일관된 원칙을 주입하고자 노력했다. 그러나 날이 갈수록 무리 속에서는 호전성과 적개심만 늘어갔고, 개개인은 분별력을 잃어갔다. 게다가 계속되는 군사적 성공은 그들을 더욱 자만케 했다.

결과는 곧 나타났다. 켈트인 크리조스가 이끌던 노예반란군이 아풀리아에서 로마군에게 전멸되고 말았다. 그 무렵, 스파르타쿠스는 이미 북진하고 있었다. 그는 포 평원에 도달했다.

자유가 바로 코앞에 있었다. 그러나 그를 믿고 따르던 무리들조차 눈 덮인 산맥 앞에서는 용기를 잃고 말았다. 그 산맥만 넘어서면 그들에게 자유로운 땅이 전개될 터였다. 그러나 그들은 스파르타쿠스의 말을 듣지 않았다. 오히려 그에게 회군할 것을 강요했다. 그의 지휘권이 무너지면서 가공할 살해와 약탈이 시작되었다. 반란군에게 우호적이었던 도시들조차 폐허가 되었다.

**도시 전체에 함구령이 내렸다** | 로마에서는 새로운 소문이 나돌았다. "그가 로마를 공격한단다! 그가 이쪽으로 오고 있단다! 그는 이미 10마일 밖에 와 있다." 집집마다 출입문에는 바리케이트가 구축되었고, 값진 물건들은 지하에 묻혔다. 부녀자들은 몸을 숨겼고, 노약자와 아이들은 안전한 곳으로 피신했다. 정부는 그 어떤 형태의 정보교환도 금지한다고 했다. 말하자면 도시 전체에 대한 함구령이었다.

"이제 원로원의 고민은 반란의 무리들로부터 모욕을 받았다거나 치욕을 당했다는 것이 아니었다. 마치 엄청난 전쟁이 일어나기라도 한 듯 두 명의 집정관 모두를 사태진압을 위해 파견해야만 하는 상황이 두려운 것이었다. 스파르타쿠스는 집정관 렌툴루스가 지휘하는 엄청난 병력에 의해 완전히 포위되었다. 그러나 그는 포위망을 뚫었고, 오히려 로마군을 궤멸시키며 엄청난 전리품을 거두어들였다. 그가 알프스 쪽으로 이동하자 이번에는 갈리아 총독 카시우스가 포 평원에서 1만명의 병력으로 공격해왔다. 그러나 그 역시도 엄청난 피해를 입었고, 수하 몇명만을 거느리고 간신히 살아 달아났다."

이상은 플루타크의 기록이다.


**로마를 공격하지 않은 속내는 따로 있다!** | 이제 스파르타쿠스는 정말로 로마로 향하고 있었다. 그를 따르는 무리는 12만명 정도였다. 그의 발길이 닿는 곳마다 복수의 칼날이 난무했다. 그는 크리조스를 따

르다가 궤멸한 반란노예들의 죽음에 대한 복수로서 로마군 포로 3백명을 처형하기도 했다. 로마는 공포에 휩싸였다. 원로원은 풀이 죽었다. 주민들은 원로원 의원들을 욕하기 시작했다. 스파르타쿠스가 들어오기도 전에 주민들의 폭동이 일어날 판이었다. 모든 상가는 철시했고, 일부는 피난준비에 여념이 없었다.

마침내 원로원은 두 명의 집정관에게 모든 수단과 방법을 동원하여 사태를 진압할 것을 명령했다. 설왕설래 끝에 마르쿠스 리치니우스 크라수스가 진압군의 총사령관에 임명되었다. 그가 사령관이 된 데는 다른 그 무엇보다도 그가 눈 하나 깜짝하지 않고 몇만명 정도의 병력을 무장시킬 수 있을 만큼의 재력을 가졌다는 것도 중요한 이유가 되었다. 사실 그는 그렇게 했다. 그는 12개 군단이 필요로 하는 무기를 자력으로 조달했다. 반란은 벌써 2년을 넘어서고 있었다.

마르쿠스 리치니우스 크라수스(기원전 115~53). 스파르타쿠스 반란을 진압하면서 로마의 국민적 영웅으로 부상하다. 평생 동안 폼페이우스와 경쟁한다.

그런데 스파르타쿠스는 왜 로마를 공격하지 않았을까? 비단 플루타크의 우호적인 서술이 아니더라도 우리는 스파르타쿠스가 대단히 합리적이고 논리적인 사고의 소유자였던 것으로 인정할 수밖에 없다. 그런 그가 로마에 진군하지 않은 것은 그 나름대로의 확실한 계산에 의한 것이었다고 생각할 수 있다. 그 이유 중의 하나는 로마의 외곽에 외적의 침공에 대비한 견고한 방어벽이 형성되어 있었던 탓이었을 것이다. 그 흔적은 오늘날까지도 남아 있다.

그러나 그것보다도 근본적인 원인은 날이 갈수록

숫자가 늘어나면서 상대적으로 무질서해지는 반란군 내부의 통솔에 문제가 있었던 것일 수도 있다.

　로마를 공격하는 경우 최소한 몇주 혹은 몇달의 전투를 필요로 하게 될 것이었다. 그 기간 동안 대병력의 질서를 유지할 자신이 없었을 수도 있다. 게다가 폼페이우스가 구축해놓은 방어벽이 쉽게 무너지지는 않을 것이라는 것이 그의 판단이었다. 스파르타쿠스는 로마를 외면하고, 다시 남하하기 시작했다. 그것으로써 로마는 소중한 시간을 벌 수 있었다. 크라수스는 회심의 미소를 지었고, 모든 정파의 사람들을 자신의 군사적 계획에 동참시키는 데에 성공했다.


### 반란군과 진압군의 수장은 전술상의 경쟁자?

　　　　　　　　　　　　　　　　　반면 오랫동안 로마를 떠나 스페인에 머물고 있었던 폼페이우스는 군사적 승리보다는 오히려 장사에 맛을 들이고 있었다. 그는 고리대금업 따위로 부를 늘리는 데만 골몰하고 있었다. 그러나 크라수스는 열심이었다. 그는 공개적 모임에는 빠지는 법이 없었다. 항상 다듬어진 몸가짐과 준비된 연설로써 주변의 사람들을 압도하곤 했다. 그 무엇보다도 그는 자신이 로마의 최고 권좌에 오르기 위해서는 폼페이우스를 극복하지 않으면 안된다는 것을 알고 있었다. 일단 노예반란을 진압하여 군사지휘관의 역량을 과시해야 한다는 것을 그는 알고 있었다.

　그러나 마음과는 달리 천재적 전술가이기도 한 스파르타쿠스 앞에서 크라수스의 병력은 별다른 성과를 올리지 못하고 있었다. 크라수스는 부장 뭄미우스에게 반란군을 자극하지 말고, 포위한 채로 머물러 있기만 할 것을 명했다. 크라수스의 전술은 곧 효력을 나타냈다. 반란 군은 불안에 빠졌고, 로마군들은 느긋이 외곽을 감싸고 있는 상황에서 시간이 흐를수록 상대적으로 심리적 우위를 확보하는 듯했다.

그러한 상황이 지속되면서 반란군의 사기가 저하되는 듯하자 뭄미우스는 욕심을 냈다. 크라수스가 원치 않았던 야간공격이 감행되었고, 스파르타쿠스는 적의 야습을 역이용하여 로마군을 궤멸시켰다. 엄청난 수의 진압군이 살해되었고, 대부분의 병력은 무기를 버린 채 도주했다.

크라수스는 절망했다. 그에게는 군사적 성공이 필요했다. 그는 특단의 조치를 강구했다. 다시 한번 플루타크를 인용한다.

"크라수스는 뭄미우스를 욕설로써 맞이했다. 그는 병사들에게 새로운 무기를 지급했다. 그리고 제일 먼저 도주한 부대의 병사들 5백명을 불러냈다. 그들 가운데서 모든 줄의 열번째에 서 있는 병사들을 골라냈다. 줄을 잘못 서서 뽑혀나간 50명은 처형되었다. 이런 식의 사형집행을 당하는 병사들에게는 말할 수 없는 치욕이었다. 병사들의 눈빛이 달라졌고, 그것은 곧 효과를 나타냈다."

어떤 기록에는 크라수스가 그런 방법으로 처형한 병사들이 5백명이 아니라 4천명이었다는 설도 있으나 확실치는 않다. 어찌됐든 그런 방법으로 로마군의 사기는 다시 추슬러졌고, 그것은 반대편의 스파르타쿠스에게는 고달픈 도주의 시작을 의미했다. 알프스 초입에서 회군한 이후로 북으로의 진군은 엄두조차 낼 수 없는 상황이었다.

## 스파르타쿠스, 해적과 손을 잡다

희망이 사그라지고 있었으나 스파르타쿠스는 마지막 가능성을 모색했다. 이탈리아 반도의 남단은 지중해를 왕래하는 선박들을 약탈하는 해적들의 소굴이었다. 몇년 후에 폼페이우스에 의해 해적들이 소탕되기는 하나, 당시에는 아직도 그들이 바다의 주인이었다. 스파르타쿠스는 그들과 접촉했고, 많은 양의 재화를 지불하고, 그들의 도움을 받기로 했다. 그들이 스파르타쿠스의 반란군을 시실리아 섬으로 실어 나르는 조건이었다.

시실리아는 로마로부터 유례없는 약탈을 당하고 있는 곳이었다. 이 섬은 제1차 포에니 전쟁중에 로마에 점령되었고, 쓸 만한 모든 것은 약탈당한 터였다. 그리고 이제 시실리아는 로마를 먹여 살리는 곡창이었다. 훗날 이집트의 일부가 로마에 병합되기까지 시실리아가 로마에 곡물을 공급하는 대표적 지역이었다.

그곳에서는 노예들은 한마디로 짐승처럼 다루어지고 있었다. 노예들은 병들거나 죽지 않는 한 잠시도 쉴 틈이 없이 혹사당했다. 그런 상황에 처해 있던 노예들의 일부가 탈출하여 도적의 무리를 이루어 약탈을 감행하기도 했다. 무엇보다도 식량걱정은 하지 않아도 되는 것이 그들 도적들이 오랫동안 살아남는 이유이기도 했다.

시실리아의 노예들은 그 출신이 각양각색이었다. 그러나 이마에 낙인이 찍히고, 새벽부터 한밤중까지 혹사당하는 데는 출신의 차이가 없었다. 탈출한 노예들에 의한 강도와 약탈이 끊이지 않았다. 마침내 로마인들이 걱정했던 일이 일어났다.

기원전 136년경에 그들은 결집해서 대규모의 무리를 이루었고, 오이누스라는 노예를 우두머리로 하여 압제자 로마에 대항하기도 했다. 그들의 세력이 한참이었을 때는 그들은 본토 공격을 감행하기도 했었다. 우여곡절 끝에 기원전 132년이 되어서야 로마는 시실리아의 노예 반란을 진압할 수 있었다. 시실리아에서는 기원전 104년에서 101년 어간에도 유사한 사건이 있었다. 스파르타쿠스는 시실리아에서의 노예반란사를 모두 알고 있었다. 그는 일단 시실리아에서 휴식을 취하고 전열을 가다듬은 다음 로마에 공격을 가할 참이었다.

## 함정! 해적들의 배신을 역이용한 진압사령관 '크라수스'

그러나 해적들은 스파르타쿠스를 배신했다. 그들은 이미 선금조로 엄청난 재물을 받은 터였으나 약속을 이행하지 않았다. 배편을 제공받지 못한 스파르타쿠스의 무리는 레기오 반도 끝의 해안에 진을 칠 수밖에 없었다. 막다른 골목에 갇힌 꼴이었다. 크라수스는 쾌재를 불렀다. 그는 재빨리 상황을 간파했고, 스파르타쿠스가 주둔하고 있는 지역의 지형적 약점을 이용키로 했다. 그는 반도의 제일 좁은 부분에 차단벽을 구축했고, 반란노예들에게 공급되는 모든 보급을 철저하게 차단했다. 차단벽을 세우고, 보급물자를 차단하는 것이 쉬운 일은 아니었으나 오래지 않아 가시적인 효과가 나타나기 시작했다.

스파르타쿠스는 눈앞에서 거대한 공사가 벌어지고 있을 때 그것을 대수롭지 않게 여기고 있었으나 그 차단벽이 부분적으로나마 구축되고, 물자공급이 봉쇄되기 시작하자 사태의 심각성을 깨닫게 되었다. 폭풍과 눈발이 몰아치는 어느날 밤, 스파르타쿠스는 갇힌 지역으로부터 탈출을 감행했다. 엄청난 손실을 그 대가로 지불해야만 했다. 자신의 병력의 삼분의 일 정도만 겨우 탈출에 성공했던 것이다.

사실 크라수스는 적을 과대평가하고 있었다. 그는 스파르타쿠스가 다시금 로마로 진군할 것으로 믿었다. 그러나 전체 반란군의 삼분의 일 정도만 차단망을 벗어남으로써 반란군이 다시 분열된 사태가 온 것이었다. 크라수스는 해안에 남겨진 반란군을 덮쳤다.

이 사건이 일어나기 얼마 전 크라수스는 원로원에 트라키아에 나가 있는 루클루스와 스페인에 파견된 폼페이우스가 돌아와서 지원해주어야만 반란이 진압되겠다는 편지를 보낸 적이 있었다. 그는 그것을 곧 후회했다. 이제 반란군은 양분되었고, 양분된 한쪽이 궤멸된 상황이 도래한 것이다. 국민적 영웅으로 추앙받는 두 명의 장군들이 이탈리아로 돌아오기 전에 자기 손으로 반란군을 진압해야만 한다는 것이 그의 판단이었다. 그것은 그에게 명예와 권력을 가져다줄 것이었다.

노예반란군 내부에서는 이제 일체감도, 동류감도 사라지고 없었다. 게다가 스파르타쿠스와 그의 부장들과의 반목은 노예반란군의 분해를 촉진했다. 크라수스는 상황을 제대로 읽었고, 6천명의 병사를 반란군의 진로에 매복시켰다. 그날의 전투에서 그는 "1만2천3백명의 반란군을 처단했다. 단 두 명의 반란군이 등에 상처를 입은 채 생포되었다. 나머지는 모두 자신의 위치를 지키며 용감히 싸우다가 전사했다."고 플루타크는 기록하고 있다.

그러나 크라수스의 목표는 아직 달성되지 않은 채로였다. 그는 최종적인 진압이 필요했다. 무엇보다도 그순간까지 스파르타쿠스가 직접 지휘하는 병력은 단 한번도 패배하지 않았다는 사실이 중요했다. 스파르타쿠스는 이제 크라수스를 피하고 있었다. 모든 조건과 상황이 자신에게 불리하므로 일단은 크라수스의 손아귀에서 벗어나는 것이 그의 목표였다. 그 목표를 달성키 위해서는 우선적으로 크라수스가 일단의 병력을 선발대로 보내 자신을 공격해주는 것이 필요했다. 크라수스는 그렇게 했다.

## 만약 시이저가 주도한 작전이었다면 칭송받았을 텐데…

스파르타쿠스는 크라수스의 선발대와의 전투에 집중하는 듯하면서 병력의 일부를 크라수스의 본진의 뒤로 빼돌려 적에게 엄청난 타격을 가했다. 만약 이것이 시이저나 폼페이우스가 주도한 군사작전이었다면 천재적 전술로서 후세 사람들의 칭송을 받았을 것이나, 스파르타쿠스는 하찮은 노예에 불과했다. 플루타크를 제외하고는 그 누구도 스파르타쿠스의 전략이나 전술에 찬사를 보낸 역사가는 없었다.

　　그것이 마지막 승리였다. 그의 부하들은 거듭되는 전투에 지쳐 있었고, 또 어느정도는 자신들을 과신하고 있었다. 장기적인 안목으로 전투를 기피하거나 혹은 후퇴하거나 할 생각이 그들에게는 없었다. 그들은 항상 비장했고, 그들에게는 모든 싸움이 늘 마지막 전투였다. 그리고 명령을 거부하기가 다반사였다. 스파르타쿠스 역시도 이제는 거의 체념한 상태였다. 종말이 다가오고 있다는 것, 그리고 그 최후가 비참하리라는 것을 그도 이미 예감하고 있었을 것이다.

### 그는 용감이 저항했고, 그리고 전사했다

운명의 시각이 다가오고 있었다. "크라수스는 최후의 결전을 서둘러 준비했다. 그는 병력을 적의 맞은편에 주둔시켰고 병사들로 하여금 구덩이를 파게 했다. 반대편의 반란노예들은 주둔지를 벗어나서 우왕좌왕하고 있었다. 대치한 양쪽 진

스파르타쿠스의 반란을 묘사한 17세기의 그림. 독일 베를린 국립도서관에 소장되어 있다.

영의 긴장이 점점 고조되었다. 스파르타쿠스는 전군에 전투명령을 하달했다. 부하가 그의 말을 끌고 오자, 그는 칼을 뽑아 말의 목을 쳤다. '내가 이기면 나는 적으로부터 이놈보다 나은 말을 얻을 수 있다. 그리고 내가 진다면, 그때는 이 말은 필요가 없다.'라고 그는 부르짖었다."

처절한 싸움이 벌어졌다.

"최후의 순간, 그는 혼자였다. 수십명이 그를 에워싸고 있었다. 그는 용감히 저항했고, 그리고 전사했다."

카푸아에서 로마로 가는 가도에 6천명의 반란노예들이 산 채로 십자가에 매달렸다. 그것이 마지막 반란이었다. 그 사건 이후 노예에 대한 처우는 개선되었다. 그 수도 점차 줄어들었다. 그러나 유럽에서 노예제도가 폐지되기 위해서는 아직 수백년의 세월이 흘러야만 했다.

엉뚱한 '찰떡궁합'

무솔리니와 히틀러

# Mussolini 1883~1845 & Hitler 1889~1945

파시즘은 나치즘의 원류였다. 무솔리니는 히틀러의 우상이었다. 스승과 제자로 출발했던 그 둘의 관계는 한때 '환상의 콤비'로까지 발전한다. 그리고 무솔리니는 히틀러의 곁방살이 신세로 전락한다.

## '대량살상의 끝'은 승자라고 해서 패자와 다를 게 없다

전쟁이 끝나면 군사적 승자와 패자는 선명하게 구분된다. 그러나 사회적, 경제적 부문에서는 오로지 패자만이 존재한다. 승자가 약탈할 수 있었던 옛날의 전쟁이라면 승자의 상황이 패자보다는 나을 수도 있다. 그러나 대량 파괴와 살상이 수반되는 현대전에서는 승자라고 해서 패자와 다를 것도 없다. 차이라면 승자는 승리의 열기 탓에 배가 덜 고프고, 패자는 좌절감으로 인해 더 허기질 따름이다.

제1차 세계대전 종전 직후 독일과 이탈리아는 모두 배가 고팠다. 모든 것이 파괴된 시점, 그들은 그것을 '제로', 즉 '영시점'이라 불렀다. 이런 상황에서는 빵장사는 돈을 벌고, 선동가는 정치적 힘을 얻게 마련이다. 안정이니 질서니 하는 구호는 왠지 낯설고, 사회정의니 평화니 하는 슬로건도 별 효험이 없다. 민족이나 국가의 과거 속에서 찬란했던 한 부분을 미래에 재현하겠다는 약속이 다수의 마음을 움직이게 된다.

똑같이 굶주리면서도 승자의 배가 덜 고픈 것과 철저하게 속았으면서도 또다시 민족이나 국가의 장밋빛 미래에 기대를 거는 패자의 마음가짐은 결국 같은 것이다. 손쉽게 만들어지는 상투적인 선동구호들은

아돌프 히틀러와 베니토 무솔리니는 자신들의 방식대로 역사의 물줄기를 이끌어갔다.

그 대부분이 조국애니 명예로운 죽음이니 하는 따위들과 내용상으로 닿아 있게 마련이다.

### '영시점'의 논리

맑은 정신으로 생각해보면 그것들은 철저한 파괴나 처절한 좌절 뒤에는 먹혀들지 않을 것 같으나 실제는 그렇지 않다. 어떤 이념이든 그 내용으로써 힘을 얻는 것이 아니라 그것이 전달되는 방식, 즉 선전선동의 과정 속에서 틀을 갖추고 꼴을 가다듬게 된다. 그리하여 본질과 외양이 비극적으로 뒤범벅이 된다. 그리고 그것이 새로운 시작의 근거가 된다.

전쟁을 겪지 않은 민족은 없을 테고, 그리고 그들이 경험하는 전쟁은 다양할 수밖에 없을 것이다. 그러므로 서로 다른 종전 후의 상황을 위에서처럼 쉽게 일반화시키는 데는 무리가 따른다. 그러나…… 어쨌든, 제1차 세계대전 후의 독일과 이탈리아는 그랬다.

이탈리아에서는 정교하게 다듬어진 선전구호들이 이탈리아 민족에게 로마의 영광과 제국의 광휘를 암시하고 있었고, 독일에서는 범게르만주의가 이념적 카타르시스의 수단이었다. 아돌프 히틀러와 베니토 무솔리니는 자신들의 방식대로 역사의 물줄기를 이끌어갔다. 그들이 이름이 높아갈수록, 그리고 그것이 폭력으로 뒷받침될수록, 그들이 제시한 미래상은 현실과 유리되어갔다. 그리하여 시이저의 영광과 비잔틴의 광휘가 재현될 수 있다고 믿는 사람들이 늘어갈수록, 유럽을 뒤덮은 안개는 짙어졌다.

## 패전의 책임, '히틀러가 무솔리니에게 속았다?'

독일인들은 1943년 7월 25일에 있었던 무솔리니 정부의 붕괴에 큰 충격을 받았다. 무솔리니는 부상당한 채 연합군에 생포되었다. 히틀러가 무솔리니와 동맹을 맺어서 얻은 것보다는 잃은 것이 더 많았다는 것이 독일인들의 일반적인 생각이었다. 이탈리아는 전쟁기간 내내 제대로 싸운 적도 없고, 오히려 동맹국을 패전의 수렁으로 끌어들였다는 것이 독일측 군사전문가들의 판단이었다. 결국 히틀러가 무솔리니에게 속았다는 것이 중론이었다.

그로부터 1년 반 뒤인 1945년 초에는 히틀러 스스로도 패전의 책임을 이탈리아에게 지운다. 히틀러가 자신의 비서실장이었던 보르만에게 했다는 말이 기록으로 남아 있다.

"이탈리아와의 동맹은 우리보다는 적에게 오히려 유리했다. 동맹은 승리보다는 패배에 기여했다. 이탈리아가 우리에게 해줄 수 있었던 최선의 도움은 분쟁에 개입하지 않는 것이었다. 솔직히 나는 아직도 정서적으로는 이탈리아에 친근감을 갖고 있다. 그러나 나는 나 자신의 잘못을 인정할 수밖에 없다. 결국 내가 '이성의 소리'를 듣지 않은 것이 화근이었다."

히틀러 스스로가 고백하듯이 무솔리니를 끌어들인 것은 다른 사람이 아닌 히틀러였다. 군사전문가들의 충고를 무시하고, 망설이는 '두체'를 설득하여 동맹을 맺은 것은 '퓌러' 자신이었다. 이탈리아 말의 '두체'나 독일말의 '퓌러'를 우리말로 옮기면 적당한 단어는 둘 다 '지도자'인 것 같다. '총통'이란 호칭도 더러 쓰이고는 있으나 그리 깔끔한 언어는 아닌 거 같아 이 글에서는 쓰지 않는다.

### 사흘 만에 정부를 인수하고, 내각을 구성한 '두체'에 홀딱 반하다

사실 히틀러가 이탈리아에 관심을 가진 것은 1920년경부터였다. 그 당시는 무솔리니의 그 유명한 '로마행진'이 있기도 전이었고, 히틀러 자신의 활동영역도 독일 남부 바이에른 주를 채 벗어나지 못한 상태였다. 히틀러의 자서전 『나의 투쟁』의 한 부분을 옮긴다.

"이탈리아는 유럽에서 프랑스의 패권을 저지할 수 있을 것이며, 실제로 그렇게 될 것이다."

결국 히틀러는 프랑스를 견제하기 위해서 이탈리아를 필요로 했다는 얘기다. 남부 티롤지방을 둘러싼 독일과 이탈리아의 영토분쟁이나 제1차 세계대전 기간 중의 갈등 따위는 중요치 않았다. 그리고 실제로 이탈리아를 제외하고는 독일을 위해 프랑스를 견제해줄 만한 다른 나라도 없었다. 프랑스가 유럽의 맹주로 군림하는 것을 못마땅해할 나라로는 물론 영국을 꼽을 수도 있다. 그러나 영국은 독일의 동맹상대는 아니었다.

1922년 가을, 알프스 너머에서 히틀러를 감동시킨 사건이 일어났다. 1922년 10월 28일, 무솔리니가 이끈 파시스트들은 로마로 행군했고, 사흘 후 '두체'는 정부를 인수하고, 내각을 구성했다.

외부에서 보기에는 정권교체과정 그 자체가 절정이었으나 그것은 끝이 아니라 시작이었다. 지방정부차원에서는 사실 1921년부터 파시스트들이 행정권을 장악해가고 있었다. 중앙정부를 인수함으로써 완결된 파시스트의 집권이 이루어진 1922년 10월은 이탈리아사가 세계사의 한 중요한 부분과 겹쳐지는 기점이었다.

이탈리아는 명목상으로는 제1차 세계대전의 '승전국'이었다. 그러나 종전과 더불어 몰아닥친 정치적, 사회적 혼란은 승자로서의 영광을 무색케 했다. 거리에 넘쳐나는 수백만 실업자에게 일자리를 마련해줄 정부는 없었다. 번번이 내각이 바뀌었다. 이런 상황은 극좌이든 극우이든 강한 목소리를 가진 집단에게 좋은 조건을 제공한다.

무솔리니는 절망하고 있는 이탈리아인들에게 독점적인 대안을 제시했고, 대중은 그의 목소리에 귀를 기울였다. 그것은 몇 년 뒤 히틀러가 정치적 성공을 거두는 과정과 거의 흡사하다. 정치이론상으로도 이탈리아 파시즘은 독일 나치즘의 원류이다.

그리고 그것들이 한 사회를 이끌어가는 정치적 이념으로 자리잡는 과정 역시 이탈리아가 독일보다 먼저였다. 그러니까 무솔리니는 히틀러의 스승이었다.

파시즘이라는 사상의 창시자가 따로 있는 것은 아니다. 그것은 온갖 정치사상들을 뒤섞어놓은 사이비 이데올로기다. 그러나 제1차 세계대전과 제2차 세계대전 사이의 서양사를 지배했던 파시즘 운동이 무솔리니에서 비롯되었다는 사실에는 아무도 반박하지 않는다.

어떤 일관된 이론적 틀도 없는 잡탕이긴 하지만 파시즘은 마르크시즘에 반하는 이념인 것으로, 즉 현대 산업사회에서의 인간소외의 문제를 극복하고자 하는 과학적 사회주의에 대항하여 민족이나 국가단위의 전통에 의미를 부여하는 '국가사회주의 혹은 민족사회주의'인 것으로 일반적으로 설명되어지고 있다. 사회주의라는 이름을 쓰고는 있지만 '생산양식'으로 본다면 오히려 자본주의의 변종으로 보는 것이 옳을 것이다. 나는 이 글에서 파시즘을 이론적으로 논할 생각은 추호도 없다. 그저 그것의 출발이 청년운동용의 얼치기 정치이념이었다는 사실만을 밝혀둔다.

파시즘 운동 초기의 무솔리니. 양편의 검은 셔츠가 인상적이다.

## 무솔리니, 한때 사회주의자였다

이탈리아 파시즘의 지도자인 베니토 무솔리니는 한때 사회주의자였다. 독자들의 혼란을 막기 위해 표현을 달리하자면, 그는 처음에는 공산주의자였다는 말이다. 직업은 언론인이었으며 왕이 그에게 내각을 조직하는 권한을 위촉했을 때, 즉 수상으로 지명했을 때 이제 겨우 서른아홉살이 된 자였다.

일종의 전설이 되어버린 '로마행진' 과정에서의 그의 역할이나 위치에 대해서 이런저런 말이 많다. '로마행진' 지도부 내에서의 그의 비중이 보잘것없었다는 자료나 증언들이 진실이라 하더라도, 로마입성 후 몇시간 만에 그가 정권을 잡은 것 또한 부인할 수 없는 역사적 사실이다. 출발이 어떠했든 대부분의 기록들은 그 개인을 파시즘 운동과 동일시하고 있다.

단순한 호기심만으로도 몇가지 질문을 떠올릴 수 있다. 자신들 스스로를 '파시'라고 명명한 사람은 누구인가? 팔을 쭉 뻗어 올리는, 소위 '파시스트 경례'를 만든 것은 누구인가? 부하들에게 검은 셔츠를 입도록 한 것은 누구인가? 그리고 까마득히 잊고 있던 고대 로마의 전통을 현대사 속으로 끌어들인 장본인은 누구인가?

누구였노라는 대답은 없다. 그러나 무솔리니가 아니었을 것이라는 생각이 많은 것 같다. 그의 전기를 쓴 커크패트릭(Kirkpatrick, 1911~1984)은 "무솔리니는 일생 동안 원리라든가, 심사숙고라든가 하는 따위의 단어들과는 전혀 상관없는 삶을 살았다."라고 쓰고 있다.

어쨌거나 20년대 혹은 30년대 초의 파시즘에 대한 일반적인 인식은 그리 나쁜 것만은 아니었다. 경우에 따라서는 공산화를 막아줄 수 있는 유일한 '구원의 사상'으로 비치기도 한 모양이었다. 인도의 간디는 무솔리니를 '이탈리아의 구세주'로 보았고, 처칠은 그에게서 '아주 유쾌하고 우호적인 인상'을 받았다고 했다.

무솔리니의 '로마행진'은 유럽의 모든 우파 정치집단의 행동지침이 되었고, 파시즘은 유행이 되었다. 프랑스에서는 청색셔츠 부대와 녹색 셔츠 부대가 뒤섞이고 있었다. 스페인에서는 프리모 데 리베라 장군이 집권했고, 그는 자신을 '두체'로 명명했다. 폴란드, 헝가리, 포르투갈

등지에서 유사 파시즘 세력이 집권한 것이 모두 20년대 중엽부터 30년대 중엽까지 일어난 정치사적 변화였다. 민주주의의 모범 국가였던 영국도 예외는 아니었다. 그곳에서는 원래 노동당 소속이었던 오스왈드 모슬리 경이 검은셔츠 부대를 이끌고 있었다.

### 히틀러, 두체의 '로마행진'에 감동하다

그러나 무솔리니 개인과 유럽에서의 파시즘의 운명을 결정지은 것은 몇년 후 독일에서의 히틀러의 집권이었다. '로마행진'이 있기까지 히틀러는 무솔리니를 몰랐다. 그러나 사건 후 히틀러는 무솔리니에게 반했고, 일방적인 친근감을 갖게 되었다. 『나의 투쟁』의 일부를 옮긴다.

"요즈음 나는 알프스 남쪽의 위대한 인물에게 매료되어 있다. 민족에 대한 그의 뜨거운 열정은 내부의 적을 용인하지 않는 정도가 아니라, 모든 수단과 방법을 동원하여 그들을 절멸시키고자 하는 단호함으로 나타나고 있기 때문이다."

히틀러의 이러한 '초기의 감동'은 그의 일생 내내 유지되었던 것으로 보인다. 그래서 앞서 인용했듯이 그는 '이성의 소리'를 무시했던 모양이다. 그와 관련된 기록 한 토막을 인용해보자.

"무솔리니는 이탈리아어를 탁월하게 구사하고 쓸 줄 안다. 나는 독일어를 그렇게 다루지 못한다. 글을 쓸 때마다 나는 그와 나 자신을 비교하게 된다."

전설적인 '로마행진.' 앞줄 중간에 무솔리니가 보인다.

### 뭐, '하이 히틀러!'의 원산지는 이탈리아였다고?

마르틴 보르만(당시 히틀러 비서)이 기록한 1945년 2월의 히틀러의 어록에는 "'두체'는 나와 능력이 비슷한 사람이었어. 아니 그가 자신의 민족에게 기여한 것만으로 본다면 그는 나보다 윗길이었던 것 같아."라는 내용이 들어 있다.

1922년 이후 독일 나치스의 구호에는 이런 것이 추가되었다. "독일의 무솔리니는 히틀러다!" 히틀러는 뮌헨에 있었던 자신의 집무실에 무솔리니의 흉상을 모셔놓고 있었다. 나치스 돌격대의 갈색셔츠는 검은셔츠의 모방이었으며, 팔을 뻗어 치켜드는 '나치스 인사법' 역시 원산지는 이탈리아였다. 당시 독일에서 유행했던 우스개에 이런 것이 있었다고 한다.

"세계에서 제일 훌륭한 사진사 세 사람은?"

"무솔리니, 히틀러 그리고 괴벨스!"

"왜?"

"무솔리니는 현상하고, 히틀러는 인화하고 그리고 괴벨스는 확대하니까!"

괴벨스라는 이름 역시 우리에게는 그리 낯설지는 않다. 그의 선전선동술을 모방한 선거운동 지침이 바로 10여 년 전에 우리나라의 어떤 정당에서 나온 적이 있을 정도니까 하는 말이다. 어쨌거나……

뮌헨 쿠데타로 인해 징역을 살고 나온 직후의 히틀러. 1925년경.

무솔리니를 흉내냈던 히틀러는 1923년 11월 9일에 있었던 독일판 '로마행진' 때문에 체포되고 만다. 그가 감옥 속에 있는 동안 무솔리니는 독재체제를 굳혀가고 있었다.

**히틀러는 무솔리니 '오빠부대'의 일원**

우여곡절 끝에 독일의 나치스는 1930년

총선에서 사민당에 이어 제2당으로 부상한다. 의석이 고작 12석이었던 나치스가 무려 107석을 얻은 것이다. 그것으로 나치스는 독일 바이마르공화국의 정치적 역학관계의 아주 중요한 변수가 된 것이다. 그러나 그것이 곧바로 히틀러를 독일제국의 '두체'로 인정하는 것은 아니었다. 오히려 나치스의 부상을 견제하려는 여타 정파들의 집중공격의 대상이 되고 말았다. 그들의 눈에 히틀러는 한낱 보잘것없는 흉내꾼이었다. 유럽의 다른 나라들의 언론에 비친 히틀러의 몰골 역시 자국에서의 그것보다 나을 것이 없었다.

그러나 1933년 1월 30일, 히틀러는 집권에 성공한다. 괴벨스가 늘 노래하듯이 그것은 '합법적인 절차'에 의한 것이었다. 1932년의 총선에서 나치스가 다시 의석을 늘이는 것을 보고, 무솔리니는 다음과 같이 말했었다.

"20세기는 파시즘의 세기가 될 것이다. 10년 안에 유럽전역이 파쇼화될 것이다."

그러나 무솔리니에게 있어서 히틀러는 그리 주목할 만한 인물은 아니었던 모양이다. 1931년에 '두체'를 방문한 헤르만 괴링은 '퓌러'의 부탁을 무솔리니에게 전했으나 거부당했다. 부탁은 별게 아니었다. 무솔리니의 사진 아래에 무솔리니가 친필로 서명을 해줬으면 하는 것이 히틀러의 소원이었다. 요즘의 세태를 빌어 표현하자면 이때까지만 해도 히틀러는 무솔리니에 반한 '오빠부대'의 일원이었을 따름이다.

## 하잘것없는 변방의 촌놈 풀이 죽다

1934년 6월, 히틀러는 독일정부 수반의 자격으로 이탈리아를 방문했다. 그러나 그를 맞은 '두체'의 손길은 차가웠다. 중립국 오스트리아를 둘러싼 정치적 현안이 문제가 된 탓이기도 했으나 근본적인 것은 무솔리니에게 히틀러는 하잘것없는 존재로 여겨졌던 탓이었다. 당시에 독일은 패전국으로서 항복할 때 약속한 전쟁 배상금조차 제때에 지불하지 못하고 있었다. 그리고 수상이라는 작자는 자신에게 홀딱 반한 오스트리아 변방출신의 촌놈이라고 했다. 사실 무솔리니가 히틀러를 융숭하게 대접할 이유가 당시로서는 없었다.

히틀러가 풀이 죽어 돌아온 지 얼마 되지 않아서 오스트리아에서 나치스 폭동이 일어났고, 그 와중에서 수상 돌푸스가 살해되고 말았다. 히틀러는 이 사건과 자신과는 아무런 관련이 없다고 항변했으나 아무도 그의 말을 믿지 않았다. 무솔리니도 예외는 아니었다. 이탈리아의 파시스트 언론들은 독일을 비난했고, 그 속에는 무솔리니의 성명서도 포함되어 있었다. '두체'는 협박조로 자신의 의사를 밝히고 있었다.

히틀러와 무솔리니의 첫번째 만남. 도도한 무솔리니의 자태와 공손한 히틀러의 자세가 인상적이다.

"오스트리아는 라틴세계의 정의의 상징이다. 이탈리아는 이 작은 나라의 독립을 지켜줄 것이다. 이 작은 나라가 유럽에서 정신적, 정치적 균형을 유지시켜 주는 역할을 하고 있기 때문이다."

### 외로운 무솔리니에게 손을 내민 히틀러

1935년 3월 16일, 히틀러가 전쟁배상금 지불거부와 아울러 독일의 재무장을 선언했을 때도 물론 '두체'는 독일 편이 아니었다. 그는 오히려 영국과 프랑스에게 군사적으로 독일에 개입하자는 제의를 하기도 했다.

그러나 1935년 10월 3일, 인도양 연안에서 이탈리아의 영향력 확장에 몰입했던 무솔리니가 선전포고도 없이 아프리카의 아베시니아에 이탈리아군을 상륙시킴으로써 상황은 반전되었다. 돌이켜보면 이 날이 무솔리니와 히틀러의 위치가 뒤바뀐 날이었다.

사실 영국과 프랑스의 정치인들은 아프리카 문제에서는 눈을 감아줄 용의도 있었을 것이다. 무솔리니가 아프리카에 상륙한 것도 자기 나름대로는 영국과 프랑스가 개입하지 않으리라는 확신이 있었기 때문일 것이다.

그러나 정치인들보다는 두 나라의 일반 여론이 들끓은 것이 문제였다. 이탈리아는 일거에 고립되었고, 외로워진 무솔리니에게 따뜻한 손길을 내민 것이 히틀러였다. 히틀러는 경제봉쇄에 직면한 이탈리아에게 물자를 지원했다. 지원을 받고부터 순식간에 이탈리아는 영국과 프랑스와 적대관계에 놓이게 되었다.

그리고 오래지 않아 무솔리니는 제1차 세계대전
의 종전협약이 사문화되었다는 것을 인정하게 된다. 아울러 히틀러의
행보는 빨라지고 있었다. 이제 와서 돌이켜보면 그 당시 히틀러의 야
망이 드러난 것이 사실이나 그 무렵의 세계 언론은 그것을 눈치 채지
못했던 듯하다. 그것은 히틀러가 무솔리니의 명성 뒤에 숨어 있었던
때문일 것이다. 그 무렵의 분위기를 전하는 자료들에는 무솔리니를 경
계하는 내용이 주를 이루고 있다. 그중 몇개를 소개한다.

"최근의 사태에 대해서 말하자면
두 인물 사이에는 현격한 차이가
존재한다. 무솔리니는 영토적 경계
를 넘어서까지 호전성을 보이고 있
으나 히틀러는 아직 독일의 경계를
넘어서지 않고 있다는 사실에 주목
할 필요가 있다."

"무솔리니는 열정적인 호전광이
나 히틀러는 그렇지 않다."

"합스부르크 황가를 계승한 작은
나라를 위협하는 것은 무솔리니지
히틀러가 아니다."

1937년 9월 25일부터 28일까지
무솔리니의 독일방문은 완벽하게

1937년 사진. 두 사람은 로마에서 회동했고, 이듬해에 독일과
이탈리아 간의 동맹은 완성된다.

연출된 정치적 쇼였다. 독일과 이탈리아의 동맹의 출발인 우호협약은
이미 1936년 10월에 조인된 뒤였다. 무솔리니는 방문기간 내내 독일
'제3제국'의 능력에 감탄하였고, 뒤늦게 나치즘과 히틀러 개인에 대한
신뢰를 가지게 되었다.


## 베를린, 로마, 도쿄를 잇는 국제정치의 트라이앵글이 완성되다

그
로서도 독일의 도움이 필요했던 터였다. 무솔리니는 이탈리아의 운명
을 새로운 친구의 그것과 연계시키는 데에 주저하지 않았다. 무솔리니
는 "나는 친구를 한번 사귀면 끝까지 가는 사람이다."라는 내용의 독일
말로 된 연설도 남겼다. 어디서 많이 듣던 소리다. 어쨌거나……

　1937년 11월에는 이탈리아에서 '반공산주의동맹'이 결성되었다. 독
일과 일본은 한 해 전에 이와 비슷한 동맹을 이미 맺고 있었다.

　그것으로써 베를린, 로마, 그리고 도쿄를 잇는 국제정치의 트라이앵
글이 완성되었다.

　히틀러는 오스트리아를 병합하고자 했다. 무솔리니의 태도는 당연
히 과거와 달라져 있었다. 1937년 11월 '두체'의 어록에는 다음과 같
은 내용이 포함되어 있다.

　"오스트리아는 제2의 독일이다. 오스트리아는 단 한번도 독일의 영
향권을 벗어난 적이 없으며, 그럴 능력도 없다. 이탈리아는 오스트리
아에 대해 몇년 전과 같은 관심을 갖고 있지 않다. 제국완성을 위한 우
리의 관심은 이제 지중해와 식민지에 쏠려 있다. 모든 일에 있어서 가

장 좋은 처방은 자연스러운 흐름에 순응하는 것이다."

히틀러는 무솔리니의 말뜻을 알아들었고, 이듬해 3월, 오스트리아를 병합했다. 그로부터 제2차 세계대전의 발발에 이르기까지 급박하게 진행된 상황에서 무솔리니는 수동적인 위치에 머물러 있었다. 1939년 8월 25일, 히틀러가 독일군에 폴란드 침공명령을 내려놓고 있었던 상황에서 무솔리니는 자신의 각료들에게 다음과 같은 말을 하고 있었다.

"독일이 폴란드로 진군하고, 그 결과로써 폴란드와 연합한 나라들과 독일과의 전쟁이 일어난다하더라도 이탈리아는 현재의 준비상태를 초과하는 군사적 작전은 하지 않는다. 이탈리아는 지금 준비중이다. 준비가 완료되어야 분쟁에 개입할 수 있다. 개입여부는 독일이 우리에게 조달하는 군비규모에 좌우될 것이다."

이탈리아가 독일측에 제시한 군비지원 요청 명세의 반 정도가 독일이 지원할 수 있는 실제의 능력이었다. 말을 바꾸면, 무솔리니는 독일의 능력을 초과하는 무리한 요구를 함으로써, 그것을 핑계로 분쟁에 개입하지 않으려고 했다는 뜻이다. 히틀러는 공격명령을 철회했고, 폴란드 침공 이후의 영국과 프랑스의 대응에 대해 며칠동안 심사숙고했다. 그러다가 마침내  1939년 9월 1일 침공을 감행했다. 이틀 후 연합군은 독일에 대한 선전포고를 했다.


**침공일자를 적국에 알리다니, 웃기는 동맹이 아닌가** │ 그것은 히틀러의 예상과는 달랐던 사태전개였다.

히틀러가 오스트리아의 독일에의 합병을 선언하고 있다. 장소는 오스트리아의 빈.

1943년 5월 20일, 히틀러는 다음과 같은 말을 남기고 있다.

"만약 그 당시 이탈리아가 우리 편에 설 것이라는 것을 공개적으로 천명했었다면 전쟁은 일어나지 않았을 것이다. 이탈리아가 우리와의 조약에 근거한 의무를 수행할 의사를 분명히 했었다면 영국은 쉽게 전쟁을 시작하지 못했을 것이다. 프랑스도 마찬가지였을 것이다."

이런 이유들로 해서 개전 초에 이탈리아와 독일의 관계가 그리 원만하지는 못했다. 로마는 베를린이 모스크바와 조약을 맺은 것을 못마땅해 했고, 그래서 핀란드 내전에서는 소련의 반대편을 비밀리에 지원하기까지 했다. 무솔리니는 연합군측의 사절들은 공공연히 만났고, 벨기에와 네덜란드의 외교관들에게는 독일측의 계획된 침공일자를 알려주기까지 했다. 동맹치고는 실로 웃기는 동맹이었다.

무솔리니는 물론 히틀러와도 만났다. 전과는 달리 히틀러 앞에서는 말이 없었다. 히틀러는 그를 아주 요령 있게 다룰 줄 알았다. 히틀러는 무솔리니에게 독일의 잠재력을 은근히 과시했다. 그리고 은연중에 유럽을 둘이서 잘라 먹자고 꼬드겼다.

**제자가 유럽의 맹주가 되는 것을 배 아파하다**  |  그 당시의 무솔리니의 심경을 묘사한 좋은 자료가 있다. 무솔리니 밑에서 외무장관을 했었던 그의 사위 치아노라는 사람의 일기에는 다음과 같은 내용이 포함되어 있다.

"무솔리니에게 있어서 중요한 것은 히틀러가 전쟁을 하고 있다는 사실이 아니라, 히틀러가 혼자서 전쟁을 이길지도 모른다는 생각이었다. 그것은 그가 도저히 용인 못할 상황이었다."

아마도 무솔리니의 머릿속에서 히틀러는 여전히 촌놈이었던 모양이다. 그리고 그 시골출신의 제자가 혼자서 유럽의 맹주가 되는 것이 싫었던가보다. 언제부터인가 역할이 뒤바뀌었다는 것을 그는 뒤늦게 깨달았다. 히틀러는 승승장구하고 있었다. 1940년 4월에는 노르웨이가 떨어졌고, 5월에는 네덜란드, 벨기에, 룩셈부르크 그리고 프랑스마저 손을 들었다. 무솔리니는 자기의 판단력에 문제가 있었음을 시인하고, '이기는 전쟁'에 참여키로 결정했다.

1940년 6월 10일 '두체'는 팔라초 베네치아에서 전쟁참여를 선언했다. 발코니 아래에서는 수십만 군중이 그의 결정에 호응하고 있었고, 독일주재 이탈라아 대사로부터 소식을 전해들은 히틀러 역시 환호했다.

동맹군의 연합작전은 초장부터 그리 매끄럽게 수행되지는 못했다. 독일군 지휘부는 이탈리아군의 전투수행 능력에 심각한 의문을 제기하기 시작했다. 그러나 아직은 승세가 유지되고 있었다.

사실 히틀러와 무솔리니는 프랑스의 항복 이후 홀로 남은 영국이 전쟁을 포기할 것으로 판단했다. 그러나 미국의 적극적인 개입과 더불어 전쟁은 새로운 양상을 띠게 되었고, 그 부분은 히틀러도 무솔리니도 전혀 예상하지 못한 상황이었다.

전선이 아프리카로부터 확대되기 시작하면서 동맹군은 조직력을 잃어가기 시작했다. 연이은 이탈리아군의 패전은 독일에게는 부담만 안겨주는 꼴이었다. 북아프리카에서의 참패 이후 무솔리니는 가진 게 아무것도 없는 상태가 되었다. 히틀러의 지원 없이는 단 하루도 버티지 못할 지경에까지 이르렀다. 파트너에게 기죽지 않으려는 무리한 작전은 패전을 거듭하게 하고, 상황을 악화시키기만 할 따름이었다.

그 대표적인 것이 무솔리니의 그리스 침공이었다. 예로부터 발칸반도는 예민한 곳이었다. 제1차 세계대전이 그 근처에서 시작되었고, 오늘날에도 그 부근은 여전히 화약고다. 게다가 당시 그리스의 뒷담 너머에서는 소련이 잔뜩 긴장한 눈으로 유럽을 내다보고 있었다. 알려진 대로 소련이 연합군측에 가담하면서 전쟁은 보다 가파르게 진행되었고, 스탈린그라드에서의 참패 이후 동맹군의 패배는 기정사실이 되었다.


**히틀러의 포로가 된 무솔리니** | 두 독재자의 관계에도 많은 변화가 왔다. 둘이 만나면 히틀러 혼자 떠들었다. 자신의 약화된 위치를 잘 아는 '두체'는 듣고만 있었다. 당시 목격자들의 기록에 따르면 때로 무솔리니는 눈물을 흘리기도 했던 모양이다. 그러다가도 다시 전의를 불태우고, 그리고 호기롭게 자신의 계획을 떠벌리기도 했으나 그 모든 것이 목격자들의 눈에는 공허한 제스처로만 보였던 것 같다.

그리고 그 무렵부터 무솔리니의 고질이었던 위장병이 도졌다. 그는 바짝 말라갔고, 걷기조차 힘이 든 상태에까지 이르렀다. 1943년 7월 10일, 연합군은 이탈리아 남부의 시실리아 섬에 상륙했다. 이탈리아군은 거의 저항하지 않았다. 1943년 7월 25일, '두체'는 실각했고, 왕을 알현한 직후 체포되었다. 그는 저항하지 않았다. 그리고 어디론가 실려 갔다. 그 소식을 들은 히틀러의 반응은 "나는 '두체'가 어디에 있는지 모른다. 그러나 위치가 확인되는 즉시 낙하산 부대를 보내야겠다"였다. 히틀러는 그 약속을 지켰다. 1943년 9월 12일, 무솔리니는 크랜사쏘에서 극적으로 구출되었다.

### 무솔리니의 최후 때문에 히틀러가 서둘러 자살했을까? | 1943년 9

월 14일, 실각한 독재자 '두체'는 자신을 구원해준 '퓌러'를 만났다. "고맙습니다. 당신은 나를 구금상태에서, 재판으로부터, 확실한 판결로부터, 그리고 명백한 사형으로부터 구출해주었습니다."라고 무솔리니는 히틀러에게 치사했다. 히틀러는 그에게 이탈리아로 돌아가 전쟁을 계속해줄 것을 요구했다. 무솔리니는 망설였으나 결국 히틀러의 권고를 받아들였다. 그는 독일군이 주둔하고 있던 이탈리아의 일부지역을 거점으로 해서 재기를 도모했다. 내부의 단결을 공고히 하기 위해 일부 불만분자들을 처단했다. 그 속에는 자신의 사위였던 전직 외무부장관 치아노도 포함되어 있었다. 그런 새로운 상황전개를 곁에서 지켜보는 자들이 있었다. 히틀러의 친위대가 그들이었다. 한마디로 무솔리니는 히틀러의 포로였다.

그럼에도 불구하고 무솔리니는 아직도 꿈을 꾸고 있었다. 마지막까지 무솔리니를 수행했던 젊은 문화부장관 메짜소마는 다음과 같은 말을 남기고 있다.

"그는 꿈속에서 살았다. 꿈을 깨고 나면 또다른 꿈이 뒤를 이었다. 그는 현실로부터는 철저히 유리되어 있었다. 그는 그 자신이 만든 세계 속에서만 살고 있었다. 그 세계는 완전한 환상의 세계였다. 흐르는 시간과 그는 무관했다. 그의 침울, 그리고 그의 흥분, 그 모든 것은 원인도 없고 이유도 없었다. 있었다면 그것은 그 혼자만이 알고 있는 것이었다."

1945년 4월 28일, 공산계열 파르티잔들이 무솔리니와 그의 정부 클라라 페타치를 코머 호숫가에서 살해했다. 얼마 후 그는 그의 정부와 함께 거꾸로 매달렸다. 정부의 치마가 뒤집어지면서 치부가 드러났다. 지나가던 노파가 혀를 끌끌 차면서 다리 사이로 치마를 끌어올려 치부를 가려주었다. 히틀러가 무솔리니의 죽음에 어떻게 반응했는지는 알려져 있지 않다.

무솔리니 최후의 사진. 도도한 독재자는 간곳없고 병든 노인으로만 남았다.

그러나 확실한 것은 무솔리니의 최후의 장면 때문에 베를린 함락을 앞둔 히틀러가 서둘러 자살을 준비했을 것이라는 사실이다.

교황과 신神마저도 이용한 '대중조작의 달인'

# 나폴레옹

단기간에 유럽전역을 휩쓸어버린 운이 억세게도 좋았던 군사전략가였으며, 성장, 출세, 여자, 죽음 등에 있어서 어느 하나 극적이지 않은 게 없었던 세기의 스타, 나폴레옹. 가톨릭교회와 대립하여 유럽을 복속시켰던 그는 "종교 속에서 인카르나치오(그리스도의 화신)의 비밀을 발견하지는 못했다. 그러나 사회질서의 비밀은 보인다."고 말했다.

Napoleon 1769~1821

## 세기의 스타, 황제 나폴레옹

유럽사가 곧 세계사였다. 유럽사가 곧 세계사였으므로 그곳의 인물은 바로 세계적 인물이 되었다.

우리와는 전혀 상관없는 인물이면서도 우리와 아주 친숙한 서양사람 중의 하나가 이 글의 주인공이다. 유럽사 속에 명멸했던 많은 인물들 중에서도 나폴레옹처럼 역사가들로부터 집중적인 조명을 받은 사람은 없다. 빈도에서도 그렇고, 강도에서도 그렇다. 그의 모국 프랑스에서 그가 민족적 영웅으로 추앙받고 있다는 사실이야 새삼스러울 것도 없지만, 우리나라에서조차 그는 많은 '팬'을 확보하고 있다. 엄밀히 얘기하자면 프랑스혁명 이후 새로 등장한 '공화정'을 무너뜨린, 그야말로 '반동적인' 인물임에도 불구하고.

이유가 없지는 않다. 단기간에 유럽전역을 휩쓸어버린 운이 억세게도 좋았던 군사전략가였던 탓이기도 하겠지만 마치 동화 속의 주인공과 같은 그의 성장과정, 출세과정, 인간관계(특히 여자관계), 그리고 죽음 등 어느것 하나 극적이지 않은 게 없다.

그런데 그의 독특한 성격이나 천부적인 정치감각 못지않게 더욱 중요한 것은 역시 시대적 상황이었다. 그는 운 좋게도 그 자신의 뛰어난 역량과 개성을 정치적 출세로 연결시키기에 가장 좋은 시대에 태어난

황제가 된 나폴레옹

것이다. 18세기는 묵은 것이 몰락하고 새로운 것이 일어서는 사회적, 정치적, 경제적, 문화적…… 그 모든 것의 격변기였다. 그 혼돈 속에 그의 자리가 있었다.

나도 어린시절에는 작달막한 키에 똥배가 나온 황제가 되고자 하는 꿈을 갖고 있었다. 그러나 주는 대로 먹다보니 키도 제법 커버렸고, 부지런히 살다보니 배도 나오지 않았다. 그럭저럭 세계사적 꿈도 포기하고 있었다. 그런데 지난 몇년 사이에 똥배가 나오기 시작했다. 나이와 운동 부족 탓이려니 하면서도 뒤늦게 희망이 부푼다. 혼돈의 시대가 온다면 또다시 똥배 나온 황제의 세상이 도래할 것도 같은 예감에서다. 헛소리는 이쯤하고, 다시 나폴레옹에게 돌아가자.

**황제가 되기 위해 태어난 천재였다** 그는 자신을 통제할 줄 알았다. 내키는 대로 막 사는 듯하면서도 그의 결정이나 결단이 상대나 대중에게 강한 메시지로 전달되게 하는 능력을 지니고 있었다. 애깃거리로 전해지는 그와 관련된 이런저런 일화들은 돌발적인 기행과는 상관없다. 그와 관련된 모든 것이 그 자신에 의해서 사전에 철저하게 준비되거나 예비되어진 것이었다고 보는 것이 옳다.

정리하면, 그는 괴짜가 아니었고 황제가 되기 위해 태어난 천재였다는 뜻이다.

황제가 되기 위해서는 황제의 아들로 태어나거나, 아니면 죽자 사자 싸워서 스스로 황제가 되는 수밖에 없다. 독자들도 아실 테지만, 그는 황족이나 왕족은 고사하고, 그 흔해빠진 귀족 나부랭이도 아니었다. 윗대로 거슬러 올라가도 왕가의 물이 튄 흔적이라곤 전혀 없는 혈통이다. 자신을 황제로 만들어줄 조상이 없으므로 그는 신의 힘을 빌렸다.

그의 종교정책은 오늘날에도 대중심리 조작의 전범으로 꼽힌다. 그는 교회와 교황, 그리고 신까지도 자신을 위해 이용했다. '신까지도'가 지나친가? 그럼 이렇게 바꾸자. "최소한 신의 이름과 개념만큼은 자신을 위해 이용하는데 성공했다."

**이탈리아 원정군의 사령관으로 지명받다** | 1796년 3월 2일 프랑스 혁명정부는 오스트리아군과 싸우게 될 이탈리아 원정군의 사령관으로 젊은 장군 나폴레옹 보나파르트를 지명했다. 나폴레옹은 내각의 결정을 기꺼이 수락했다. 그 자리가 자신의 정치적 성공을 위한 디딤돌이라는 것을 직감했기 때문이었다.

몇주 만에 그는 사기가 바닥에 떨어진 약 4만 정도의 병력을, 제구실을 하는 보병으로 조련하는 데에 성공했다. 지휘권을 인수한 지 6주일 만에 로디지역의 전투에서 오스트리아군에게 이겼다. 그로부터 닷새 후에 나폴레옹의 지휘를 받는 프랑스군은 마일란드로 진격했다. 코르시카섬 출신의 신출내기 장군의 지휘를 받는 프랑스군의 거듭된 승전보에 교황 피우스 6세는 잔뜩 겁을 먹었다. 왕도 신도 모르는 공화주의자들에 의해 영원의 도시 로마가 짓밟히게 되는 경우 교황청 역시 온전하지 못할 것이라는 판단 때문이었다. 도시를 보호해주겠다고 나선 외국의 군대도 없었다. 있다 해도 그들은 너무 멀리 있었다. 교황은 보나파르트와 협상하기로 결정했다.

### 소수의 병력으로 일사불란하게 교황군을 유린하다

로마와 나폴레옹 간의 협상은 쉽지 않았다. 우여곡절 끝에 1796년 6월 볼로냐에서 휴전협정이 체결되기는 했으나 로마는 교황령 두 지역과 중요한 항구 도시 앙코나를 정식으로 평화협정이 체결될 때까지 프랑스군의 점령지로 넘겨주는 조건을 감수해야만 했다. 뿐만 아니라 교황은 교황령의 해안에 영국 해군의 정박을 허용치 않을 것과 1천5백50만 프랑에 달하는 물자를 승자인 프랑스군에게 지불할 것을 약속해야만 했다.

급한 불은 껐으나 교황은 프랑스 혁명정부와의 굴욕적인 평화협정에 서명할 생각은 없었다. 그해 여름, 교황은 평화협상을 거부했다. 10월에 접어들어 나폴레옹은 교황에게 편지를 보냈다. 협상에 불응하는 경우 군사적 수단을 동원할 수도 있다는 협박이었다. 피우스 6세의 대답이 없자 1797년 1월 나폴레옹은 자신의 협박을 실천에 옮겼다. 그 무렵 나폴레옹은 만투아지역에서 있었던 오스트리아군과의 전투에서 패한 탓에 더이상 진격하지 못하고 증원군을 기다리고 있던 상황이었다. 쉴 수밖에 없었던 상황에서, 말하자면 막간을 이용해서 아무도 예상치 못한 로마 공격을 감행한 것이었다.

정리하면, 나폴레옹은 만투아의 패전이 있자마자 군대를 돌려 교황과의 휴전파기를 선언하고, 교황군을 공격하기 시작한 것이었다. 그는 극히 소수의 병력으로 전격적인 작전을 펼쳐 교황군을 유린했다.

2월 9일 교황군은 완전히 궤멸되었다. 로마함락은 시간문제였다. 그러나 그는 로마를 짓밟을 생각은 없었다. 그는 교황이 피난길에 오르는 것을 원치 않았다. 그 자신이 미구에 교황의 권위를 이용하기 위해

1799년, 로마 외곽에 진주한 나폴레옹 군.

서는 교황의 최소한의 권위는 남겨두어야 한다는 계산이 있었을 것이되, 표면상의 이유는 병력을 다시 오스트리아 전선으로 되돌려야 한다는 것이었다.

앙코나에서 멈춘 나폴레옹이 전전긍긍하고 있는 교황에게 자신의 부관을 보냈다. 부관을 통해 그는 교황을 향한 자신의 존경심을 전달하게 했다. 그리고 자신은 성스러운 도시의 파괴자이기보다는 구원자이기를 원한다는 의사를 전달하게 했다. 그리고 정중하게 교황이 평화협정에 응할 것을 요청했다.

교황이 망설이자 그는 파기된 휴전협정을 대체할 새로운 휴전을 제안했다. 교황은 두 배 이상으로 배상금이 늘어난 휴전제안을 수락했다. 나폴레옹은 성스러운 도시 로마에서 보병의 행군속도로 불과 이삼일 정도의 거리에 있는 톨렌티노라는 도시에 멈춰 있었다. 그는 자신의 야전지휘부에서 교황이 보낸, 사시나무 떨듯이 하고 있는 사자에게 자신의 휴전조건을 받아 적게 했다. 그가 필요로 하는 정치적, 물질적 조건들이 요구되었다. 그는 교황이 자신에게 진사 사절을 파견할 것과 몇몇 도시를 양도할 것, 그리고 3천만 프랑에 달하는 물자를 변상할 것을 요구했다. 그 조건들은 모두 받아들여졌다.

**재주도 좋네, 점령하지 않고 로마를 얻다니…** 이 협상에서 그가 얻은 또다른 성과는 교회를 정치적인 싸움에서 배제시킨 것이었다. 나중 일을 생각해보면 어쩌면 이것이 가장 중요한 소득이었을 수도 있다.

그가 양보했던 것은 단 하나였다. 그것은 성스러운 도시 로마를 침공하지 않는다는 것이었다. 그것 하나로 그는 로마를 점령하지 않고 로마를 얻은 것이다. 그가 만약 로마를 점령했다면 교황은 달아났을 것이고, 로마는 군홧발에 유린되었을 것이다. 그리고 그는 기독교 세계의 영원한 이단자가 될 수밖에 없었을 것이다.

그런데 교황이 왜 평화협정을 거부했으며, 그래놓고서 내용상 다를 바 없는 휴전은 왜 수락했는지를 되물어보자. 프랑스혁명은 중세 천년을 지배해온 기독교적 질서에 대한 반란이었다. 기독교적 질서의 중심은 실질적인 힘이 있든 없든 교회이고 교황이다. 따라서 프랑스혁명은 교회와 교황에 대한 반역이었다.


## 구제도의 '교회'와 새로운 시대의 '혁명'은 공존할 수 없다?  | 평화

협정은 공존을 전제로 하는 것이다. 즉 상대를 대등한 존재로 인정하는 것이다. 타파되어야 할 '구제도'로서의 교회와, 밀려오는 새로운 시대로서의 혁명은 공존할 수 없다. 교황 스스로 혁명과 공존하겠다는 협정에 서명할 수는 없었다는 말이다. 그러나 휴전은 다르다. 그것은 '잠시 쉬자'는 쌍방간의 합의다. 항복도 아니고, 반역자를 용서하는 것도 아니다.

결국 명분 때문이라는 얘기다. 남북으로 갈린 우리도 지금 '잠시 쉬고' 있다. 실질적으로 공존하면서도 명분상 대등하지 않으려고 하는 것이 우리의 비극이다. 그래서 교황처럼 우리도 더 많은 것을 잃고 있다.

혁명의 진원지였던 프랑스의 경우, 혁명발발과 동시에 그 땅에서 종교의 영향력은 소멸되었다. '임자 없는 상태'에서 혁명세력은 더욱 손쉽게 상황을 장악할 수 있었다. 혁명집정 내각은 이제 전유럽의 혁명을 꿈꾸고 있었다.

내각은 나폴레옹에게 기독교적 질서의 중심인 로마를 파괴하라는 명령을 내렸다. "로마 숭배사상을 말살시키고, 광신의 횃불을 소멸시키고, 로마를 중심으로 한 단결체를 깨뜨려라."라는 명령이 하달되고 있었다.

### 혁명지도부의 뜻을 거슬러가며 로마를 끼고 돈 속내

응답이 없던 나폴레옹은 톨렌티노에서 교황측과 휴전에 합의한 뒤에야 로마점령에서 얻을 것이 없다는 답신을 혁명내각에 보냈다. 값나가는 보물들은 교황측이 이미 다른 곳에 빼돌렸으므로 들어가 봤자 실어올 것이 없다는 것을 강조했다. 여기에 "이 낡은 기계는 저절로 망가지게 되어 있으므로" 굳이 파괴하려고 애쓸 필요조차 없다는 내용이 이어진다.

나폴레옹과 교황청 간의 조약 협상. 이 그림의 소재가 된 장소는 톨렌티노의 나폴레옹 지휘부라 한다.

혁명이 없었다면 입신이 불가능했을 나폴레옹이 혁명지도부의 뜻을 거슬러가며 로마를 끼고 돈 데는 앞서 잠깐 언급했듯이 정치적 계산이 있었기 때문이었다.

그는 총칼로 굴복시킬 수 없는 유일한 존재가 교황이라는 것을 알았다. 종교적 영향력이 정치적으로는 완전히 소멸된 프랑스에서조차 일반 민중들에게는 여전히 교황은 존경의 대상이었다. 그러니 프랑스를 제외한 다른 나라들에게서는 말할 필요조차 없을 정도일 테고.


### 기독교는 집권정부의 방패역할을 해왔다고?

물론 나폴레옹 자신이 신심 깊은 기독교도였던 것 같지는 않다. 자료에 얼핏얼핏 비치는 그의 기독교관은 "종교가 사람들에게 심리적 위안을 준다"는 정도가 그래도 우호적인 평가일 뿐이며, 대부분은 교회의 관행이나 교인들의 집단 속성에 대한 비난으로 일관하고 있다.

그럼에도 그는 로마를, 그러니까 교회와 교황을 공격하지 않았다. "기독교라는 종교는 항상 집권정부의 방패 역할을 해왔다. 내가 만약 한 나라의 통치자라면 나는 당장 기독교와 화해하고, 그것을 활용할 것이다."라는 얘기를 1797년경 수하 장군들에게 했다는 기록도 보인다.

그의 종교정책은 이 시기부터 다듬어지고 있었으며, 이 무렵, 그는 이미 집권의도가 있었음은 물론 집권계획까지를 세워두고 있었다는 해석도 가능하지 싶다.

## 사제집단은 새로운 질서에 순응하거나 쫓기거나 | 혁명 이후 프랑스

에서 가톨릭교회가 어떤 상황이었는지를 좀더 상세하게 얘기할 필요가 있을 것 같다. 구제도가 무너지고 모든 것이 뒤죽박죽인 상황에서 가톨릭교회는 사회 전체를 규율하는 최상부의 지위는 박탈당했으나 사회 속에 존재하는 잡다한 구조 중의 하나로서 독립적인 질서는 유지하고 있었다.

그러나 사제가 해당교구의 평신도들에 의해 선출되는 등의 엄청난 변화가 뒤따랐다. 뿐만 아니라 사제는 공무원의 신분이 되어 국가로부터 봉급을 받아야 했으며 공화주의 헌법을 준수하겠다는 서약을 해야만 했다.

사제 서품권은 교황에게서 해당교구의 대주교나 주교에게로 넘어갔다. 교회재산의 많은 부분이 국가의 재산으로 귀속되었다. 사제가 국가에 대한 충성서약을 거부하는 교회는 곧바로 폐쇄되었고, 해당 성직자에게는 체포령이 떨어졌다.

사제집단은 두 분류로 갈라졌다. 새로운 질서에 순응하는 부류와 쫓기는 부류였다. 후자는 대부분 영국으로 도피했다.

시간이 흐르면서 묘한 현상이 일어났다. 국가에 충성을 맹세한 교회는 날이 갈수록 신도수가 줄어들었고, 충성서약을 거부한 교회들에서의 비밀미사에는 신도들이 모여들었다. 교회의 분열과 프랑스 민중들의 국가교회에 대한 외면은 혁명정부가 바라는 바가 아니었다.

혁명정부의 목표는 프랑스 민족의 화합과 반목했던 집단 간의 화해였다. 새로운 종교정책이 있어야만 했다.

혁명초기와는 달리 시간이 흐를수록 혁명에 대한 민중들의 지지가 약해지는 것도 종교에 대한 혁명정부의 지나친 통제와 관련이 있을 수 있다는 것이 혁명정부의 판단이긴 했으나 수뇌부는 이미 너무 경직되어 있었다.

1799년 이집트 원정을 마치고 귀국한 나폴레옹은 제1집정관으로 선출되었다. 그는 일반 민중들의 종교적 욕구를 수용할 준비가 되어 있었다. 그것이 자신의 야망을 현실화시키는 데 결정적인 역할을 할 것이라는 것도 감지하고 있었다.

1799년 11월 9일, 이집트 원정에서 돌아온 나폴레옹은 쿠데타로 내각을 전복시켰다.

### 사회안정의 수단으로서 종교에 대한 경외를 갖다

"나는 종교 속에서 인카르나치오(그리스도의 화신)의 비밀을 발견하지는 못했다. 그러나 사회질서의 비밀은 보인다." 사회질서의 회복과 사회안정의 수단으로서의 종교에 대한 경외가 나폴레옹의 종교정책의 핵심이었다.

종교를 자신의 정치적 목적에 이용할 수 있기 위해서는 우선 교회와의 화해가 전제되어야 했다. 그러기 위해서는 프랑스 혁명정부 전체구성원의 동의 내지는 묵인이 있어야 했다. 혁명정부 내에는 아직도 구제도의 상징이자 원흉이었던 종교에 대한 강경 대처론자들이 다수였다.

게다가 로마침공을 목전에 두었던 몇년 전의 상황과는 달리 교회로서는 협상을 서두를 이유가 없었다. 피우스 6세를 뒤이어 1800년에 교황이 된 피우스 7세가 프랑스의 공화정부를 공인해준다면 혁명으로부터 떨어져나가는 민심을 붙잡을 수 있을 뿐만 아니라 혁명의 좌절을 원하는 유럽의 간섭세력들의 기를 꺾을 수 있을 것이라는 생각, 그리고 그것이 새로운 질서와 안정을 가져다준 자신의 존재를 부각시키는 가장 효과적인 방법이라는 것을 그는 잘 알고 있었다.


### 혁명정부의 수뇌들을 설득하며 상황을 주도해가다

1800년에 접어들면서 그는 본격적으로 교회와의 화해를 주도했다. 마일란드에서 있었던 가톨릭 성직자들의 모임에서 그는 다음과 같은 연설을 하기도 했다.

"그 어떤 사회도 도덕 없이 존재하지 못한다. 종교의 뒷받침 없는 좋은 도덕은 있을 수가 없다. 종교만이 국가에 영속적이고 굳건한 울타리를 제공한다. 종교 없는 사회는 나침반 없는 배와 같다. 나침반 없는 배는 항로를 유지할 수도, 항구로 귀환할 수도 없는 이치와 마찬가지다."

그는 제2, 제3집정관을 비롯한 혁명정부의 수뇌들을 설득하기도 하고 협박하기도 하면서 상황을 주도해갔다. 문제는 혁명 직후 박탈했던 교회의 특권의 많은 부분을 되살려줘야 한다는 것이었다. 상징적인 우월권 따위가 문제가 아니라 국가에 귀속된 교회재산의 환원, 자유 처분이 금지된 교회재산의 자유처분권 부활 등 실질적이고 물질적인 이해관계가 걸리적거리고 있었다.

답답할 게 없는 교황측은 조건에서 양보할 용의가 없었다. 협상사절은 아무런 실권도 없이 그때그때의 진행상황을 로마에 앉아 있는 교황에게 전달하는 심부름꾼 이상도 이하도 아니었다. 마침내 나폴레옹이 화가 났다. 최후통첩이 교황에게 전달되었다.


## 교회와 국가 간의 조약이 성립되다

나폴레옹을 무시했다가 혼이 난 전임교황의 실수를 되풀이해서는 안된다고 판단한 피우스 7세는 서둘러 나폴레옹이 제시한 조건을 수락했다. 그리하여 '교회와 국가 간의 조약'이 성립되었다.

"첫째, 1790년에 제정된 교회법을 폐기한다. 둘째, 가톨릭이 프랑스의 최대종교라는 것을 공인한다. 셋째, 교황이 가톨릭교회의 수장이라는 것을 인정한다. 넷째, 교황은 4조 프랑에 달하는 교회재산의 손실을 기정사실로 감수한다. 다섯째, 성직자는 공무원으로 간주되며 정부에 의해 임명되고, 정부지급의 봉급을 받는다. 여섯째, 성직자는 프랑스 정부에 의해 임명되나 교황의 최종적인 재가를 받는다. 일곱째, 성직자는 공공의 안녕에 봉사하겠다는 선서를 해야 한다……."

성립된 조약의 개별조문에 대해서는 교회도 정부도 불만이 많았다.

우여곡절 끝에 조건에서 합의를 보았으나 의회에서 비준이 된다는 보장은 없었다.

## 조약의 성립은 공공질서의 회복으로 비춰지다

나폴레옹은 탈레랑의 제안을 받아들여 교황측의 동의도 없이 일방적으로 시행세칙을 만들어 조약 안에 첨부하여 의회에 제출했다. 그리고 가톨릭이 다시 프랑스의 국교가 되는 것을 막기 위해 개혁파 혹은 루터파의 교회에 대한 규정 역시 준비하였다.

개혁파나 루터파 교회를 통제하는 것이 목적이 아니라 그들을 가톨릭과 대등한 집단으로, 즉 법적 실체로 인정하여 가톨릭을 견제토록 할 의도였다. 1802년 4월, 국민공회는 이들 조약과 시행세칙들을 비준, 의결했다.

프랑스의 일반 민중들에게 있어서 조약이나 법규의 내용은 중요치 않았다. 교회와 국가가 화해했다는 것이 그들을 안도케 했다. 교회와 국가 간의 조약은 그들에게 있어서는 평화와 공공질서의 회복으로 비쳐졌다.

그러나 군인들의 불만이 컸다. 특히 혁명초기에 기독교적 질서와 문화를 파괴하는 임무를 맡았던 자들은 분노를 감추지 않았다. 교회와의 화해에 대한 군부 일부의 반대정서를 나폴레옹 역시 알고 있었다. 그러나 군은 나폴레옹의 수중을 벗어날 수 없었다. 혁명 프랑스군의 영광은 나폴레옹에게서 비롯되었다는 것을 군은 알고 있었다.

## 신구교구 사이에서 밥그릇 싸움이 시작되다

시간이 흐르면서 조약이 '교회에 대한 혁명정신의 승리'라는 모범답안이 군부 내에서 일반화되었다. 교황도 조약을 재평가했다. "우리는 종교가, 그리고 신이 부활하는 과정에서의 나폴레옹의 공로를 잊어서는 안된다. 조약은 가장 기독교적이면서 가장 영웅적인 구원의 수단이었다."

달아났던 사제들이 조약의 발효와 더불어 되돌아오면서부터 문제가 생겨났다. 조약에 의해 교회와 교구가 축소되는 과정에서 국가에 충성을 맹세하고 남아있던 사제들과 서약을 거부하고 달아났다 돌아온 자들 간의 밥그릇 싸움이 시작된 것이다.

나폴레옹은 어느 한쪽을 노골적으로 밀어주는 우를 범하지 않았다. 그는 재주껏 줄을 탔고, 양측은 만족과 불만족을 반씩 나눠 가지고 화해했다.

가장 문제가 되었던 파리 대교구의 대주교 자리에는 마르세이유 교구의 주교를 역임하고 은퇴상태에 있던 듣지도 못하고 기억력도 없는 93세의 그라이를 임명함으로써 양측의 입을 틀어막았다.

교회와의 화해에 대한 보상을 받는 데는 그리 오랜 시간이 필요치 않았다. 조약이 발효된 그해 늦가을에 프랑스 민중들은 나폴레옹을 종신집정관으로 추대하고자 하는 국민투표안에 전폭적인 지지를 보냈다. 나폴레옹의 개인적 승리의 가장 큰 이유가 그의 종교정책이었다는 설명에는 이론의 여지가 없다.

종신임기를 보장받은 제1집정관은 이제 자신의 정치적 복안을 현실화시키는 데에 주저하지 않았다. 민중이 자신의 편에 섰다는 것을 확인했기 때문이었다.

우리 모두가 이미 알고 있다시피 나폴레옹이 원했던 것은 종신집정관이 아니었다.

1804년 3월, 추밀원은 그를 세습 황제로 선출했다. 뒤이은 국민투표에서 프랑스 민중은 압도적 지지로 그를 황제로 추인했다. 근대혁명의 결실이었던 공화정 속에서 고대의 제정이 부활된 것이다.

이론상으로 본다면 시대착오적인 철저한 반동이 분명할 것이나 나폴레옹이라는 인물이 고리타분한 전근대적인 사고의 소유자가 아니었다는 것이 그나마 다행이었고, 결과로 보더라도 그의 제정이 역사의 수레바퀴를 되돌리기보다는 중세적 질서의 잔재를 정리하는 데에 오히려 많은 기여를 했던 것도 사실이다. 그는 새로운 질서를 앞당기는 데에 분명히 핵심적인 역할을 했다.

**교회를 통치 수단으로 활용하겠다는 정치적 액션** | 나폴레옹은 자신의 즉위에 교회의 축복이 있어야 한다고 판단했다. 교회의 신성함이 자신의 출신상의 약점을 보완해줄 수 있다고 믿었다. 그 어떤 성직자라도 기꺼이 그 일을 맡고자 했을 것이나 나폴레옹은 교황이 직접 그 일을 맡아줄 것을 원했다.

나폴레옹이 교회측에서 봤을 때는 불쾌하기 짝이 없는 지나친 요구를 했던 이유는 대충 다음의 두 가지였다. 첫째는 그 자신의 우상이자 전범이었던 샤를르마뉴 대제의 대관식에 교황이 직접 참석했던 전례를 흉내내고 싶었기 때문이고, 두번째는 가톨릭교회의 수장인 교황이 자신의 대관식에 직접 참석하여 축복하는 경우, 프랑스인의 절대다수를 점하는 가톨릭교도들의 자신에 대한 충성심이 더욱 강화될 것이라는 정치적 계산이었다.

나폴레옹의 초청을 접한 교황은 망설였으나, 고심 끝에 프랑스행을 결정했다. 잃는 것보다는 얻는 것이 많다는 판단이 있었을 것이다. 나폴레옹이 파리의 관문까지 나와 교황을 영접했다.

그러나 그는 교황 앞에서 무릎을 꿇지도 않았고, 교황의 손등에 입맞추지도 않았다. 교황은 나폴레옹이 어떤 형태로든 교회나 교황의 권위 앞에 몸을 낮추지 않으리라는 것을 직감했다. 그러나 교황은 한 가지를 요구했고, 그것은 나폴레옹에 의해 수용되었다. 대관식이 있기 전에 황제가 될 나폴레옹과 황후가 될 조세핀이 가톨릭식의 결혼식을 올려달라는 것이 교황의 요구였다. 대관식 바로 전날 비밀리에 두 사람의 가톨릭식 결혼식이 치러졌다.

교황의 대관식 참석이 교회와 교황의 권위를 스스로 떨어뜨리는 행위라 하여 반대하는 독실한 신도들은 프랑스인들 속에도 있었다. 그러나 프랑스인 다수에게는 교황의 참석은 영광이었고 즐거움이었다.


**대관식, 교황을 뒤로 한 채 직접 왕관을 머리 위에 올리다** | 대관식은 세 시간 반 정도 걸린 모양이다. 유명한 노트르담에서 거행되었다.

참석자들이 이제는 나폴레옹이 교황 앞에 꿇어앉아 머리에 왕관을 씌어주기를 기다릴 순서라고 생각하고 있을 때에 나폴레옹은 스스로 왕관을 집어 들어 교황을 뒤편에 세워둔 채 몇발자국 앞으로 나왔다.

그리고는 천천히 왕관을 치켜들어 참석자들의 눈길을 집중시킨 다음, 스스로 왕관을 자신의 머리 위에 올려놓았다. 아내 조세핀에게도 비슷한 순서로 자신이 관을 씌워주었다. 경위야 어찌됐든 최소한 나폴레옹을 무릎 꿇리고, 머리에 관을 씌워주는 정도의 역할은 하게 될 것이라는 생각으로 프랑스까지 왔던 교황은 황제부부에게 기름 몇방울 뿌려주는 것으로 자신의 소임을 다했다.

식이 끝나지 않았음에도 교황은 식장을 떠났다. 교황이 있으나 없으나 식은 진행되게 되어 있었으므로 교황의 이석이 눈에 띄지도 않았다. 교황이 노트르담을 벗어날 무렵 나폴레옹은 프랑스 민중을 상대로 자유와 평등을 수호하겠다는 선서를 했다. 신 앞에 맹세한 것이 아니었다.

나폴레옹의 대관식 장면.

황제가 됨으로 해서 나폴레옹은 일차적인 목표를 달성하였다.

대관식에서 교황을 무안하게 한 것은 단순히 힘을 과시하겠다는 차원은 아니었다. 그 자신이 관철시킬 정치적 원칙의 표현이었다. 황제의 권위 아래에 교회의 권위를 복속시키겠다는 의도였다.

이 코르시카인은 자신과 자신의 전범인 샤를르마뉴 대제를 일치시키려고 노력해왔다. 교회를 통치의 수단으로 적절히 활용했던 샤를르마뉴 대제를 본받겠다는 것이 그의 복안이었다.

교회를 혼란으로부터, 그리고 혁명으로부터 보호해주는 대신 교회를 통치의 수단으로 활용하겠다는 뜻을 만천하에 드러낸 것이 자신의 대관식이었다.


**프랑스교회가 다시 혁명 이전으로 되돌아가다** | 조약의 발효는 나폴레옹에게 뿐만 아니라 상대인 가톨릭교회에도 많은 이익을 가져다주었다. 그 무엇보다 중요한 것은 혁명의 와중에서 박탈당했던 권리를 일부나마 되찾아서 교회가 프랑스 정부의 한 부분이 되었다는 사실이었다. 동시에 프랑스 교회와 로마 교황청의 관계도 복원되었다.

혁명 이후 홀로 버려졌던 프랑스 교회가 다시 가톨릭 세계의 일원으로 복권된 것이었다. 교회가 정부의 한 부분으로 인정됨과 동시에 로마와의 관계까지도 강화되자 프랑스 교회는 재빨리 혁명 전의 위치를 되찾아가고 있었다.

주교들은 일종의 지방장관으로 자리를 잡아가고 있었다. 그들에게 사제의 임명권이 주어진 때문이었다. 힘이 커지면서 그들이 파리정부의 지시에 응하지 않는 경우가 많아졌다. 조약 발효 첫해인 1802년이 채 저물기도 전에 이미 일부 조문들은 사문화되기 시작했다. 조약에서 금지시켰던 과거의 화려한 사제복이 다시 일반화된 것이 그중 한가지였다. 그리고 일요일은 다시 공개적으로 대부분의 지방에서 휴일로 시행되었다.

주교들은 한걸음 더 나아가서 세금징수에도 관여하게 되었다. 교회를 유지하기 위한 비용 확보가 그 명분이었다. 아직 국고에 귀속되지 않은 상태로 있었던 교회재산은 다시 교회의 것으로 공인되었다. 그리고 조약이 규정한 바에 의해 정부는 새로이 임명되는 사제들의 급료를 떠맡았다. 정부의 봉급을 받는 사제가 한 때는 3만명에 이르렀던 적도 있었다.

학교에서는 다시 종교수업이 필수과목이 되었다. 수도원의 수사들에게는 병역의 의무가 면제되었다. 고아원, 구빈원 등의 사회사업 기관의 운영이 교회에 위임되었다. 프랑스 교회는 형식상 정부의 통제하에 있었으나 내용상으로는 이미 혁명 이전의 위치로 되돌아가 있었다.

나폴레옹이 원했던 것은 이것이 아니었다. 그가 원했던 교회의 역할은 단 하나였다. 교회가 가진 정신적 영향력이 자신의 통치를 공고히 하는 지원수단이 되는 것이었다.

1806년, 그는 프랑스 교회로 하여금 새로운 교리문답서를 만들도록 했다. 그것은 나날이 뻗어가고 있는 프랑스 국민의 정치적 신념을 강화시키는 내용이어야 하며, 신과 거의 같은 수준으로 황제에게 복종하

도록 하는 의무감을 일으킬 수 있어야 한다는 것이 나폴레옹이 제시한
틀이었다. 그중 일부를 소개한다.

"우리는 우리의 황제 나폴레옹 1세에게 사랑과 존경과 순종과 신뢰
그리고 병역의 의무를 진다…… 우리는 그의 건강을 기원할 의무와 국
가의 정신적, 물질적 안정을 기원할 의무를 진다…… 심원한 지혜로
국가의 질서를 회복하고, 아버지 하나님의 성스러운 종교를 공인된 문
화로서 정착시킨……"

## 종교적 분쟁을 막아야겠기에 가톨릭의 손을 들어주다

이제까지의
얘기는 주로 당시 프랑스의 최대 종교였던 가톨릭과 관련된 얘기들이
었다. 앞서 잠시 언급했듯이 나폴레옹은 소위 '개신교'에도 관심을 가
졌다. 모든 종교를 궁극적으로 자신의 제국의 권위유지에 활용하겠다
는 것이 그의 욕심이었다.

가톨릭교회와 최초의 조약을 맺을 때에 개신교에 관한 법령도 같이
준비했다는 얘기는 이미 했다. 당시 그는 개혁파들이 가톨릭의 독주를
견제해줄 수도 있다는 기대를 실어 그들을 법적 실체로 인정했다. 그
러나 결국 그는 가톨릭의 손을 들어주었다.

최대 종교로서의 가톨릭의 위세에 필적할 만큼 개혁파들이 성장하
지 못한 것도 그 원인이었으나, 종교적 신념에 의해 국민이 양분되거
나 다원화되는 것이 결코 바람직한 일이 아니라는 정치적 판단 때문이
었다. 종교적 분쟁은 막아야 한다는 생각에서 그는 잠시나마 개혁파에

18세기 말경, 로마의 구 시가.

게 걸었던 기대를 철회했다.

그러나 그것이 곧바로 개혁파의 탄압을 의미하는 것은 아니었다. 행정적으로도 개신교를 평등하게 대우했다. 개혁파의 성직자들도 가톨릭 성직자들처럼 국가의 봉급을 받았다. 단지 그들을 키워 가톨릭을 견제하겠다는 구상을 포기한 것이었다.

유태인들에 대한 대우도 다를 바 없었다. 우리에게 잘 알려져 있듯, 유태인은 인종집단이 아니라 종교집단이다. 그들이 유럽에서 핍박받은 것은 피부색이나 머리털의 색깔 때문이 아니라 이국에서도 포기하지 않는 그들 고유의 신앙과 문화에 대한 애착 때문이었다. 나폴레옹은 그들 별난 유대교도들도 포용했다. 그러나 그들의 전매특허인 고리대금업만큼은 못하게 했다.

**국외의 종교정책의 장애물은 교황이었다** | 나폴레옹의 종교정책이 성공적으로 관철되는 데에 항상 장애가 되었던 것은 교황이었다. 그것은 교황 스스로가 정신적 지도자로만 머물려 하지 않고, 기회 있을 때마다 세속적 영향력을 강화하고자 했기 때문이었다.

사실 대관식 이후로 교황과 나폴레옹의 관계는 시간이 갈수록 악화되고 있었다. 관계가 악화된 데는 물론 나폴레옹 자신의 과오가 컸다. 교황을 달래지도 않았고, 그리고 어떤 후속 조치로써 교황의 기를 완전히 꺾어놓지도 않았다. 그러면서도 자신의 욕심만을 노골적으로 드러냈다. 그것은 다름이 아니라 샤를르마뉴 대제의 뒤를 이어 로마의 황제로 공인받고자 하는 것이었다.

유럽인의 정신 속에서 로마는 곧 세계다. 그러므로 로마의 황제가 되는 것은 곧 세계의 황제가 되는 것을 의미한다. 유럽인들에게 있어서 명실상부한 세계 제국은 단 한번 존재했다. 그것이 로마였다.

고대의 로마가 제1제국이었고, 로마멸망 이후 로마의 고토에 성립되었던 신성로마제국이 제2제국이며, 자신이 건설한 제국에 제3제국이라고 주장한 자가 있었다. 히틀러다. 우리는 그가 건설했던 나라를 나치독일이라 부르고 있으나 그들은 자신들의 나라를 '제3제국'으로 불렀다. 독일인이든 프랑스인이든 상관없이 스스로가 로마의 후예이고자 한다. 생리적인 혈통으로 로마를 물려받은 이탈리아인들은 말할 것도 없고.

나폴레옹이 원했던 로마황제의 칭호를 교황 피우스가 용인할 턱이 없었다. 교황은 스스로 성스러운 제국의 황제라고 믿고 있었기 때문이었다.

표면으로 드러난 첫번째 충돌은 1805년 나폴레옹에 의해 이탈리아에서 '민법'이 공표될 때였다. 새로운 민법은 이혼을 허용하고 있었다. 그리고 단 한 번도 나폴레옹의 영향력하에 속하지 않았던 영국과 교황청의 관계가 가까워지면서 갈등은 노골화되었다.

영국과 교황청 사이에 무슨 공식적인 협약 같은 것이 맺어져 있지는 않았다. 그러나 교황은 이 섬나라에 지속적으로 우호적인 태도를 취하고 있었고, 마침내 나폴레옹은 교황과 영국 사이에 밀약이 체결되어 있을 것이라는 의심을 하게 되었다.

### 격분한 교황, 외교단절카드로 협박하다

트라팔가에서 패퇴한 직후 나폴레옹은 병력을 오스트리아로 이동시켰다. 그의 머릿속에는 영국군이 대륙에 상륙하는 경우의 최악의 상황으로 가득 차 있었다. 그는 퇴로를 열어두기 위해 오스트리아로 진격했으며 아드리아 해안 쪽의 대부분의 도시를 장악했다.

격분한 교황이 외교관계를 단절하겠다는 협박을 해왔다. 교황청과의 외교관계 단절은 유럽의 기독교 국가 모두가 적이 된다는 뜻과 같았다.

독이 오른 나폴레옹이 교황을 윽박질렀다. 영국과 러시아, 스웨덴을 기독교 국가에서 제외시킬 것, 그리고 교황령의 항구에 영국, 러시아, 스웨덴 군함의 정박을 허용하지 말 것을 요구했다. 피우스는 물론 나폴레옹의 요구를 거부했다.

이 글에서 당시에 전개되었던 교황과 나폴레옹 간의 줄다리기를 모두 나열할 생각은 없다.

## 나폴레옹의 종교정책은 국내용이었음이 뽀록나다

교회와 프랑스 정부 간의 조약성립 이후 프랑스 내에서는 교회와 국가 간의 평화가 유지되었다. 그러나 프랑스를 벗어난 지역에 관한 문제에서는 교황은 애써 갈등을 피해갔을지언정 단 한 번도 나폴레옹에게 굴복하지 않았다. 그것은 교황 자신의 욕심 때문이기도 했지만 프랑스 밖에서의 나폴레옹의 영향력이 사실상 지속적이지 않았던 탓이기도 했다. 결국 나폴레옹의 종교정책은 국내용이었다는 뜻이다. 그것은 교황청과 화해했음에도 불구하고 여타 기독교 국가들과의 전쟁은 끊이지 않았던 사실로도 증명이 된다.

1808년 마침내 나폴레옹은 로마진격을 명령한다. 1808년 4월 7일, 교황청이 점령되었다. 오늘날 우리가 바티칸이라고 부르는 교황청이 소재한 도시국가는 프랑스의 일개 지방행정 단위로 전락했다. 그러나 상황은 나아지지 않았고, 급기야 1809년 6월에는 교황이 나폴레옹에 대한 파문교서를 공표했다.

1809년 7월, 나폴레옹의 부장이 교황을 체포했다. 교황의 체포는 나폴레옹의 뜻이 아니었다. 그러나 이미 엎질러진 물이었다. 예

1808년 1월, 일단의 나폴레옹 군이 바티칸을 점령했다.

상했던 대로 전 유럽이 나폴레옹에게 반기를 들었다. 로마에 앉아 있는 교황보다 외지에서 체포된 교황이 도덕적으로 더 큰 힘을 갖는다는 것을 나폴레옹 역시 알고 있었으나 이제 와서 교황을 다시 로마로 데려다 놓는다하더라도 문제가 해결될 상황이 아니었다. 교황은 나폴레옹의 포로였으되 교황과 나폴레옹의 싸움은 계속되고 있었다.

## 교황체포의 후유증은 종교적 저항으로 이어지다

교황체포 이후 프랑스 국내에서는 1802년에 체결된 교회와 국가 간의 조약은 사문화되었다. 성직자들은 일반법에 준해 처우되었다. 혁명 이전의 수준으로 회복되었던 사회적 지위도 다시 상실하였다. 나폴레옹 치세의 말기에 대부분의 점령지에서는 종교적 저항이 끊이지 않았다. '무신론자 황제'에 대한 항거였다.

제국의 몰락이 비단 실패한 종교정책 때문만은 아니었을 것이나 그것이 그의 정치적 성공을 천천히 잠식해 들어갔다는 사실을 부인하기는 힘들 것이다.

라이프찌히에서의 대학살 이후 후줄근한 모습으로 파리로 귀환한 나폴레옹은 교황을 풀어주었다. 그리고 퇴위를 결심했다. 프랑스조차도 지탱할 힘이 자신에게 남아 있지 않다는 것을 절감했기 때문이었다.

빅토르 위고가 '민족의 별이자 태양'이라고 표현했던 한 남자의 사회적 삶은 그렇게 마감되었다. 그는 고향 코르시카섬에서 아주 멀리 떨어진 대서양의 외딴섬 세인트 헬레나에서 죽었다. 그의 나이 쉰둘이 되던 해였다. 죽기 며칠 전에 그가 사제를 불러 "나는 가톨릭 신앙 속에서 태어났다. 영면하는 순간에 내가 신자로서 의무를 다할 수 있도록 도와주기 바란다."는 부탁을 했다고 한다.

**그러나 다 무슨 소용인가** | 유서가 조작되었다는 설도 있고 독살되었다는 설도 있다. 그러나 다 무슨 소용인가.

이 글은 나폴레옹과 종교와의 관계만을 다루었다. 그래서 그의 영웅적인 풍모는 우리의 얘기 바깥에만 머물렀다. 오늘날의 파리에는 나폴레옹의 흔적이 덕지덕지 남아 있다. 그의 후광으로 제2제정을 열었던 조카 나폴레옹 3세의 치적도 만만찮다.

딱 한번 파리에 간 적이 있었다. 1989년도였지 싶다. 시한부 삶을 선

나폴레옹이 영면한 대서양의 고도 세인트 헬레나.

고반은 아버님을 모시고였다. 잠자리에 드신 것을 확인하고, 세화 형에게 연락을 취했다. 형이 택시를 몰고 왔다. 『나는 빠리의 택시운전사』, 바로 그분이다. 돈 안 내는 손님을 싣고 다니느라 그날 세화 형은 공쳤다. 세느 강변의 어떤 허름한 술집에서 술에 취해 해롱거리는 술꾼들 사이에서 우리도 새벽까지 싸구려 포도주를 제법 마셨다. 새벽 4시쯤에 세화 형은 나를 호텔 앞에 내려놓고, 음주운전인 채로 떠나갔다.

그랬다가 5년 뒤, 불쑥 한권의 책으로 우리 앞에 우뚝 섰다. 홍세화 선배가 지금 한겨레신문에서 일하고 계신 것은 독자들도 잘 아실 테고.

나의 정신적 기둥이셨던 아버님은, 백혈병으로 10년간 고생하시다가 1998년 10월에 눈을 감으셨다.

가장 행복한 죽음을 맞았던 독재자

시이저

Caesar Gaius Julius caesar BC 100~44

3월 14일, 시이저는 측근 레피두스의 집에서의 만찬에 초대되었다. 식사중에 오고간 대화 가운데에는 '어떤 죽음이 가장 행복한 죽음이냐'는 주제도 끼어 있었다. 참석자들이 대답을 찾느라 뜸을 들이는 사이에 누군가가 불쑥 '예상치 못한 죽음!'이라는 답을 던졌다. 대답의 주인공은 독재자 시이저였다.

## 조국의 아버지, 시이저

시이저는 폼페이우스를 제압하면서 로마의 지배자가 되었다. 당시 로마는 세계문명의 중심이었다. 원로원은 그를 종신 독재자로 추대했다. 그의 권위와 권력은 가시적인 그 무엇으로 드러나야만 한다는 것이 추종자들의 생각이었다. 그리하여 모든 로마의 도시들에는 그의 입상이 들어서게 되었다.

'조국의 아버지', 즉 '국부'가 그에게 헌정된 칭호였다. 원로원은 그를 신의 반열에 올려놓았다. 그는 황금으로 만들어진 옥좌에 앉았다. 그는 자줏빛 옷을 입어도 되게 되었다. 그것은 제왕에게만 허용되었던 색깔이었다. 왕이라는 지위와 권위가 부정당한지 5백년 만에 극장에서, 법정에서, 그리고 원로원 회의장에서 자줏빛 옷을 입은 첫번째 인물이 시이저였다.

그는 대중적 사랑을 받고 있었다. 백성들은 독재자의 신격화에 환호하고 감동했다. 그러나 로마의 상류층에서는 날이 갈수록 시이저에 반하는 정서가 일반화되고 있었다. 이유는 간단했다. 개인에게 권력이 집중될수록 이제껏 영화를 과점해왔던 권문세가들의 몫이 상대적으로 줄어든 탓이었다. 이제 시이저는 자신에게 온갖 명예와 지위를 보장해준 원로원마저 무시하고 있었다.

가이우스 율리우스 시이저(기원전 100~44). 기원전 44년 초에 종신 독재자의 지위를 받음으로써 고대 공화정을 실질적으로 종식시킨다. 공화정을 회복시키겠다는 것이 그의 암살에 가담한 60여명의 공식적인 명분이었다.

압제는 저항을 부르게 마련이다. 이미 스페인 원정 직후에 마르쿠스 안토니우스는 시이저에게 반하는 모반 음모가 있다는 정보를 입수했다. 철저하게 현실주의자였던 시이저가 모반의 가능성을, 혹은 그런 구체적인 음모를 과연 모르고 있었을까?

게다가 여러 사람으로부터의 경고도 없지 않았다. 그러나 그는 그것들을 무시했다. 자신을 겨냥한 위험한 움직임을 몰랐든 혹은 알고도 가볍게 생각했든 어쨌든 그는 아무런 대응조치를 취하지 않았다. 그는 오히려 호위병들을 자신으로부터 멀리 떨어지도록 조치했다. 많은 사람들이 그가 살날이 얼마 남지 않았다는 것을 감지했다.

**최초의 모반자 카시우스, 브루투스를 끌어들이다** | 그의 정적 중에

카시우스라는 인물이 있었다. 비록 그 자신이 한때는 시이저의 보좌관으로 일했고, 그리고 44년에는 시이저에 의해 집정관으로 임명되는 등 은혜를 입기는 했으나 마음속으로는 시이저에 대한 반감을 키워온 작자였다. 그는 인척관계였던 마르쿠스 브루투스를 모반에 끌어들였다. 그는 내전중에 처음에는 폼페이우스측에 섰다가 파르살루스에서의 패전 이후에 시이저에게 넘어온 인물이었다.

마르쿠스 브루투스의 장인이었던 카토는 열렬한 공화정 신봉자였다.

카토는 폼페이우스가 시이저에게 패퇴하면서 공화정이 사실상의 몰락에 직면하자 시이저에 대한 항의로서 자살한 자였다. 브루투스가 음모에 가담한 것은 그런 가족적 배경이 있었기 때문이기도 할 것이다.

기록이 전하는 바에 의하면 그는 지적 욕구가 강했던 인물로 묘사되고 있다. 전장에서조차 역사책을 늘 가까이에 두고 읽었다는 기록도 있으며, 그러면서도 다른 한편으로는 고리대금업으로 치부할 줄도 아는 특이한 성정의 인물로 그려지고 있다.

특이한 성격의 마르쿠스 브루투스와 최초의 모반자 카시우스는 40여 명의 동조자들을 끌어모았다. 브루투스는 절대적 권력을 혐오했고,

폐허로 남은 로마의 광장. 개선문이었을 것으로 추정되는 석주 왼쪽에 보이는 건물이 당시 원로원 회의가 주로 열렸던 곳이다. '기원전 44년 3월 보름'의 회의 당시 이 건물이 수리중이었던 탓에 이곳에서 1킬로미터 정도 떨어진 폼페이우스극장에서 소집되었다고 한다. 사진 오른쪽에 보이는 폐허는 시이저의 숙소였던 비아 사크라가 있던 곳이다.

카시우스는 독재자 개인을 증오했다고 플루타크(고대 그리스 역사학자)는 서술하고 있다.

어찌됐든 이들 두 인물은 내전 중에 폼페이우스측에 섰음에도 불구하고 시이저로부터 용서 이상의 환대를 받았던 전력을 공유하고 있었다.

### 키케로가 선동자였다면 시이저는 죽지 않았을까?

날이 갈수록 카시우스의 계획에 동참하는 무리가 늘어났다. 무리는 모반의 지도자로 브루투스를 선출했다. 원래 출발은 카시우스가 했으되 음모에 가담한 자들은 브루투스를 더 신뢰했다. 만약 이때 브루투스가 지도자의 역할을 거부했다면 시이저의 암살은 이루어지지 않았을 것이라는 것이 플루타크의 판단이다.

결과를 보면 어찌됐든 브루투스는 자신에게 주어진 세계사적 책무를 기피하지 않았다. 모반자의 무리는 이제 60여명에 달했다.

시이저의 전횡을 공박하곤 했던 웅변가이자 철학자인 키케로는 그러나 그 속에 포함되지 않았다. 그의 인간 됨됨이가 다른 사람들의 신뢰를 얻기에는 부족했던 모양이다. 이런 유의 모반에는 으레 배신자가 있게 마련이고, 그것 때문에 음모가 사전에 발각되는 등의 극적인 반전과정이 전개되는 것이 일반적인 전형이나 이 경우에는 배신자도 없었고, 계획의 사전 누설도 없었다. 만약 키케로가 음모에 가담했다면, 다변가인 그가 배신자 후보 영순위쯤 되었을 것이다.

## 뭐, '공화정의 이상'이 아니라 '귀족계급의 특권'을 위해 모반했다고?

오늘날까지 전해오는 자료들에는 가담자들 중 약 20명 정도의 실명이 포함되어 있다. 그들 대부분은 시이저로부터 개인적인 은혜를 입은 자들이라는 것이 플루타크의 설명이다.

그들이 계획에 참여하게 된 것도 대부분 이기적인 이유 때문이라는 것이 대다수 기록자들의 공통된 생각이다. 브루투스의 경우도 예외는 아니다. 그들이 구출하고자 했던 것은 공화정의 이상이 아니라 시이저에 의해 잠식된 귀족계급의 특권이라는 것이다. 제왕의 지위를 향한 시이저의 집념 때문에 그들이 이 독재자를 암살한 것이 아니라 자신들의 위치가 확고했던 구질서를 되찾기 위해서였다는 것이다.

3월 15일에는 원래 원로원 회의가 열리도록 되어 있었다. 사흘 뒤, 시이저는 새로운 원정에 나설 참이었다. 서둘러 거사일이 결정되었다. 3월 15일 이전의 며칠 동안 모반자들의 움직임이 빨라졌고, 그것은 곧바로 감시자들에게 포착되었다. 뭔가 심상찮은 일이 도모되고 있다는 감을 갖기에 충분한 정보들이 있었다. 물론 시이저에게도 보고되었을 것이다.

3월 14일 시이저는 측근 레피두스의 집에서의 만찬에 초대되었다. 식사중에 오고간 대화 가운데에는 '어떤 죽음이 가장 행복한 죽음이냐'는 주제도 끼어 있었다. 참석자들이 대답을 찾느라 뜸을 들이는 사이에 누군가 불쑥 '예상치 못한 죽음'이라는 답을 던졌다. 대답의 주인공은 독재자 시이저였다.

## 양심의 가책에 시달리는 브루투스

전해오는 자료들에는 그날 밤, 즉 사건 전날 밤에 있었던 이런저런 사건들에 많은 지면이 할애되고 있다. 거사일이 다가올수록 브루투스는 양심의 가책에 시달리고 있었다. 머릿속에는 온통 암살과 관련된 생각뿐이었다. 잠을 제대로 자지 못하고 있었다. 그의 아내 포르치아는 남편의 신상에 어떤 중대한 변화가 오고 있음을 감지했다.

그러나 그녀는 곧바로 그것을 남편에게 캐묻지는 않았다. 어느날 그녀는 자신의 방에서 하녀들을 내보낸 다음 날카로운 칼로 자신의 허벅지에 깊은 상처를 냈다. 그날이 바로 3월 14일이었다. 남편이 레피두스의 집에서의 만찬에서 돌아오자 그녀는 남편의 흉중에 있는 말을 끄집어내야겠다고 생각했다.

그녀는 남편에게 자신이 카토의 딸이라는 사실을 상기시켰다. 자신이 시집올 때 잠자리나 같이 하는 살덩어리 여자로서 온 것이 아니라 행복이든 불행이든 항상 같이 나누는 브루투스의 아내로 온 것이라는 말을 덧붙였다. 남편의 고통은 자신의 것이며 남편의 고뇌 또한 같이 나눌 각오가 되어 있다고 했다. 그 증거로서, 즉 요즘 남편이 겪는 정신적 갈등을 나누지 못한 죄책감 때문에 스스로 찌른 허벅지의 상처를 보여주었다.

브루투스는 아내에게 암살계획을 털어놓았다. 부부는 계획이 성사되기를 같이 기도했다.

이상한 일은 독재자의 숙소에서도 있었다. 시이저는 만찬장에서 돌아오자마자 잠자리에 들었다가 갑자기 창문이 열리는 소리에 잠이 깨었다. 밝은 달빛이 온 방에 넘쳐나고 있었다. 그의 옆에는 칼푸니아가 깊은 잠에 빠져 있었다. 그녀의 입술이 움찔움찔 움직이고 있었다.

알듯 모를 듯 중얼거리던 소리는 깊은 탄식과 함께 중단되었다. 그녀는 악몽을 꾸었다고 했다. 살해된 남편, 즉 시이저 자신을 팔에 부둥켜안고 있는 꿈이라고 했다. 그날 밤, 칼푸니아의 꿈에 관해서는 이런저런 다른 얘기들도 많으나 이쯤 해두자.

### 불길한 기운을 예측하기라도 하듯

어찌됐든 이런저런 심상찮은 징조가 충분했던 3월 14일의 밤을 지나고 나서 로마의 달력으로 '3월 보름'의 아침이 밝았다. 그날은 원로원 회의가 열리도록 예정된 날이기도 했다. 더구나 이날의 회의에서는 시이저가 이탈리아를 제외한 전 점령지역의 왕으로 추대될 참이었다. 어떤 용한 점쟁이가 유목민들은 왕의 신분을 가진 자만이 정복할 수 있다고 예언한 바 있었고, 사흘 후인 3월 18일에는 시이저가 유목민을 대상으로 전쟁을 하기 위해 원정길에 나서야 하기 때문에 서둘러 그에게 왕의 칭호를 헌정하기로 한 것이었다.

독재자는 잠을 설친 탓에 기분이 좋지 않았다. 게다가 아내 칼푸니아는 자신의 꿈을 근거로 원로원 회의에 참석치 말 것을 고집했다. 시이저는 아내의 충고를 뿌리쳤다. 그러나 그녀 역시 그날따라 쉽게 물러서지 않았다. 그녀는 동물을 죽여서 신의 뜻을 알아보자고 했다. 원래 시이저

살해되기 전날 밤, 악몽을 꾼 칼푸니아가 시이저에게 원로원 회의에 참석치 말 것을 종용하는 것을 묘사한 19세기 그림이다.

는 미신 따위는 믿지 않는 사람이었다. 그러나 몇마리의 동물을 도살해 봤으나 나타나는 징후는 모두 좋지 않은 쪽이었다. 마침내 시이저는 회의불참을 결정했고, 자신의 측근인 집정관 안토니우스를 불러 원로원 회의에 참석치 않겠다는 의사를 원로원에 전달하라는 지시를 했다.

그 사이에 모반자들은 초조하게 시이저를 기다리고 있었다. 시이저의 등장이 지연되자 자신들의 계획이 누설되었을지도 모른다는 생각에 전전긍긍하고 있었다.

다른 한편에서는 포르치아가 불안에 떨고 있었다. 몇번인가 하녀를 보내 무슨 일이 일어났는지를 알아보았다. 그때마다 아무 일도 없었다는 대답만이 돌아오자 그녀는 더이상 참지 못하고 집을 뛰쳐나왔다. 그러다가 그녀는 길거리에서 기절하고 말았다. 그녀는 그 상태에서 자신의 노예에게 발견되었으나 소문은 그녀가 죽은 것으로 퍼져나갔다.

소문을 전해들은 다른 노예가 회의장에서 시이저가 나타나기만을 기다리고 있는 브루투스에게 그 소식을 전했으나 그곳의 분위기 탓에 브루투스는 동료들을 두고, 그곳에서 빠져나올 수조차 없는 상황이었다. 마침내 안토니우스가 나타났다. 그는 회의가 연기되었다고 통보했다. 모반자들은 경악했다.

### 3월 보름, 운명의 순간을 위해 서둘러야 했다

당연한 얘기지만 시간이 흐를수록 누설의 위험은 높아진다. 게다가 사흘 후에 시이저는 새로운 원정에 나선다. 서둘러야만 했다. 모반자들이 얼른 대책을 강구했다. 데치무스 브루투스(마르쿠스 브루투스와는 다른 사람이다)가 독재자에게 면담을 신청했다. 모반자들은 그에게 시이저가 회의에 참석하도록 하라는 의무를 지워 보냈던 것이다.

시이저는 회의가 연기된 이유를 설명했다. 브루투스는 웃으면서 시이저를 회유했다. 아내가 악몽을 꾸었다는 그런 하찮은 이유로 원로원 회의를 취소시킨다면 원로원 의원들은 모독당했다고 생각할 수밖에 없을 것이라는 것이 그 내용이었다. 애초에 회의를 소집한 것도 시이저 자신이라는 사실을 상기시킨 다음 원로원이 예언가의 말대로 그에게 왕의 칭호를 헌정할 준비가 되어 있다는 얘기를 덧붙였다. 그것은 물론 그의 명예욕을 자극하려는 의도였다. 그러나 시이저는 쉽게 마음을 바꾸지 않았다.

마침내 모반자들의 대변인은 최후의 수단을 강구했다. 그는 시이저에게 회의를 취소하더라도 직접 얼굴을 내밀고, 취소하는 것이 원로원에 대한 예의가 아니겠느냐는 말을 건넸다. 그러면서 그는 자연스레 시이저의 팔을 잡아 밖으로 이끌었다. 시이저가 따라나섰다. 결국 그렇게 될 수밖에 없었던 운명이었던 모양이다.

회의장인 폼페이우스극장은 꽤나 먼 곳에 있었다. 그는 가마를 타고 현장에 도착했다. 군중이 몰려들었다. 그는 호기심만으로 그에게 다가서는 자들이 대부분이었으나 그에게 뭔가를 호소하는 탄원서를 손에 쥔 자들도 많았다. 그중에는 그 시간 이후에 일어날 사건의 전말을 정확하게 적시한 쪽지를 시이저에게 전해주려고 애쓰는 어떤 예언가도 섞여 있었다.

그가 입구 쪽으로 발을 옮기자 누군가가 "3월 보름이 왔다."고 외쳤다. 그 작자는 조롱하는 투로 같은 말을 계속 지껄였다.

## 모반자 모두가 최소한 한번씩은 찔러야 한다

시이저는 폼페이우스의 입상이 서 있는 회의장에 들어섰다. 황금 옥좌가 급히 운반되어 왔다. 원로원 의원들이 그에게 경의를 표하는 뜻에서 모두 기립했다. 모반자들은 모두 비수를 품속에 지니고 있었다. 그들은 눈짓으로 서로서로를 격려하며 결행의 순간을 기다리고 있었다. 데치무스 브루투스는 만약의 경우를 대비하여 자신의 사병들을 극장입구 쪽에 배치해

모반에 가담한 모든 사람은 최소한 한번씩은 시이저를 찔러야만 했다. 그것은 그들끼리의 약속이었다. 난자당하는 시이저의 뒤에 한때는 그의 정적이었던, 그리고 그에게 패퇴했던 폼페이우스의 입상이 서 있다.

두었다.

시이저가 회의장의 중앙에 이르자 모반자들은 그를 둘러쌌다. 회의장 내에서 시이저를 보호해줄 수 있는 유일한 인물인 안토니우스는 아무것도 눈치 채지 못한 채 모반자 중의 한 사람의 꾐에 빠져 한쪽 구석에서 대화에 열중하고 있었다.

툴리우스가 시이저에게 다가섰다. 그의 형제 중의 하나가 유배되어 있었다. 그가 시이저에게 자신의 동생을 사면해달라고 청원했다. 주변의 사람들도 그의 애원을 거들었다. 그들은 경의를 표하는 척하면서 시이저의 머리에, 가슴에 입맞춤을 했다. 그것은 그가 몸에 무기를 지녔는지를 알아보기 위한 수작이었다. 시이저는 처음에는 그들의 입맞춤을 거부하다가 그들의 행동이 지나치다는 느낌이 들자 화를 내면서 그들을 물리쳤다. 그순간, 툴리우스가 두 손으로 시이저의 윗옷을 잡아챘다. 그것은 약속된 신호였다. 사방에서 수십개의 비수가 시이저의 몸을 향해 날을 번뜩였다. 모반자들 모두는 행동에 직접 참여하기로 약속했다. 최소한 한번씩은 찔러야 한다는 것은 그들끼리 합의한 의무이기도 했다.


**브루투스, 너마저!** | 시이저는 완강히 저항했다. 그러다가 시선이 마르쿠스 브루투스에게 가서 멈추었다. 자신이 그렇게도 믿었던, 한때 자신의 연인이었던 세르비아의 아들마저 모반에 가담하고 있다는 것을 본 것이었다. 이 부분에서 시이저가 "브루투스, 너마저!"라고 부르

짖었다는 것은 셰익스피어의 묘사이고 "애야, 너마저!"라고 했다는 것은 카시우스 디오의 기록이다. 어느 말이 진짜든 상관없이 전해오는 모든 기록을 종합해보면 사태의 진행과정에서 시이저가 단 한마디의 탄식을 했다는 것, 그리고 그것이 마르쿠스 브루투스를 대상으로 한 것이었다는 점에서는 일치한다.


### '불의의 죽음'을 원했던 시이저의 소원은 이루어졌다

이 탄식을 끝으로 시이저는 저항을 포기했고, 그리고 자신의 어깨에 걸쳐져 있던 천으로 스스로 얼굴을 가렸던 것으로 묘사되고 있다.

모두 스물세 번의 비수를 맞고 독재자는 바닥에 쓰러졌다. 그의 시신을 검시했던 의사는 그중 단 하나의 상처만이 치명적이었을 뿐, 나머지는 깊지 않은 상처였다는 사실을 기록으로 남겼다고 한다.

한동안 회의장은 혼란에 빠졌다. 그러다가 시이저가 쓰러지자 모두들 달아나기 시작했다. 마르쿠스 브루투스는 회의장 중앙으로 달려나가 그들에게 거사의 이유를 밝히려고 몇마디 토막말을 내뱉었으나 아무도 듣는 이가 없었다. 원래 모반자들은 거사 후에 시체를 티베르강에 버리기로 계획했다. 그러나 막상 일을 저질러 놓고 나서는 모두 달아나기에 급급했다. 특히 시이저의 측근인 안토니우스에게 잡히지 않으려는 듯 모반자들은 모두 회의장을 서둘러 빠져나가고 말았다.

시이저가 외로이 쓰러져 있는 회의장에는 한때는 그의 정적이었던, 그리고 그에게 패퇴했던 폼페이우스의 입상이 그를 내려다보고 있었다. '불의의 죽음'을 원했던 시이저의 소원은 그렇게 이루어졌다.

세 명의 노예가 그의 시신을, 그가 타고 왔던 가마에 담아 칼푸니아가 넋을 놓고 있는 집으로 옮겨놓았다.


### 로마에 사회적 안정을 준 시이저, 절정기에 사라지다

그는 로마에 안정을 주었던 인물이었다. 아주 먼 옛날이야 말할 것도 없고, 시이저 직전까지만 해도 마리우스, 술라 그리고 폼페이우스로 로마의 패권이 이어져오면서 혼란스러운 상황이 계속되어왔다. 이들 모두 탁월한 군인이기는 했으나 국가행정의 차원에서는 만족할 만한 소양을 갖추지 못한 인물들이었다. 그들이 갖지 못한 것을 가졌던 사람이 시이저였고, 그들이 이루지 못한 사회적 안정을 로마에 가져다준 인물이 시이저였다.

그가 암살자들의 비수에 쓰러졌을 때는 그의 나이 56세가 되던 해였다. 그 자신에게도 인생의 절정기였을 뿐만 아니라 로마제국의 역사에서도 내리막 직전의 마지막 절정이었다.

로마는 그의 죽음과 더불어 곧바로 피비린내 나는 내전에 휩싸이게 되며 15년이 지나서야 그의 양자 옥타비아누스에 의해 겨우 얼마간의 상대적 평화를 되찾게 된다.

인간이해가 탁월했던 '바람둥이'

# 지아코모 카사노바

바람둥이의 대명사인 카사노바. 18세기 로코코의 본거지인 베니스에서 태어
나 쾌락과 신앙, 또 미신과 음모라는 시대적 특징을 지니고 있으면서 한편으
로는 폭넓은 교양과 지식으로 한 시대를 풍미했다.

Giacomo Casanova 1725~1798

## 18세기에 살았던 그는 언제나 '카사노바'다웠다

그의 모험적 삶이 가능했던 기묘한 무대는 로코코시대, 즉 18세기였다. 달리 표현하면, 그가 다른 시대의 사람이었다면 우리에게 전해지는 얘깃거리 많은 그의 삶은 불가능했을 것이라는 뜻이다. 그는 많은 직업을 가졌었다. 성직자, 법률가 그리고 첩보원 등의 신분도 한때는 그의 것이었다. 뿐만 아니라 한때는 복권회사 경영자, 재정관리인 그리고 외교관의 역할도 수행했었다.

언제 어디서나 그는 '카사노바'다웠다. 염문이 그치지 않았고 항상 얘깃거리의 중심에 있었다. 기묘하고, 외설스럽고, 뻔뻔하고, 제멋대로인 것이 그의 행동양태를 표현해주는 일반적 서술어인 것이 사실이었으나 그런 부정적인 평가를 압도하는 것은 그가 지닌 재능과 해학이었다. 그가 남긴 자신의 삶에 관한 기록은 만남과 경험, 그리고 고백이 주를 이룬다. 그래서 그의 개인사는 로코코시대의 문화사를 전달해주는 가장 중요한 자료일 수 있다.

향락욕과 음모, 깊은 신앙심과 미신이 로코코시대

지아코모 카사노바(1725~1798). 철학자, 의사, 그리고 수학자. 그러나 그는 호색한의 대명사가 되었다. 생존시의 초상화이나 작자미상이다.

의 특징이다. 1725년 '로코코의 본거지' 베니스에서 태어난 지아코모 카사노바는 타고난 재능과 감각으로써 앞서 열거한 로코코의 시대적 특징들을 모두 제 것으로 만들었다. 몽상가이면서도 철저한 현실주의자였던 그에게 있어서 이 모든 시대사조들은 일종의 도구에 불과했다. 그가 사조에 휩쓸린 것이 아니라 바로 그 한가운데 존재했었기에 하는 말이다.

그의 교양의 폭은 대단했고, 독서량은 엄청났다. 그는 고전에 심취했고, 특히 기원전 로마의 시인이었던 호라티우스의 시는 거의 다 외우고 있을 정도였다. 그가 가졌던 재능들 중에서도 그를 '카사노바'답게 만들었던 가장 중요한 밑천은 '대화술'이었다.

탁월한 언어감각에 기초한 말솜씨를 바탕으로 그는 유럽전역을 휩쓸고 다니며 당시의 저명인사들과 교류할 수 있었다.

### 딸과 어머니가 동시에 한 남자를 사랑하다

그의 분별없는 방랑은 아주 어릴 때부터 시작되었다. 기록에는 가족들의 재정적 후원자였던 할머니가 사망하고부터 그의 가출은 시작되었으며, 한때는 그의 어머니의 원에 의해 미성년의 나이 때에 방랑벽을 고치기 위한 '감옥'에 수용된 적도 있다는 사실이 포함되어 있다.

출옥 직후 그는 잠깐 동안 어느 주교의 식객 노릇을 했다. 얼마 후 그는 어떤 변호사의 여행에 동행했는데, 여행중에 그 변호사의 부인과 여동생 모두를 애인으로 만들었다. 그후 20년쯤 지나서 그는 이 변호사의 장성한 딸을 만났다. 물론 수많은 여자친구 중의 하나로서였다. 재미있는 것은 그것이 계기가 되어 이 변호사의 부인과도 재회하게 되었고, 그래서 비록 잠깐 동안이긴 했으나 그는 그 변호사의 부인과 그 딸 사이를 오가며 육체관계를 맺기도 했다.

딸과 어머니가 동시에 한 남자를 사귀는 것이 로코코시대, 즉 카사노바의 시대에는 그리 큰 사건은 아니었던 모양이다. 비슷한 얘기는 비단 카사노바의 경우가 아니라도 더러 들린다. 하기사 요즘에도 불가능한 일은 아니지 않은가.

그는 자신의 경험을 기록으로 남기면서 자신이 섭렵했던 여자들의 이름을 모두 가명으로 쓰고 있다. 호기심 많은 당시의 독자들로서는 분통터지는 일이었겠으나, 이 부분만큼은 그가 기사도를 발휘하여 그 여자들을 보호한 셈이 된다. 가명을 쓴 의도는 분명히 그 여자들에게 피해를 주지 않기 위해서였을 것이다.


**천명의 애인이 있었다니…**　｜　바로 그것 때문에 그 자신의 기록이 더러 의심받기도 한다. 그러니까 가공인물을 주인공으로 한 싸구려 소설이라는 것이다. 그러나 소위 '전문가'들의 노력에 의해 카사노바의 기록에 담긴 여자들 중의 몇명은 실제로 존재했다는 사실이 확인되기도 한 모양이다. 그가 겪었던 여자들의 본명을 모두 밝힐 수는 당연히 없을 것이다. 그러나 몇몇 확인된 예로 미루어봤을 때 그의 기록 속에 등장하는 여자들 모두가 실재했다고 봐야 하지 않을까?

카사노바가 스무살이었을 때의 애인의 숫자가 이미 수십명이었다. 그런 추세가 유지되었다면, 아니 실제로 기술이 늘고, 솜씨가 좋아져서 그런 추세가 강화되었을 것이므로 그의 말년에 그 숫자가 천 명을 넘어섰다는 그의 주장이 전혀 허황된 것만은 아니었을 수도 있다.

그가 극적인 삶을 살 수밖에 없었던 이유 중의 하나는 재기 넘치는 그를 묶어놓을 만한 매력적인 직업이 그 시대에 존재하지 않았다는 사실이다. 영혼이 자유로운 사람에게는 요즈음이라 해서 나을 것도 없겠지만, 어쨌든 그는 당시의 의사나 변호사라는 직업에는 만족치 못했다.

1740년에는 신부가 되기 위해 수도원에 들어갔다. 그러나 우리가 알고 있다시피 그는 교회를 뛰쳐나왔고, 장교로서 군에 입대하기도 한다. 절제된 삶이 싫어서 신부도, 장교도 마다한 그가 새로이 택한 직업은 도박사였다. 주머니 사정이 악화되자, 그는 극장의 악단에서 바이올린을 연주해주고 일당을 받아 생활하기도 했다.

**멀쩡한 사람들을 바보로 만들다** | 가난이 그를 압박하자 그는 대책 없이 부채를 늘려갔다. 언젠가는 갚아야 하는 것이 빚이다. 그러나 그는 갚겠다는 생각도, 갚아야 한다는 의무감도 없었다. 빚을 지는 데도 한계는 있다. 무작정 빌려줄 사람도 이젠 없었다. 그때 그는 자신에게 아주 쉽게 돈을 벌 수 있는 재주가 있다는 사실을 떠올렸다.

신비주의적인 심령술적 재능은 그가 아주 어린시절부터 지녀왔던 천부적 재능들 중의 하나였다. 돈도 돈이지만 '멀쩡한 사람들을 바보로 만들 수 있다'는 것이 더욱 그의 흥미를 끌었다.

좌우지간, 빚 때문에라도 베니스에 더 머무를 수는 없었다. 그는 마일랜드를 거쳐 만투아에 이르렀다. 그곳에서 그는 글자 그대로 일확천금을 꿈꾸는 무리들을 만났다. 그들은 금이나 보석의 광맥을 쫓고 있었다. 한동안 그는 그들의 욕심에 편승해서 호의호식할 수 있었다.

나폴리에서는 도박으로 제법 큰돈을 만지게 되었고, 그는 그 돈을 밑천으로 해서 파리로 진출했다. 첫번째 파리체류는 그리 길지 않았다. 그러나 그는 그 짧은 기간에 후일 자신의 파리생활에 유용한 인물들과 관계를 맺어두었다.

그의 첫번째 파리체류가 짧았던 이유는 파리에서 우연히 자신의 형을 만났고, 그와 함께 어머니가 여배우로 활동하고 있는 드레스덴으로 여행을 떠나야 했기 때문이었다.

그는 어머니의 따뜻한 영접을 받았고, 한동안 그곳에 머물렀다. 그곳

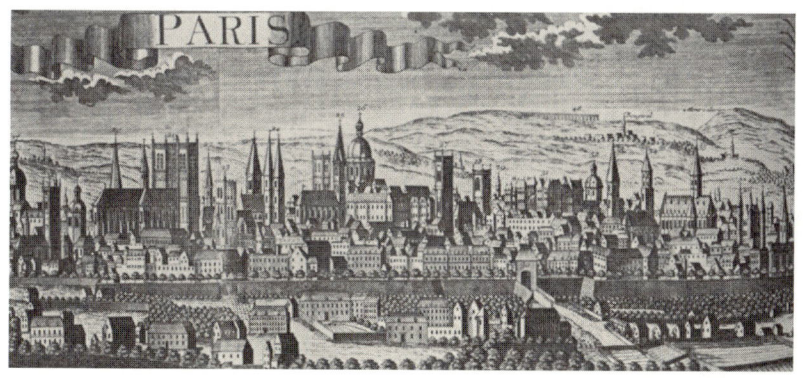

1750년경의 파리. 카사노바가 제2의 고향으로 삼았던, 절대주의와 계몽주의가 공존했던 파리는 그때나 지금이나 유럽의 중심이다.

극장에서 극본을 쓰기도 했는데, 우연히 극장에 들른 작센의 아우구스트 왕이 그가 쓴 연극에 대단히 만족하여 그에게 특별선물까지 하사했다고 한다.

그러나 그 자신은 좀은 고지식한 독일식의 생활방식이 싫었으며, 자신에게 호의를 보인 왕 개인에 대해서도 인간적인 끌림은 없었던 모양이다. 그 무렵의 기록에는 독일적인 모든 것에 대한 비판만 들어 있다.

### 여자에 관한 한 그에게 불가능은 없어 보였다

베니스로 돌아온 직후 그는 아주 열정적인 사랑에 빠진다. 대상은 카타리나 카렌타라는 여자였고, 그는 자신의 자서전에 C.C.라고 기록하고 있다. 그녀의 본명은 물론 후세의 '전문가'들이 밝혀낸 것이다.

꽁트 드 리옹(1715~1794). 카사노바와 한때 관계를 맺었던 수녀 M.M.의 연인이었던 프랑스인 추기경. 카사노바는 이 사람을 이용해서 파리에 정착한다.

두 사람의 관계가 얘깃거리가 되자 그녀의 아버지는 그녀를 수녀원으로 보내버렸다. 우여곡절 끝에 수녀원에서 연인을 찾은 그는 엉겁결에 결혼이야기를 꺼냈다. 그러나 상황을 모면하기 위한 순간적인 말장난이었을 뿐, 그는 결코 결혼할 생각이 없었다. 심각해지기 전에 그는 그 일에서 손을 뗐다.

그러면서 동시에 새로운 일을 벌였다. C.C.와의 관계복원을 위해 수녀원을 드나들면서 몇번 마주친 M.M.이라는 수녀에게로 마음이 옮아갔다. 수녀원에 드나드는 것이 겉으로는 C.C.를 만나기 위한 노력으로 비쳤으나 그의 의중의 목표는 M.M.이었다. 어쨌든 그는 M.M.도 '수중'에 넣는다. 여자에 관한 한 그에게 불가능은 없는 듯했다.

그는 몇몇 유부녀와도 사건을 만들었다. 심령술과 문학적 재능이 밑천이 되었다. 그의 행동거지를 보면서 뭔가 사고가 터질 것 같은 불길한 예감이 든 가까운 친구들이 자숙할 것을 충고하기도 했으나 그는 무시했다. 그가 가끔씩 발표했던 이런저런 잡문들에도 정도에 지나친 문장들이 포함되었다.

### '연판지붕' 아래서

1755년 7월 25일과 26일 사이의 밤에 그는 체포되었다. 그의 책, 원고 그리고 편지들 모두가 압수되었다. 불분명한 이유로 그는 5년형을 언도받았다. 좌우지간 사회불안을 조성했다는 것이었다.

그는 그곳에서 온갖 잡놈들과 교류했다. 그는 자신이 지녔던 돈으로 다른 죄수들보다는 나은 감옥생활을 할 수 있었다. 그러니까 사식도 자주 먹었고, 간수들을 매수하여 비교적 자유로운 활동도 누릴 수 있었다. 그러나 '육체적 자유를 박탈'당하는 것이 바로 인간의 존엄성이 훼손되는 것이라는 깨달음에 이르자 그는 탈옥을 결심하게 된다. 하루 반시간 정도씩 허용된 산보시간을 이용해서 그는 쓸 만한 쇳조각을 마련했고, 그것으로 감방의 바닥을 파내려간다는 계획을 세웠다.

그가 수감되었던 베니스의 감옥은 무거운 납판에 눌린 듯이 꼼짝할

수 없다는 뜻에서 '연판지붕'이라 불리던, 당시로서는 유럽에서 제일
견고한 감옥으로 꼽히던 곳이었다.


## 영화 속에서 봄직한 탈옥의 원조가 카사노바가 아닐까 | 사순절 첫

째 월요일부터 그는 작업을 시작했다. 그러나 갑자기 그는 다른 감방
으로 옮겨졌다. 그의 탈출기도는 발각되었다. 오랜 기간 준비했던 모
든 기구와 준비물은 압수당하고 말았다. 그러나 용케도 비수 한 자루
는 빼앗기지 않았다.

얼마 후 다른 죄수와 책을 교환해보는 것 정도는 다시 허용되었다. 그
는 이웃감방에 수감된 어떤 수도승과 통방했다. 그들은 이번에는 천장
에 구멍을 내고, 그리고 지붕을 통해 탈출하는 계획을 공동으로 세웠다.

당시의 재판광경. 카사노바는 이런 재판정에서 5년형을 언도받았다. 18세기의 그림이다.

수도승은 곧바로 작업을 시작했다. 밤만 되면 구멍이 커져가는 천장에는 낮에는 수십장의 성화가 붙어 있었다. 카사노바는 그 수도승에게 필요한 공구를 제공했다. 그는 성경책 속이나 마카로니 그릇 속에 필요한 공구들을 담아 옆방의 동료에게 주는 선물인 양해서 간수를 시켜 수도승에게 그것들을 건넸다. 10월 16일에 작업이 끝났다. 침대시트를 찢어서 밧줄을 만들었다. 우리가 영화 속에서나 보았던 '탈옥'의 원조가 카사노바인 모양이다. 어쨌거나, 지붕으로 탈옥하던 카사노바는 떨어져서 기절한 채로 세 시간 반을 의식불명인 상태에 빠져 있기도 했다. 그러나 같이 탈출하던 수도승이 그를 버려두고 혼자 가지는 않았다. 그들은 탈출에 성공한다. 그날은 1756년 11월 1일이었다.

그들은 곧 헤어졌다. 그들은 따로 새로운 운명을 개척해야만 했다. 카사노바는 도주과정에서 우연히 어떤 경찰관의 집에서 하룻밤 신세를 지기도 했다. 그 경찰관은 탈주범을 잡느라 며칠째 집에 들어오지도 못하고 있는 상황이었다. 그는 트레엔트와 보젠을 경유해서 뮌헨에 이르렀다. 1757년 1월 5일, 그는 마침내 완전한 자유를 얻는다. 자신의 제2의 고향이 될 곳에 이른 것이다. 그곳은 파리였다.

그는 후일 자신의 감옥생활과 탈옥과정을 책으로 출판했다. 그 책은 요즘말로 하면 베스트셀러가 되었다.


**화려한 그의 직업과는 달리 '돈'이 모이지는 않았다**     파리에 이른 지 얼마 후에 그는 프랑스 복권회사의 감사역에 임명되었다. 한때 그와 관계가 있었던 수녀 M.M.의 또다른 연인이 프랑스의 고관이었고, 그가 힘을 써준 덕택이었다. 그는 재빨리 프랑스의 상류층에 동화해갔다. 그는 현실주의자인 것으로 자신의 이미지를 고정시키면서 신비주의적인 풍모를 애써 떨쳐버렸다. 그는 프랑스인들의 신임을 얻었다. 그는 프랑스를 위해 영국에 스파이로 파견되기도 했다. 어떤 중요한 과업들은 프랑스의 국왕이 직접 만나서 부여하기도 했다. 물론 대가로 주어지는 금액은 갈수록 커져갔다.

그는 네덜란드에 외환관리인으로 파견되었고 임무를 성공리에 마치고 파리로 돌아왔다. 보상액은 엄청났다. 그러나 그는 '돈이 모이는 사람'은 아니었다. 그는 버는 이상으로 썼다. 그는 파리에서 백만장자 부럽지 않게 돈을 썼다. 언젠가 그는 자신이 버는 돈을 재빨리 불릴 계획을 세웠다. 그것은 공장을 설립하는 것이었다. 시대적 유행에 따라 견

로코코시대의 무도회. 프란체스코 주아르디(1712~1793)의 그림.

직물을 생산하기로 했다. 중국제 비단에 새겨진 무늬를 그대로 모방할 참이었다. 그는 우선 20명의 여공을 뽑았다. 오래지 않아 그녀들 모두 그의 연인이 되었다.

공장은 당연히 망하고 말았다. 1759년 그는 빚 때문에 체포되었다. 그의 자서전에 마담 드페라고 기록된 이름의 여자가 그의 빚을 대신 갚아주었으므로 그는 얼마 후 석방되었다. 그녀는 후일 그의 삶의 아주 중요한 대목에서 다시 등장한다.

### 교회 안에서도 정사가 이뤄졌다

그는 파리를 떠났다. 다시 정부의 일을 맡아보려고 했으나 뜻대로 되지 않았다. 그는 독일로 향했다. 쾰른에서 그는 간첩죄로 체포되었다가 얼마 후 풀려났다. 그때가 1760년이었다. 아주 짧은 기간의 체류였음에도 불구하고 그는 쾰른에서도 염문 하나를 만들었다. 상대는 오스트리아 대사관 무관의 부인이었다. 그는 자서전에 이 여자가 시장의 부인이었다고 쓰고 있는데, 그것은 상대 여자의 신분 노출을 꺼려 일부러 그렇게 쓴 것으로 확인된 모양이다.

어쨌거나, 그녀와의 정사가 교회 안에서 이뤄졌다는 사실 때문에 한동안 호사가들이 그녀의 본명을 알아내려고 진땀 깨나 흘렸던 것 같다.

슈투트가르트에서도 그는 잠깐 감옥에 들어갔다 나왔다. 이번에는 노름빚 때문이었다.

### 그의 정신적 스승 볼테르

1760년 7월에 있었던 사흘간의 방문에서 카사노바는 볼테르(1694~1778, 계몽시대의 프랑스 작가이자 사상가이며 오이디푸스의 저자로 유명하다)로부터 참으로 많은 것을 배웠다고 기록하고 있다. 볼테르는 이 만남에 대해 아무런 기록도 남기고 있지 않으나, 카사노바는 자못 감동적인 어투로 이 만남을 전하고 있다. 자신의 생애에서 '가장 아름다웠던 순간'이라고 표현하고 있다. '20년 가까이 나는 그의 글을 읽었고, 그것에서 배움을 얻어왔다. ……내 가슴

프랑스 계몽주의의 대표적 사상가인 볼테르는 카사노바에게 많은 영향을 끼쳤다.

은 정신적 스승을 만난다는 기쁨으로……'라고.

카사노바는 흥분하고 있었으나 볼테르는 떨떠름했던 모양이다. 그는 볼테르의 침실에까지 따라가서 그와 나눴던 대화들까지 아주 상세하게 기록으로 남겨두었다.

이 무렵, 카사노바는 교황 클레멘스 12세를 알현한 것이 계기가 되어 우연찮게 기사의 칭호를 얻게 되고 한동안 그것을 유용하게 써먹기도 한다.

### 연금술사의 '욕망의 죽음'을 도와주다

동시대인들은 마담 드페에 얽힌 사건에 관한 한 그를 용서하지 않았다. 그 자신도 자서전에서 자

신의 의지와는 상관없이 이 사건에 휘말리게 되었음을 강조하고 있다. 그러나 전후 상황을 종합해보면 비록 발단은 본인의 의지가 아니었다 하더라도 그가 자신의 재능을 악용해서 부당한 이득을 취한 것은 분명한 것 같다.

사건은 그가 1757년에 스무살 연상의 그 여자를 만나면서 시작되었다. 마담 드페는 엄청난 재산을 가진 여자로서 비정상적인 방법으로 그 재산을 불리기를 원하는 여자였다. 그녀는 당시로서는 시설이 완벽한 실험실을 갖추고는 15년째 쇠를 금으로 바꾸려고 노력하고 있었다. 말하자면 그녀 자신이 일종의 연금술사였던 셈이다.

그러나 그녀의 욕심이 지나쳤던 것이 사건의 발단이었다. 연금술에 대한 열정이야 한때 세계를 휩쓸었던 유행이었으므로 그녀만의 욕심은 아니었다고 하더라도, 전혀 다른 사람으로 부활하고픈 욕망은 그녀만의 독특한 것이었다.

카사노바는 그녀의 '부활의 모델'이었다. 그녀는 남자로 태어나고 싶었고, 카사노바를 닮고 싶었던 것이다. 마담 드페가 오랜 연구 끝에 알아낸 부활의 과정은 '숫처녀가 숫총각을 맞아들이고, 그 남자가 마담 드페와 7일간 잠자리를 같이 하고, 그리고 7일 후 마담 드페 자신은 죽어야 하고……' 하는 식으로 황당하기 짝이 없는 것이었으나, 그 부활의 과정을 도와주는 사람으로 지목된 카사노바가 실제로 그 과정에 참여해서 그녀의 죽음을 방조하고, 그녀가 남긴 재산의 일부를 가로챈 것이 사건의 전말이었다.

그녀의 친척들의 고발에 의해 카사노바는 위기를 맞았으나, 유능한 변호사의 도움으로 석방되었다. 죽음과 재산 갈취가 개입됨으로써 천하의 카사노바가 스타일을 구긴 사건이었다.

## 스타일이 구겨진 후 추방되다

그 사건 이후 그는 독일, 러시아, 폴란드 등지를 전전했다. 그러나 가는 곳마다 이런저런 사건들로 인해 사법기관들과의 충돌이 잦았다. 그는 마지막 여행지였던 빈을 떠나 제2의 고향인 파리로 돌아왔다. 그러나 파리경찰은 마담 드페 사건과 관련된 좋지 않은 평판을 핑계삼아 48시간 이내에 파리를 떠날 것을, 그리고 3주 안에 프랑스의 국경을 넘어 다른 나라로 갈 것을 명령했다.

그는 '형편없는 나라 스페인'으로 갔다. 그는 그답게 스페인 방문 기

카사노바가 살았던 당시의 베니스. 카나레토(1697~1768)의 그림.

념으로 황태자의 정부와 염문을 만들었다가 쫓기는 신세가 되었고, 결국은 불법무기 소지죄로 체포되었다. 그는 24일간을 지하감옥에 갇혀 있다가 1768년 섣달 그믐날, 석방과 동시에 스페인을 떠났다.

오갈 데가 없어진 그는 고향 베니스에 자신의 사면과 복권을 청원했으나 돈만 들었을 뿐 소기의 목적을 달성하지는 못했다. 그는 유럽 이곳저곳을 떠돌아다닐 수밖에 없었다. 1758년에 그는 발트슈타인 백작의 개인 도서관의 사서로 정착하게 된다.

발트슈타인 백작은 비밀결사 프리메이슨 단원이었으며, 카사노바만큼이나 신비주의에 경도된 인물이었다. 그는 카사노바에게 모험적 삶을 기록으로 정리해둘 것을 권고했으며, 그 작업에 필요한 환경을 제공하겠노라고 제의했다.

카사노바의 말년은 우울했다. 누구에게든 말년이야 비슷비슷하지만 전 유럽을 누비며 화려하고, 시끌벅적하게 살았던 그였기에 남들보다도 더 처량해 보였을 것이며, 본인 역시 오갈 데 없는 상황이라 더욱 처량했을 것이다. 그러나 그것이 이제까지와는 다른 그의 새 삶이었으며, 새로운 시작이었다.

그의 자서전은 1788년에 공간되었고, 엄청난 반향을 불러일으켰다. 그는 계속 썼다. 자기가 경험한 사건의 보고서, 체류했었던 지역의 역사, 비평서……, 심지어는 일리아드와 오디세이의 번역서 등등. 그의 기록은 물리학, 수학, 천문학 그리고 기술학에까지

발트슈타인 백작(1755~1814). 카사노바의 말년의 후원자. 그의 후원에 의해 카사노바의 모든 저술이 가능했다.

이르렀다. 인간의 영생을 주제로 한 5권짜리 소설도 있었다. 그러나 이 소설은 세인의 주목을 받지 못했다. 문장력을 비롯한 작가로서의 역량이 마음껏 드러나 있는, 그리고 메인 곳 없는 자유로운 환상 속에 묻어나는 독특한 우주관이 담겨 있는 수작이라고 하는데, 나는 아쉽게도 보지 못했다.

## 로코코가 낳은 탕아

이 무렵에 쓰여진 그의 글들에는 앞서 잠시 언급했듯이 정치적인, 혹은 사회발전에 관한 인식이나 주관이 담겨 있다. 한갓 바람둥이였으며 내키는 대로 '막살았던' 사람으로만 보기에는 아쉬운 감이 있는 인물인 것은 분명하다.

얘기가 조금 빗나가기는 하지만, 동시대의 질서와 체제에 도전해서 '참하늘'을 찾아 이 남자 저 남자를 전전했던 우리의 '어우동'도 보기에 따라서는 '여성해방운동가'일 수도 있잖은가! 그건 아닌가?

카사노바의 무덤의 정확한 위치는 알려져 있지 않다. 19세기에 와서 그가 말년을 보냈던 둑스의 성 바바라 성당에 기념비만 하나 세워졌다.

어쨌거나, 확실한 것은 어우동이 그 당시에 요즘처럼 머리띠 두르고, 여성해방 데모를 했건, 실제처럼 반상가리지 않고, 이 남자 저 남자를 전전했건 당시로서는 능지처참 이외에는 다른 처방이 없었던 것은 분명하다.

카사노바로 돌아가자. 그가 그 무슨 해방운동가였다는 얘기는 아니다. 그러나 그가 살았던 시기는 봉건적 질서가 끝나가는 때였고, 자본주의가 싹트는 시기였다.

의식 있는 사람은 혼자서 잘못을 저질러놓고도 '시대 탓'이라 하고, 의식 없는 사람은 '세상 탓'에 일 저질러놓고도 '죽을죄를 지었다'며 용서를 빈다. 카사노바의 개인사는 시대와 전혀 무관하지는 않다. 비록 그 자신 스스로 세계사적 흐름에 순응하는 인식을 갖고 있지 못했었다하더라도.

프랑스혁명 소식을 듣고 그는 다음과 같은 글을 남겼다.

"내 사랑하는 프랑스여! 이게 무슨 변인가! 민중이 주인이 되다니……. 공화정은 흉측한 정부형태다. 현대의 주민들에게는 맞지 않는 제도다, ……오래 가지는 않을 것이다."

나폴레옹의 등장 등의 뒤이은 반동의 역사를 거슬러보면 그의 예상이 틀리지는 않았다. 그러나 어찌 보면 그와 같은 질서 파괴적인 인물조차 공화정을 수용하기 힘든 상황이었으므로 나폴레옹 같은 인물이 당대 역사의 중심인물로 등장할 수 있었다는 것도 말이 된다.


**그의 최후는 화류병이 아닌 노환이었다** | 그는 이제 예순네살이 되었다. 지치고 병든 노인이 되었다. 그의 생애의 마지막 무렵에 그는 하루 10시간 이상씩 글을 썼다. 자신의 회고록을 보완하여, 자신의 생애를 빠짐없이 정리하고, 자신이 아는 몇몇 외국어로 번역하는 작업을 게을리 하지 않았다.

1798년 7월 4일 그는 사망했다. 사인은 방광 질환이었다. 위치가 아래 쪽이라서도 그렇고, 또 부처님처럼 살았던 사람이 아니라서 충분히 의심을 살 만하지만 화류병은 아닌 노환이었던 모양이다. 그는 '교제와 우정'이 인간의 주된 과제라고 믿었던 사람이다. 세계를 움직일 만한 거창한 덕목도 아니지만 세계를 파괴하는 유별난 이념도 아니다. 그는 그저 그 원칙들에 충실하게 살았다.

그는 역사의 변방에 살았던 사람이다. 세계사가 중세에서 근세로 넘어오는 전환기의 한가운데서 살았지만 정치적 격변과도 무관했던 사람이다. 그러나 그는 훌륭한 관찰자였고, 무엇보다도 인간에 대한 이해가 탁월했던 사람이었다. 그래서 그의 삶은 동시대 문화사의 등신대 거울이며, 그 자신의 기록은 소중한 역사서일 수 있다.

마르틴 루터와 맞장 뜬 소심한 혁명가

# 토마스 뮌처와 기독교 공산주의

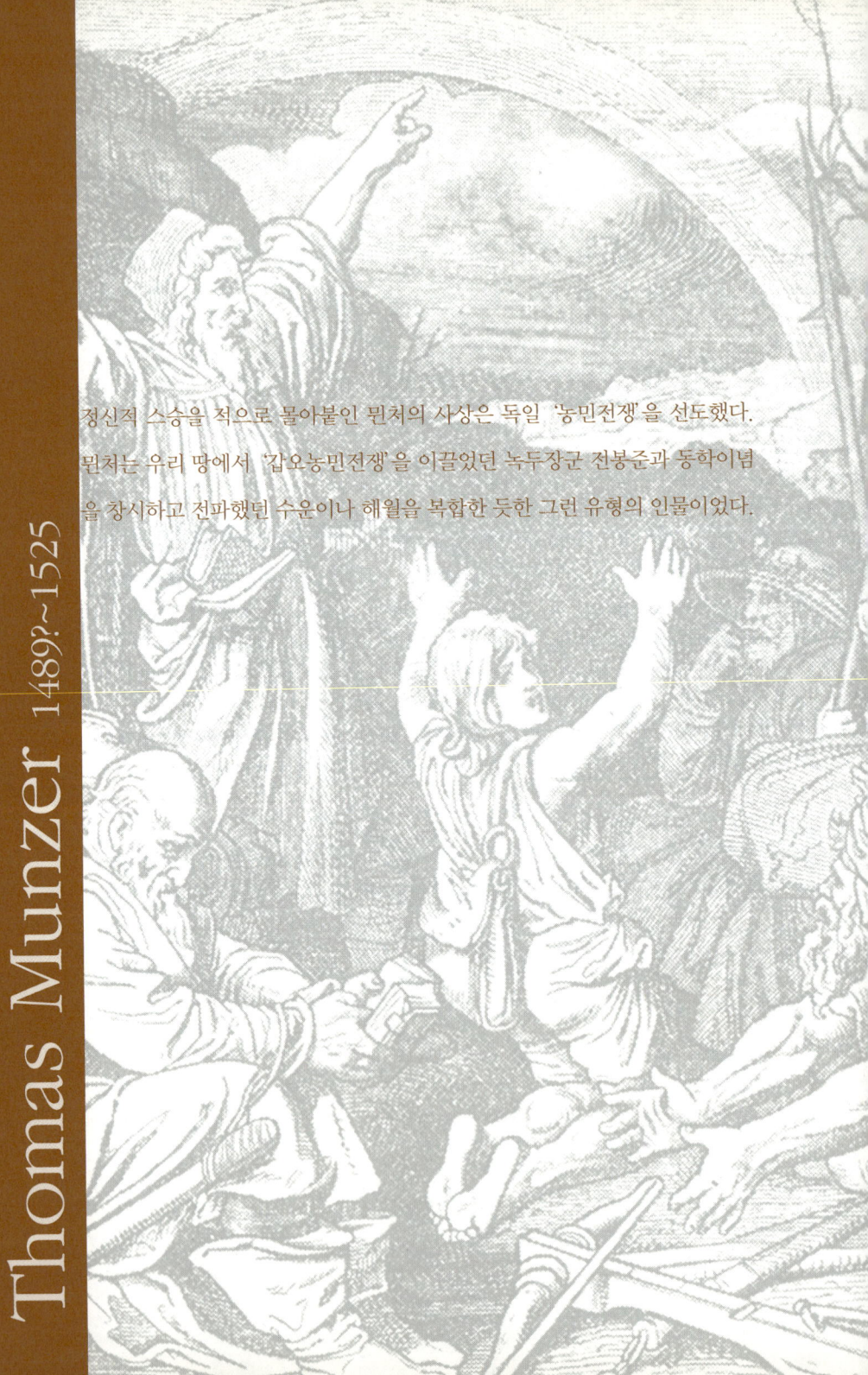

정신적 스승을 적으로 몰아붙인 뮌처의 사상은 독일 '농민전쟁'을 선도했다. 뮌처는 우리 땅에서 '갑오농민전쟁'을 이끌었던 녹두장군 전봉준과 동학이념을 창시하고 전파했던 수운이나 해월을 복합한 듯한 그런 유형의 인물이었다.

Thomas Munzer 1489?~1525

## 정신적 스승을 적으로 몰아붙인 뮌처의 사상

종교개혁가로 우리에게 알려진 마르틴 루터는 세 토막의 삶을 살았다.

첫번째는 혁명가로서였고, 두번째는 종교개혁가로서였으며, 마지막에는 보수주의자로서의 그것이었다. 그가 기성의 가톨릭교회와 충돌했을 때 그는 혁명가였다.

가톨릭은 일개 종교가 아니라 중세세계 그 자체였기 때문이었다. 가톨릭과의 충돌은 기존 질서에의 도전이었으며, 그가 제창했던 교회의 개혁은 바로 세상의 변혁이었다.

세상 전체의 변혁이 무망함을 깨달은 그가 자신의 시각을 기성교회의 관행에로 국한시키면서 그는 종교개혁가로 움츠러들게 된다. 그리고 마침내 가톨릭교회의 빈틈을 비집고 개혁파 교회가 늘어가면서 그는 얻어진 것들에 대해 애착을 갖기 시작한다.

그의 정신적 제자로서 출발했으되 그보다는 한발 앞서 나갔던 뮌처가 보다 근본적이고 급진적인 교회의 변혁을 요구하자 그는 보수주의자로 전향한다. 그 무렵 그는 이미 '잃을 것이 있는' 위치에 도달해 있었기 때문이었다.

뮌처가 등장함으로 해서 루터의 개혁교회와 가톨릭교회의 공존이

보다 용이해졌다고도 볼 수 있다. 뮌처가 가톨릭의 반대편에 '적대적인 극'을 형성하면서 루터의 개혁교회의 위치가 중간이 되었기 때문이었다.

정신적 스승을 적으로 몰아붙인 뮌처의 사상은 독일 '농민전쟁'을 선도했다. 뮌처는 우리 땅에서 '갑오농민전쟁'을 이끌었던 녹두장군 전봉준과 동학이념을 창시하고 전파했던 수운(최제우)이나 해월(최시형)을 복합한 듯한 그런 유형의 인물이었다.

## 엇갈린 평가, 혁명가의 최후는 순교자의 풍모와 거리가 멀었다고?

"토마스 뮌처는 용기를 갖춘 강렬한 성정의 소유자는 아니었다. 그럼에도 그는 식자들의 전유물이다시피 한 이론적 작업에만 만족하는 유형은 아니었다. 그는 오히려 자신이 대중 가운데서 눈에 뜨이는 인물이기를 원했다. 시대는 바야흐로 선동가와 광신자를 갈구하고 있었고, 그는 이러한 시대적 흐름을 거역하지 않았다. ……

그러나 뮌처는 마르틴 루터처럼 자신이 가진 모든 것을 자신의 신념을 위해 바치는 듯한 열정으로 자신을 포장하지 못했다. 바이마르에서 있었던 이단 신문과정에서 그는 시종 벌벌 떨고 있었다. ……뮌처의 성격적 특성을 의지박약으로 표현할 수는 있을지언정 그가 용렬한 인간이었다고 단언해서는 안된다. 그는 행동가로서는 부적절한 인성으로 태

토마스 뮌처(1489?~1525).

어났음에도 불구하고 시대가 그에게 그것까지를 요구했고, 그 자신이 그것을 거부하지 못한 것이 문제였다. 그는 프라하, 알스테트 그리고 쯔비카우에서 안개와 야음을 틈타 구명도생하기에 급급한 초라한 필부의 모습을 보여주었다. 최후의 순간에도 그는 순교자의 풍모와는 거리가 멀었다. 어떻게 하면 살아남을 것인가가 그의 목적인 듯한 언행으로 일관했고, 죄수로서 갇혀 있는 동안에는 그 자신이 그토록 비난했었던 가톨릭의 전례를 수용하기도 했다."

이상은 오토 브란트가 쓴 뮌처의 전기의 한 부분이다.

### 공산주의자에게 미친 영향력은 혁명적 행동력이다

탁월한 공산주의 이론가 칼 카우츠키는 그러나 다음과 같이 뮌처를 평가한다.

"뮌처는 민중들의 의식 속에 반란이념으로서의 공산주의, 그리고 이단사상으로서의 공산주의와 동의어로서 연상되어왔으며 그것은 오늘날에도 유효하다. 그러나 우리는 뮌처에게서 어떤 새로운 사고의 틀을 발견하는 데는 실패했다. ……뮌처가 공산주의자들에게 영향을 미치는 것은 그의 철학이나 조직능력이 아니라 혁명적 행동력이다"

평가가 엇갈리기는 하나 그의 삶이 혁명가로서의 그것이었다는 데는 이론의 여지가 없는 듯하다.

애당초 혁명가로서의 기본적 인성마저 갖추지 못했던 뮌처가 당대의 역사발전과정에서 어떻게 혁명가로 변모해갔는가 하는 것이 나의 관심사이다.

발전단계의 구분은 소위 '소유권'의 변화에 따르는 것이 일반적이다. 특히 근세 이전의 경우, 사회적 생산의 기본조건이었던 토지의 소유권을 둘러싼 생산관계가 사회관계의 핵심이었다. 생산이 가능한 토지는 항상 모자랐다. 그래서 가진 자와 가지지 못한 자는 대립적으로 존재할 수밖에 없었으며, 그것이 신분이 되었고 사회구조가 되었다. 오늘날에도 사회주의 사상가들에게는 생산관계와 사회관계는 동의어다.

역사가 고대에서 중세로 이행하면서 어떤 계기에 의해 소유권의 변화가 도래했는지에 대해서는 사실 명백한 대답이 없다. 그저 교과서는 우리에게 그것이 생산력의 변화였다고 가르치고 있을 따름이며, 생산력의 변화에 뒤이어 고대적 정치질서가 붕괴된 것이라고 우리는 그냥 믿고 있다. 변화된 생산력에 기초한 새로운 생산관계가 곧 중세적 질서라는 역사이해법을 대체할 새로운 인식 틀도 사실은 없다.

중세사회를 연구대상이나 얘깃거리로 삼는 경우 제일 먼저 짚고 넘어가야 할 것이 "누가 자유인이었으며, 누가 자유인이 아니었느냐?"는

사냥에 나선 영주가 힘들여 농사를 짓고 있는 농민은 안중에도 없다는 듯한 태도를 보여주고 있다. 15·16세기 상황을 묘사한 그림.

질문이다. 말을 바꾸면, 사회구조 분석이 제일 쉽지 않은 역사단계가 바로 중세라는 뜻이다.

간단하게 다음과 같이 정리하는 경우도 있다. "노동력을 제공할 의무를 진 자는 예속된 자이며, 영주에게 지대지불의 의무를 진 자는 자유인이다"라고. 이것은 영주가 지대지불의 의무를 진 자들에게 생활이나 농업경영의 영역에까지 간섭하지는 않았다는 인식에 기초한 구분법이다.

달리 표현하면, "본인의 의지와는 상관없는" 노동을 해야 하는 자들만이 인신人身의 자유가 없는 집단이었다는 설명이다. 그러나 이런 구분법이 중세사회를 이해하는 기본 틀로서 공인되기에는 반증자료가 너무 많은 것이 현실이다.

### 글쎄, 누가 자유인이냐고?

13세기에 영국에서 '인신 자유'에 관한 법적 기준이 마련되었다. 그 내용은 "자신의 토지를 소유한 자는 자유인이며, 타인의 토지에서 영농하는 자는 자유인이 아니다"로 되어 있다.

독일의 경우에는 카로링 왕조(7~9세기) 이후부터 지대지불의 의무를 진 자들은 자유인인 것으로 인정하고 있다. 지대를 일종의 '빚'으로 인식하고 있었던 듯하며, 비록 영주에 대한 경제적 예속이 당시 사회의 실제였더라도 법적으로는 자유인의 지위가 보장되었던 듯하다.

적어도 12, 13세기까지는 그것이 지켜졌다. 그러나 13, 14세기에 접어들면서는 경작면적과는 상관없이 사람의 숫자에 따라 세금이 부과되는 '인두세'가 일반화되었고, 자유인 신분의 마을주민들의 공동소유로 인정되어왔던 초지나, 하천의 물고기, 땔나무 등에 관한 영주의 권리가 강화되어갔다.

절대적 빈곤여부와는 상관없이 가지고 있던 것을 상실했을 때의 박탈감은 크게 마련이고, 원인이 인구증가든 아니면 거듭된 흉년이든 간에 먹을 것이 모자라면 모자랄수록 가진 자와 가지지 못한 자들의 격차는 커지는 것이 일반적이다.


**'가난하다'는 사법적으로 '힘이 없다'는 뜻이다** | 농민들은 자신들을 '가난한 자'라고 불렀다. '가난하다'는 것은 '부유하다'는 말의 반대말이 아니다. 입법, 행정, 사법적으로 '힘이 없다'는 뜻이다.

우리는 흔히 '나는 일개 노동자에 불과하다'거나 '일개 월급쟁이에 불과하다'는 얘기를 듣기도 하고, 하기도 한다. 그렇게 말하는 사람이 실제로 번듯한 집을 가졌고, 근사한 차도 있고, 잔고가 제법 투실한 예금통장을 비장해두었어도 이런 어법은 통용된다. 스스로가 '힘이 없다'고 느끼는 경우에는 경제력과 상관없이 '나는 가난하다'라는 정서를 갖게 된다.

마르크스는 "인간의 인간에 대한 지배는 물질을 통해서 관철된다"고 했고, '생산수단의 소유여부'를 그 판단의 시금석으로 제시했다. 독일의 사회학자 랄프 다렌도르프는 마르크스를 비틀어서 '지배적 지위의 확보여부'로 대체했다. 한사람은 바탕을 주목했고, 한사람은 피상을 보았다. 한사람은 총체적 사회를 말했고, 한사람은 정치를 운위했다. 어쨌거나 두 사람 모두 '가난'의 본질을 언급한 것만큼은 사실이다.

'가난한 자'들은 자신들을 대변해줄 사람을 찾았다. 뮌처가 역사의 전면에 등장할 수 있는 조건은 그렇게 갖추어졌다.


## 약자를 대변하기 위해 태어난 '토마스 뮌처'

토마스 뮌처의 생일은 정확하게 알려져 있지 않다. 1488년 아니면 1489년 12월 20일 혹은 21일이 그의 탄생일이다. 출생지는 오늘날 휴양지로 각광받고 있는 독일 중부지역의 하르쯔 근처에 있는 스톨베르크다. 그는 그곳에서 초등학교의 저학년 기간을 보냈다. 상급반은 크베들린부르크에서 다녔다. 그의 부모는 부유한 축에 속했다.

1506년 10월 16일, 그는 '크베들린부르크의 토마스 뮌처'라는 이름으로 라이프찌히 대학에 등록했다. 그는 얼마 되지는 않으나 할버슈타트 시의회에서 지급하는 생활보조금, 즉 일종의 장학금으로 학업을 꾸려나갔다. 그 장학금은 1520년 그의 어머니가 그에게 적지 않은 유산을 남기고 사망할 때까지 계속 지급되었다.

그가 당시로서는 결코 값이 싸지 않았던, 당시의 생필품 가격에 비하면 엄청난 사치품이었던 책을 한꺼번에 75권씩이나 구입한 적도 있다는 기록이 있는 것을 보면 그가 청년기에 경제적 궁핍을 겪지는 않았던 모양이다.

## 마르틴 루터가 성직을 권하다

쯔비카우에서 목회하고 있던 에그라누스 목사가 휴직을 했을 때 마르틴 루터는 젊은 신학도 뮌처를 그 자리에 추천했다. 쯔비카우는 프란체스코 수도회 소속의 구걸승들이 정신적인 지도층을 형성하고 있었으며, 주민의 다수가 수공업 노동자들이었다. 그들을 대상으로 1520년 5월 17일, 뮌처는 자신의 첫번째 설교를 행했다.

뮌처의 등장에 사람들은 긴장하고 있었다. 그의 첫번째 설교를 일종의 사건으로 받아들이는 분위기였다. 설교가 행해질 마리엔 교회에는 시의원 전원과 그 지역의 귀족들 대부분이 참석했다. 그리고 천명에 가까운 학생들이 수학하고 있던 라틴어학교의 교사들과 인근의 그리

뮌처가 태어난 하르쯔 근교의 스톨베르크 마을의 현재 모습.

스어학교의 교사들도 자리하고 있었다.

뮌처는 쯔비카우 주민들의 기대와 호기심을 저버리지 않았다. 그의 첫번째 설교는 프란체스코 수도회의 구걸승들에 대한 공개적 선전포고였다.

프란체스코 수도회는 대단히 흥분했다. 뮌처와 수십년 동안 쯔비카우의 정신적 지도자였던 티브르티우스 신부와의 갈등은 공공연한 것이 되었다. 마침내 쯔비카우 지역을 관장하고 있던 나움부르크 교구의 주교는 시의회에 분쟁을 조기에 수습하라는 경고장을 보냈다.


### 혁명적인 첫번째 설교로 시의원들을 매료시키다

그러나 시의원의 대부분은 이 젊고 모험적인 목사를 좋아했다. 특히 시장이었던 스튈러는 죽을 때까지 뮌처의 가장 유력한 후원자 중의 하나였다. 시장의 영향력 덕분에 시의회는 뮌처와 프란체스코 수도회 간의 날이 갈수록 격렬해지는 싸움에서 항상 뮌처의 편에 섰다.

뮌처의 첫번째 설교가 있은 지 4주일이 지나지 않아 시의회는 나움부르크 주교에게 공개사과 서신을 보내야 할 만큼 상황은 악화되었다. 시의회는 뮌처를 보호하기 위해 모든 수단과 방법을 동원했으며, 양측을 화해시키기 위해 갖은 노력을 아끼지 않았다. 그러나 그해 7월에 이르러 프란체스코 수도회는 뮌처를 이단으로 몰아 고발했다.

8월말에 선제후가 구성한 조사위원회가 개입하면서 싸움은 소강상태로 접어들었다. 교회의 일과 세속의 일이 명백히 구분되지 않았던 시대였고, 천년 묵은 가톨릭으로부터 독립해서 홀로 설 수 있는 개혁 교회의 독자적 질서도 확립되지 않은 상태였다.

## 가는 곳마다 분쟁과 소요가 끊이지 않았다

어쨌거나, 선제후가 개입해서 일궈놓은 화해분위기는 뮌처의 입장에서는 불만족스러울 수밖에 없었다. 그해 9월, 시장 스튈러는 마르틴 루터의 친구이자 프리드리히 왕의 참모였던 스팔라틴에게 개혁파의 목사들이 자유롭게 목회할 수 있도록 제도적인 보장을 해줄 것을 요구하는 서신을 보내기도 했다.

뮌처 자신도 싸움이 한창이었던 7월에 루터에게 지원을 요청하는 편지를 보낸 바 있었다. 사실 싸움의 내용은 중요치 않았다. 오히려 뮌처가 가는 곳마다 분쟁과 소요가 끊이지 않는다는 그 사실이 동시대인들의 관심의 핵이었다.

당시의 광부를 묘사한 그림.

그와중에 휴직했던 에그라누스가 복직의사를 밝혔다. 자리를 잃게 된 뮌처는 쯔비카우를 떠날 작정을 하고 있었다. 그러나 시장 스튈러가 관계개선에 힘을 써서 10월부터 뮌처는 쯔비카우의 카타리네 교회에서 목회를 하게 되었다. 이 교회 신도의 대다수는 직조공들이었으며 그들은 쯔비카우 지역주민의 최하층을 형성하고 있었다. 그들 집단은 교회에서의 공개적 신앙생활 이외에 종교적 비밀결사를 따로 결성하고 있었다.

## 뮌처, 비밀결사를 이끈 스토르히에게 매료되다

그들의 비밀결사를 이끄는 인물이 있었다. 니콜라우스 스토르히는 한때는 부유했다가 몰락한 직조공장주의 아들로서 성경에 관한 한 대단한 지식을 가진 자였으며, 탁월한 언변을 지니고 있었다. 그는 급진적인 후스교도들과도 교유한 적이 있었으며, 꿈속에서 천사가 자신에게 종말이 가까웠음을 예언했다고 주장하고 있었다.

뮌처는 스토르히에게 매료되었다. 그가 성경을 완전히 꿰뚫고 있으며, 꿈속에서든 환영으로든 신을 대면한 예언자들의 기록을 거의 대부분 독파했다는 사실 때문이었다.

뮌처와 스토르히는 서로가 서로를 부추겨갔다. 둘은 일종의 황홀경의 상태에 빠져 격렬하게 토론하는 일이 잦았고, 머리를 맞대고 극단적인 계획을 도모하곤 했다.

오래지 않아 뮌처는 공개적인 목회뿐만 아니라 그들의 비밀결사까지를 실질적으로 이끌게 되었다. 그 과정에서 뮌처가 자신만의 고유한 교리의 기초를 다진 것으로 보는 것이 옳을 것 같다. 그것이 훗날 자신과 자신의 정신적 스승이었던 루터와의 영원한 결별을 의미한다는 것을 그가 그 당시에 인지했는지 않았는지에 대해서는 분명한 기록이 없다.

### 성신이 자신에게 강림했음을 공언하다

그의 가르침의 핵심은 "진정한 믿음은 신의 직접적인 계시에 의해서만 얻어질 수 있다"는 것이었다. 그 어떤 학문도, 그 어떤 성서에 대한 지식도, 그리고 직업적인 성직자의 상투적인 인도도 필요치 않다는 뜻이었다.

10여 년 전에 열반에 드신 우리 땅의 어떤 큰 스님도 비슷한 말씀을 하셨다. "달을 가리키면 달을 봐야지 손가락 끝은 와 보노?"라고. 불가에서 '불립문자'라는 말이 수행자들에게 주어지는 지침으로 일반화되어 있는 것은 주지의 사실이다.

어쨌거나, 뮌처는 설교단에 서서 신과 직접 교통할 수 있는 성신이 자신에게 강림했다고 공언하곤 했던 모양이다.

10월에 에그라누스가 복직하자마자 그와 뮌처 간의 갈등이 표출되었다. 기독교를 휴머니즘으로 이해했던 에그라누스는 전형적인 학문적 인간이었다. 그런 인간형은 신앙생활에 도움이 되지 않는다고 뮌처

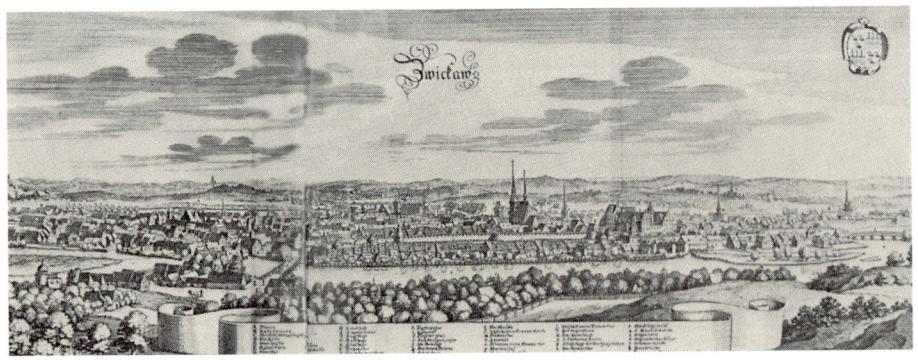

뮌처가 목회하면서 소요를 일으켰던 1520년 무렵의 쯔비카우.

는 이미 공언하지 않았던가!

개혁파의 본산이었던 비텐베르크에서는 뮌처의 활동에 대해 정확히 알고 있지 못했다. 직조공들의 비밀결사에서의 그의 언동은 더더구나 모르고 있었다. 개혁파의 지도자들은 그저 쯔비카우에서 개혁파 성직자간의 알력이 있다는 사실 자체가 걱정스러울 따름이었다.

## 그 어떤 경고나 충고도 들리지 않았다

1520년 11월에 뮌처의 옛 친구인 요한 아그리콜라가 비텐베르크의 개혁파 지도자들의 의사를 대변하는 일종의 경고서신을 보냈다. 에그라누스를 공개적으로 비난하지 말라는 것이 그 내용이었다. 뮌처는 그 경고를 무시했다. 설교단이나 공개석상에서 그는 오히려 이전보다 강화된 강도로 에그라누스를 몰아붙였다. 그와 동시에 시의회에서는 뮌처의 반대파가 형성되어갔다. 그들이 뮌처에 반하는 조직적인 행동을 보여주지는 않았으나 그의 집에 협박장이 배달되거나 한밤중에 돌이 날아드는 일이 잦아졌다.

그러나 싸움은 에그라누스의 항복으로 끝이 났다. 이듬해 2월에 그는 자신이 쯔비카우를 떠나겠다는 내용의 편지를 뮌처에게 보냈다. 시의회는 두 개혁파 성직자간의 반목을 해소하기 위해 중재에 나섰다. 시의회는 화해의 모임을 마련하고, 둘에게 초대장을 보냈으나 양측이 모두 불참함으로써 시의회의 시도는 실패하고 말았다.

시의회가 에그라누스의 자리에 다른 목사를 불러들이기로 결정하자 뮌처의 흥분은 극에 달했다. 그는 이제 가톨릭 성직자들뿐만 아니라 개혁파의 성직자들, 그리고 시의회의 주요 구성원이었던 그 지역의 토착귀족들까지를 공격의 대상으로 삼았다.

루터도 몇번인가 그에게 편지를 보냈다. 평화롭게 지내라는 충고와 에그라누스가 인격적으로 훌륭한 사람이라는 루터 자신의 평가가 그 내용이었다. 옛 친구 아그리콜라도 다시금 아주 심각한 어투의 경고편지를 보냈다. 그는 그 편지에서 자신의 판단으로는 뮌처가 성직을 다른 사람을 비난하는 수단으로 악용하고 있다고 했다. 그리고 적개심을 거두고, 복음을 전파하는 데 전념하는 것이 좋겠다고 했다.

그러나 그 어떤 경고나 충고도 뮌처에게는 들리지 않았다.

3월에 이르러 시의회는 가톨릭이든 개혁파든 성직자가 소요를 조장해서는 안된다는 요지의 결의문을 채택하기도 했다. 그러나 이미 자신을 예언자의 위치에 올려놓고 있었던 뮌처에게는 시의회의 결의 따위는 안중에도 없었다. 그는 자신의 말을 그리스도의 그것과 동일시하고 있었다.

4월에 뮌처의 든든한 후견인이었던 시장 스튈러가 사망했다. 이제 시의회는 뮌처의 반대파가 다수가 되었다. 스튈러가 죽은 지 2주일 만에 야음을 틈타 뮌처는 쯔비카우를 포기하고 달아났다. 그날은 루터가 보름스에서 신에 대한 자신의 믿음이 변함없음을 황제와 제국 앞에서 맹세하여 수천 군중들로부터 환영을 받은 바로 그날이었다.

자쯔를 경유해서 뮌처는 프라하에 도착했다. 그는 그곳에서 통역을 빌어 체코인들에게 자신의 교리를 전파했다. 그는 자신의 가르침을 세 마디로 요약했다. '영주에 대한 적개심, 성직자에 대한 적개심, 그리고 교회개혁'이 그것이었다. 그것이 그 자신의 종교관의 핵심이었다. 그는 루터라는 이름을 입에 올리지는 않았으나 루터의 교리를 공공연히 반박했고, 진정한 믿음은 '선발된 자들의 교회'에서 얻어질 수 있다고 선언했다.

**그가 움직이는 곳에 경찰이 따라붙었다** | 뮌처의 공개적 선동이 혹세무민이라고 판단한 프라하정부가 개입하게 되었다. 그가 움직이는 곳에는 반드시 경찰이 따라붙었다.

그는 프라하를 떠나 튀링겐으로 옮겼다. 그곳에는 오랜 친구이자 뮌처의 신봉자이기도 했던 미하엘 간스라는 사람이 살고 있었다. 뮌처는 그곳에도 오래 머물 수가 없었다. 그는 친구에게 자신의 교리를 대충대충 기록한 문건 등을 맡겨놓고 다시 방랑길에 나섰다.

교회의 기존관행에 대한 공격적이고 선동적인 그의 언동 탓에 어디 한곳에 느긋하게 정착할 수도 없는 상황이었다. 그러나 그 와중에서도 그는 니콜라우스 스토르히와의 연락을 끊지 않았고 그를 통해 쯔비카우의 사정을 훤히 알고 있었던 듯하다.

그 무렵, 그가 에그라누스의 후임으로 마리엔 교회를 맡은 하우스만에게 보낸 편지가 기록으로 남아 있다.

"내가 들은 바에 의하면 당신은 민중들의 의사는 무시한 채 시의회, 귀족무리, 그리고 다른 성직자들에게만 잘 보이려고 애쓴다면서……."

## 요하네스 교회의 임시목사로 부임하다

1523년 부활절에 방랑을 끝낼 계기가 그에게 주어졌다. 튀링겐지역의 소도시 알스테트의 시의회가 뮌처를 그 지역에 있는 요하네스 교회의 임시목사로 초빙했다.

뮌처는 알스테트 시의회의 제안을 기꺼이 받아들였다. 무엇보다도 알스테트와 멀지 않은 만스펠트지역에 광산이 있다는 사실이 그의 관심을 끌었기 때문이었다. 그는 광부집단이 혁명적인 시대적 흐름을 선도할 수 있는 계층이라는 생각을 확고히 하고 있었던 듯하다. 그들 최하층민이 자신의 교리가 확산되기에 용이한 집단이라는 인식도 이미 갖고 있었을 것이다.

그는 알스테트에 도착하자마자 그 자신의 '지상의 천국' 교리를 전파하는 데에 전념했다. 그는 그 작은 도시에서 몸을 일으켜 장차 기독교세계 전체를 개혁할 꿈을 꾸고 있었다.

그는 유아세례를 부정했다.

비텐베르크, 개혁파 교회의 본산이었던 도시.

"오랫동안 우리 가난하고 불쌍한 인간들은 아이에게 물을 뒤집어씌우면서 그것이 무슨 대단한 축복이라도 되는 듯한 환상을 가져왔다."

그는 아이들에게 기본적인 교육을 시킨 다음에, 예

닐곱살쯤이나 세례를 행하는 것이 옳다고 했다. 그리고 나면 성인이 된 이후의 재세례는 필요치 않다는 것이 그의 지론이었다.


## 그는 성서와 성가를 독일말로 번역하여 미사를 집전했다 | 그러나

가장 근본적인 혁신은 미사를 독일말로 집전한 것이었다. 그는 성서와 성가 모두를 독일말로 번역하여 예배를 행했다.

마르틴 루터의 업적 중 가장 중요한 것으로 성서번역을 꼽을 수 있다. 성서가 라틴어로 기록되어 있었던 탓에 해독능력이 없는 일반 신도들은 오로지 성직자의 주해에 의지할 수밖에 없었던 것이 당시 실정이었다. 성직자들도 성경 전체를 모두 읽어보지도 못한 상태에서 사제 서품을 받는 경우가 일반적이었다.

뮌처는 어땠는지 몰라도 루터는 자신이 사제가 될 때까지 성경 전체를 완전히 읽어보지 못했노라고 고백한 기록은 있다. 그런 이유로 루터가 성서번역에 심혈을 기울였을 것으로 봐도 무방하지 싶다.

어쨌거나, 뮌처는 당시 막 출판되었던 루터의 번역판 신약성서를 활용했던 듯하다. 그러나 시편만큼은 자신이 직접 번역하여 사용했다. "사용된 낱말들의 본래의 의미에 충실하기 위해서"였다. 루터의 번역이 못미더웠던 모양이다.

설교의 내용보다는 독일말을 사용한다는 사실 자체가 큰 반향을 불러일으켰다. 오래지 않아 인근 교회의 성직자들이 뮌처의 영향권 내로 들어왔다. 그리고 시의회와 시행정부 내에서도 그의 지지자가 늘어갔다.

## 뮌처의 설교는 기성교회의 관행을 겨냥한 '공격적 구호'였다 | 프라

하에서 체코인들을 위해 자신의 교리를 세 단어로 요약하여 제시한 것을 제외하고, 뮌처는 자신의 가르침을 체계적으로 정리한 적이 없다. 프라하에서의 그것 역시도 엄밀히 얘기하자면 교리라기보다는 성직자와 기성교회, 그리고 기성교회의 관행을 겨냥한 공격적 구호였다고 보는 것이 옳을 것이다.

뮌처가 1524년경에 행한 설교내용이 단 하나의 기록으로 남아있는 모양이다. 그 자신이 평소에 복음서보다는 예언서에 더 많은 가치를 부여했었음에도 불구하고 그 설교에서는 복음서를 많이 인용했다고 하나, 이 글에서 소개하지 못하는 것이 아쉬움으로 남는다.

뮌처는 자신의 교리를 정제된 이론으로보다는 다양한 비유의 형태로 전달했다. 그래서 그의 언어는 항상 격정적이었고, 청중으로 하여금 숨이 막히는 듯한 흥분상태를 경험토록 했다.

가톨릭에서 말하는 성소나 루터가 얘기하는 성서에 대한 믿음을 통하는 것이 인간이 신 앞에서 떳떳할 수 있는 방법은 아니라는 것이 그의 설교의 핵심을 이루곤 했다.

## 선발된 자들과 세상을 바꾸고자 했다 | 교회 자체를 부정한 것은 아

니었다. 아무런 근거나 이유도 없이 수천년 혹은 수백년을 관행으로 이어져온 성소나 믿음에 대한 맹목적인 추종이나 강요를 불식시켜야 한다는 것이 그의 주장이었다. 그는 '선발된 자들'의 교회를 일으켜 세우고자 했다. 그들 선발된 자들에게 복음을 전파하겠다는 것이 그의 목적은 아니었다. 그들 선발된 자들과 더불어 세상을 바꾸고자 하는 것이 그의 꿈이었다.

'선발된 자'들은 과연 누구였던가?

그는 알스테트에서 '동맹'을 결성했다. 공동묘지에서 있었던 첫번째 회합에는 약 30명이 모였다. 그들은 복음에 충실하겠다는 맹세를 했다. 시청사 지하식당에서 있었던 두번째 모임에는 낯선 얼굴들이 대거 동참했다. 그들은 인근 광산지역의 광부들이었다. 약 5백명의 인원이 모였다. 동맹구성원들의 명부가 작성되었다.

그러나 그들 검정과정을 거치지 않은 무리 속에는 신의 직접적인 계

수확과 동시에 갖다 바쳐야 하는 농민층의 실상을 묘사한 그림.

시를 유일한 신앙으로 받아들이고자 결심한 자들과 그저 뮌처의 격정적인 설교에 관한 소문을 듣고, 호기심으로 찾아온 자들이 대책 없이 뒤섞여 있었다.

### 스승과의 결별을 준비하다

기존 관행을 벗어난 뮌처의 목회, 그리고 그가 시도하는 교회의 개혁을 지지하고 추종하는 무리들이 늘어나고 있다는 소식이 비텐베르크에 전해졌다.

루터는 뮌처와 쯔비카우에 있는 뮌처의 사상적 동지들로 인해 개혁교회 내의 갈등이 재발되어서는 안된다는 생각을 갖고 있었다.

1523년 초 여름에 루터는 뮌처에게 편지를 보냈다. 루터는 쯔비카우에서 소요가 있어서는 안된다는 경고에 덧붙여서 뮌처가 전파하고 있는 새로운 교리의 주요내용을 자기에게 상세히 적어 보낼 것을 요청했다. 뮌처는 곧바로 답장을 보냈다. 그러나 문투만 정중했을 뿐 루터가 원했던 대답은 들어 있지 않았다.

뮌처는 인근 지역의 토착 귀족들을 공격하기 시작했다.

그 무렵쯤에는 이미 뮌처가 루터와의 결별을 결심하고 있었다고 보는 것이 옳을 것이다. 그는 루터대신 칼슈타트라는 이름의 인물에게 접근했다. 그는 루터의 한계에 실망하여 그와 결별한 뒤 독자적으로 교회개혁 시도를 하고 있던 자였다. 그를 '동맹'의 성원으로 얻고자 하는 것이 뮌처의 의도였다.

## 때론 과시하기 위해 인근귀족을 성토하다 | 알스테트의 교회에 신

도가 몰리고, 설교에 대한 호응도가 높아가면서 뮌처는 대중에게 미치
는 자신의 영향력을 과신하기 시작했고, 또 일을 벌였다. 쯔비카우에
서 그랬듯이 그는 알스테트와 인근지역의 토착귀족들을 공격하기 시
작했다.

만스펠트지역의 실질적인 주인이었던 에른스트 폰만스펠트 백작은
황제의 위임을 받는 절차를 거친 후, 그 지역 내의 교회개혁을 금지시
키고, 자신의 영지 내에서 생활하는 자들이 인근 알스테트의 교회를
다니지 못하도록 조치했다.

화가 난 뮌처는 백작을 격렬히 비난하면서, 백작이 다른 성직자들을
데리고 와서 자신이 전파하는 교리의 어느 부분이 성서에 어긋나는지
를 증명하라고 공개적으로 제의했다.

백작은 성주, 즉 성의 행정관이었던 차이스와 시의회에 뮌처를 체포
할 것을 요구했다. 차이스와 시의회는 그러나 뮌처의 편이었다. 그들
은 백작이 선제후의 허락을 받아와야 뮌처를 체포하겠노라고 했다. 백
작은 선제후에게 상황을 설명했고, 선제후는 몇해 전에 쯔비카우에서
문제를 일으켰던 바로 그 인물이 지금은 알스테트에서 목회를 하고 있
다는 사실을 그때 처음으로 알게 되었다. 선제후는 뮌처의 활동에 관
한 상세한 보고서를 제출할 것을 시의회와 성주 차이스에게 요구했다.

## 자신의 뜻을 거역하면 혁명이 일어날 거라고 경고

어려운 상황에 직면한 뮌처는 백작에게 편지를 썼다. 백작이 계속해서 자신이 목회하는 교회에 광부들이 다니지 못하도록 방해한다면 공개적으로 한바탕 싸움을 벌일 수밖에 없다고 했다.

10월에 들어 뮌처는 선제후에게도 편지를 썼다. 정중하나 할 말은 다한 그런 편지였다. 자신은 신의 뜻을 거역하는 자는 그가 누구든지 간에 관용할 수 없다는 것이 그 주된 내용이었다. 자신이 이해하는 신의 뜻이, 신의 본래의 뜻에 가장 가까울 것이라는 자신감도 피력했다. 그는 그간에 전개되었던 자신과 백작과의 갈등을 상세히 기록한 다음 상황이 호전되지 않으면 혁명이 일어나게 될 것이라는 자신의 견해, 즉 경고도 빠뜨리지 않았다.

농민전쟁 과정에서 농민군은 수많은 수도원과 성채를 파괴하고 불살랐으나 인명 살상을 자제했었다. 단 한번의 예외가 있었으니 그것은 바인스베르크에서 있었던 전투였다. 그림은 '바인스베르크 전투'를 묘사한 것이다.

선제후는 차이스와 시의회에 뮌처로부터 그가 전파하고 있는 교리에 대한 해명서를 받을 것, 그리고 향후 타인을 비방하지 않겠다는 서약서를 받을 것을 지시했다.

뮌처는 시키는 대로 했다. 그러나 그는 그 서약과는 무관하게 선동을 계속했고, 자신이 선제후에게 협박한 대로 혁명이 일어날 것이라는 확신을 갖고 있었다. 무엇보다도 그는 성주 차이스가 자신의 편이라는 사실에 고무되어 있었다.

차이스는 이미 여름에 비텐베르크에서 루터를 만난 적이 있었다. 루터는 차이스에게 뮌처를 조심하라는 충고를 했다. 그는 뮌처가 7월에 자신에게 보낸 편지를 인용하면서, "그는 편지에서 이제까지 내가 해왔던 일들을 칭찬하고 있고, 나를 존경하는 듯한 언사를 쓰고는 있으나…… 그러나 그는 어떤 엄청난 일을 도모하고 있는 것이 틀림없다."고 했다. 뮌처의 예언자적 처신과 정신상태가 오래지 않아 문제를 일으킬 것이 분명하므로 가능한 한 그를 멀리하라고 했다. 10월에는 선제후 역시 루터가 했던 충고와 비슷한 내용의 지시를 차이스에게 내렸다. 그러나 차이스는 뮌처에게서 멀어지지 않았다.

비텐베르크의 개혁교회 지도자들은 공개청문회를 준비하고 뮌처를 불렀다. 그러나 그는 그 초청에 응하지 않았다. 그는 몇몇 성직자를 대상으로 한 교리 설명에는 관심이 없었다. 세상을 상대로 설교하는 것이 그의 입맛에 맞았다.

1524년 초에 그는 진정한 기독교 신앙과 세례에 대한 자신의 견해를 밝히는 글을 발표하기도 했다. 이 글에서 그는 앞서 언급한 바 있는 유아세례에 대한 자신의 반대의견을 밝혔다. 유아세례는 성서에도 그 근거가 없는 것으로서 '기독교인들은 어리석은 집단으로 만드는 출발점'이라는 것이 그의 주장이었다.

그리고 직접 루터를 거명하지는 않았으나 뮌처는 이 글에서 루터의 교리의 많은 부분을 반박하고 있었다.

### 루터의 종교관을 노골적으로 비판하다 │

이 글에 뒤이은 두번째 논문에서 뮌처는 보다 노골적으로 루터의 종교관을 비난했다. 그러나 여전히 그의 이름은 입에 올리지 않은 채로였다. 그는 몇편의 논문을 추가로 발표했다. 그것들은 주로 독일의 교회행정, 루터파 개혁교회의 미사방식 등에 대한 비난이었다.

자신의 논문이 인쇄되지 못하도록 루터가 방해했다고 뮌처가 주장한 적도 있는 모양이나 그 진위여부는 확인되지 않았다.

그러나 루터가 급진적인 교회개혁을 반대한 것은 분명한 사실인 만큼 뮌처의 주장이 전혀 근거 없지는 않을 것이라는 추측은 가능할 것

농민군이 뮐하우젠 성에 진입한 상황을 묘사한 그림.

같다. 칼슈타트라는 인물이 루터를 등진 것도 루터가 가진 종교개혁가로서의 한계 때문이었다는 얘기는 이미 한 바 있다. 그는 1523년에 올라뮌데에서 목회를 시작했던 자로서 곧바로 뮌처의 밀교를 수용했다. 그러나 뮌처의 논문에 대해 루터는 아직 공식적인 반응을 보이지는 않고 있었다.

공개된 장에서의 교리를 둘러싼 설왕설래 이외에 뮌처가 이끌고 있었던 비밀동맹에 대해서는 비텐베르크측도 선제후측도 전혀 모르고 있었다.

뮌처가 환영이나 꿈 따위에 관심이 많았다는 정도는 알려져 있었다. 뮌처가 꿈 잘 꾸는 노인 하나와 아이 하나를 늘 주변에 두고 있었으며, 그들이 꾼 꿈의 내용을 들어두었다가 설교의 소재로 삼는다는 소문이 비텐베르크에 돌고 있었다. 누군가가 성서를 인용할라치면 "변죽을 울리지 말고, 신과 직접 대화하라."고 뮌처가 비난하곤 한다는 소문도 덧붙여졌다. 뮌처의 추종자들은 자신들과 무신론자들을 구분하기 위해 그 징표로서 머리와 수염을 길게 기른다고 했다.

### '이단 신문'의 불똥을 막아준 차이스

뮌처가 알스테트에 독자적인 인쇄소를 운영하고 있다는 것이 알려지자 선제후는 격분했다. 그는 인쇄소의 폐쇄를 명했고, 사전검열 없이는 그 어떤 문건도 인쇄될 수 없다는 지시를 하달했다. 뮌처는 선제후의 명령을 선선히 받아들였다. 그러나 그것을 실질적으로 지킬 생각은 추호도 없었다. 그는 그 지시가 있은 지 얼마 되지 않은 시점에 선제후와 요한 공작을 대상으로 설교를 하게 되었다. 설교내용은 며칠 뒤에 곧 바로 인쇄되었다. 선제후는 격분했다. 성주 차이스는 파국이 다가오고 있다는 것을 감지했다.

차이스는 뮌처의 설교내용이 담긴 인쇄물을 황급히 루터의 친구이자 황제의 참모였던 스팔라틴에게 보냈다. 가능한 한 빨리 뮌처를 불러 신문절차를 거쳐줄 것을 바라는 내용의 편지가 동봉되었다. 그대로 두었다가는 인쇄 금지명령을 어긴 탓에 '선제후 모독죄'로 처벌받을 것을 염려해서였다.

차이스는 이제 뮌처가 자신이 혼자지기에는 너무 무거운 짐이라는 것을 깨닫고 있었다. 그리고나서 그는 바이마르로 달려가 선제후와 같이 설교를 들었던, 비교적 뮌처에게 호의적이었던 요한 공작에게 보내는 뮌처의 편지를 전달했다. 그 편지는 뮌처가 알스테트에서 전개된 상황을 해명하는 내용이었다. 차이스는 뮌처가 더 큰 어려움을 겪지 않도록, 말하자면 '면피용 청문회'를 열게 해달라는 부탁을 덧붙였다. 8월에 뮌처와 차이스, 그리고 두 명의 시의원은 바이마르로 초치되었다.

### 계속된 뮌처의 공격에 루터가 문제해결에 나서다

청문회에 참석하기 이전에 선제후는 루터가 보낸 편지를 이미 읽었을 수도 있다. 사실 루터는 이제까지 공개적으로 뮌처를 비난하지는 않고 있었다. 그러나 스팔라틴을 통해 입수한 뮌처의 설교문에 폭력에 대한 노골적인 선동이 내용으로 포함되어 있다고 판단한 루터는 이제 자기가 나서야 할 때라는 판단을 했던 듯하다. 7월말에 그는 유력인사들에게 뮌처의 선동적 이념을 경고하는 편지를 보냈다.

그러나 루터는 뮌처의 이념을 대상으로 한 싸움에 국가권력을 개입시킬 의사는 없었다. 그는 스스로가 그 일을 주도해야 한다고 판단했고, 그리고 자신에게 그런 일 정도는 쉽게 해결할 수 있는 능력이 있다고 확신했다.

뮌처가 있었으므로 해서 당시 사회에서 개혁교회의 착근이 오히려 쉬워졌다는 얘기는 이미 한 바 있다. 뮌처와 관련된 문제를 해결하는 데에 루터가 앞장섬으로써, 그리고 성공함으로써 루터의 위상은 강화될 수 있었고, 오늘날 우리가 개신교라고 부르는 개혁교회가 가톨릭과 공존할 수 있는 역사적 계기가 만들어졌다고 보는 것이 옳을 것이다.

루터는 그 편지에서 뮌처의 사상은 언어에 머물지 않고, 실질적인 소요사태를 조장할 것이라고 진단했다. 뮌처가 오래지 않아서 수도원을 파괴하거나 불사르는 행위를 하게 될 것이라는 경고도 포함되어 있었다.


**청문회, '위축된 뮌처의 진술'은 감동을 주지 못하다** | 바이마르에서 있었던 청문회에서 뮌처는 당당하게 처신하지 못했다. 자신의 선동적 행동이나 혁명계획을 스스로 자복하지 않은 것은 다행이라 치더라도 그는 시종 위축되어 자신의 종교관을 제대로 피력하지조차 못했다.

그는 자신이 제후들을 비난한 사실이 없다고 했고, 겁에 질렸는지 어쨌는지는 몰라도 알스테트의 비밀동맹의 존재를 인정하기까지 했다.

그러나 그것은 신도들이 복음에 보다 가까이 갈 수 있도록 하기 위한 조처였다고 변명했다. 그 모임은 가난하고 배우지 못한 신도들이 성직자에게 보다 솔직하게 자신들의 고민거리를 상담할 수 있는 그런 성격의 순수한 종교적 모임이라 했다.

뮌처의 진술은 그러나 신문관들에게 만족을 주지도 감동을 주지도 못했다. 선제후가 구성한 조사단의 책임하에 현지에서 계속 조사를 받으라는 조건하에 청문회는 종결되었다. 조사가 종료될 때까지 근신하라는 처분이 내려졌다. 알스테트에서는 차이스와 시의회에 의해 동맹이 해산되었고, 인쇄소는 폐쇄되었다.

겁에 질린 뮌처는 청문회가 있은 지 일주일 만에 작별의 인사도 없이 성벽을 넘어 달아났다. 예언자가 곤경에 처한 자신들을 버리고 혼자 달아났다는 것을 알게 된 알스테트 주민들은 자신들이 농락당했다고 생각했다. 뮌처를 추종했던 인근 교회의 성직자들도 이제 뮌처의 교리와 결별을 선언했다. 차이스는 안도의 한숨을 쉬었다.


### 싸움닭을 겨냥해 '양을 쓴 늑대'라고 비난하는 '루터'

며칠 뒤 뮌처는 뮐하우젠에 모습을 드러내었다. 그는 그 지역의 수공업노동자들과 성 바깥에 살고 있는 하층민들을 겨냥하고 있었다. 알스테트에서의 실패의 기억이 채 가시지도 않은 시점이었으나 뮌처는 또다시 일을 벌였다.

조그만 시골동네였던 알스테트에 비해 약 5천명의 주민을 가진 도시 뮐하우젠이 그의 교리가 전파되기에 보다 나은 공간이라는 생각을 갖고 있었던 듯하다. 그는 포교를 시작했고, 알스테트에서 행했던 것과 같은 혁신적인 방법으로 예배를 인도했다.

이 무렵, 루터는 튀링겐에 있었다. 그는 칼슈타트를 비롯한 뮌처의 추종자들과 싸우고 있었다. 뮌처가 뮐하우젠에 둥지를 틀었다는 소식이 전해졌다. 그는 뮐하우젠의 시의회에 편지를 보냈다. 뮌처는 '양의 가죽을 쓴 늑대'이며, 그가 쯔비카우와 알스테트에서처럼 뮐하우젠에서도 분란을 일으킬 것이라는 것이 그 내용이었다.

뮌처 역시 뮐하우젠에서 루터의 교리를 비난하는 데 열을 올리고 있었다. 특히 세속의 권력에 순응할 것을 요구한 루터의 교리 문답서는 논박의 주대상이었다.

뮌처는 뮐하우젠에 도착한 직후부터 알스테트에서 결성했던 동맹과 같은 형태의 비밀결사를 조직했던 것으로 보인다. 알스테트에서 그와 일했던 인쇄기술자도 뮐하우젠으로 왔다. 이들 문건의 많은 부분에서 뮌처가 플라톤의 국가론을 인용했다고하나 권력구조에 대한 명백한 언급은 없었던 것 같다. 그러나 스스로 일하지 않고, 민중들에 기생하는 귀족들까지를 사회의 구성원으로 용인하는 형태의 사회를 꿈꾸지 않은 것은 분명할 것이다.

오래지 않아 뮐하우젠과 그 인근지역에서는 뮌처가 나타나는 곳은 그곳이 어디든 싸움과 소요가 그치

칼 슈타트(1480~1541). 뮌처의 열렬한 지지자였다.

지 않았다. 성당이 습격당하고, 뮐하우젠 인근의 작은 마을에서는 공공연히 방화가 저질러졌다. 시의회는 소요를 진압하기 위해 병력파견 문제를 논의하였고, 뮌처의 추종자들은 집결했다. 일촉즉발의 위기상황이었다. 그러나 시의회는 상황이 드라마틱하게 전개되는 것을 원치 않았고, 뮌처의 추종자들도 전쟁은 원치 않았다. 대신 추방령이 떨어졌고, 뮌처의 추종자들은 뉘른베르크로 향했다.

### 정신적 스승과 제자가 정면대결하다

뉘른베르크에 들어가는 데까지는 방해받지 않았으나 그곳에서 뮌처가 공개적 활동을 할 수는 없는 상황이었다. 그는 그곳에서 루터의 교리를 공박하는 문건을 전파시켰다. 루터는 이제 뮌처의 공격에 정면으로 대응하는 것이 자신의 책무라고 믿었다. 정신적 스승과 제자 간의 교리논쟁, 이념논쟁은 점입가경이었다.

당시 제국의 수도였던 뉘른베르크는 독일땅의 그 어떤 도시들보다도 질서가 잡힌 도시였다. 시행정부는 뮐하우젠에서 온 선동가를 주시하고 있었다. 관헌들은 뮌처의 추종자들이 뿌리는 문건들을 수집, 검토한 결과 그것들이 문제를 일으킬 소지가 있다고 판단했다. 시시각각 다가오는 체포의 위험성을 인식한 뮌처는 뉘른베르크를 떠났다.

뮌처가 뉘른베르크에 머문 기간은 얼마 되지 않는다. 그러나 그가 그곳에서 어쩔 수 없는 행동의 제약 때문에 내키지는 않았으나 차선으로 택했던, 문건을 통한 루터와의 교리논쟁이 결과적으로는 개혁교회 내의 급진주의자들에게 뮌처 자신의 존재를 부각시키는, 전혀 예상치 않았던 소득을 얻게 해주었다.

### 농민봉기, 반란군의 깃발이 도처에 펄럭이다

그 무렵, 즉 1524년 10월경 독일 서남부에서는 자연발생적인 농민소요가 빈발하고 있었다. 가난한 농민들을 상징하는 '얼룩신'이 그려진 반란군의 깃발이 도처에서 펄럭이고 있었다. 뮌처가 소요지역이었던 슈바벤지방으로 간 것은 사실인 모양이나 그 무렵의 뮌처의 행적은 정확하게 추적되지 않고 있다. 어디 한곳에 당분간만이라도 짐을 풀지 않았던 탓일 것이다.

한동안 종적이 묘연했던 뮌처는 바젤에서 모습을 드러냈고, 그곳에서 외코람파디우스를 만났다. 그는 뮌처처럼 독일말로 미사를 집전하고 있었던 자로서 루터의 미온적인 개혁에 불만을 품고 있었다. 뮌처가 마음먹기에 따라서는 외코람파디우스가 터를 닦아놓은 그곳에 정착할 수도 있었을 것이다. 그러나 그는 그 평화로운 도시를 떠났다. 그는 그 자신이 불을 지필 수 있는 갈등이 잠재해 있는 도시를 원했다.

헤가우스지역에서 국지적인 소요를 일으키고 있던 농민들이 그와 결합했다. 소요는 크레트가우, 보덴제 지역으로까지 전파되었다. 발스후트에서도 조직적인 농민봉기가 준비되고 있었다. 사회경제적인 불만과 종교적인 요구가 봉기의 이유였다. 이 움직임은 대단한 웅변가인 발타자 후브마이어라는 이름의 목사가 이끌고 있었다. 그는 바젤의 외코람파디우스와 친구였다.

봉기조짐을 감지한 오스트리아 정부가 몇번씩이나 경고를 했음에도 불구하고 발스후트의 주민들은 후브마이어를 저버리지 않았다. 그들은 오히려 신사협정을 통해 자신들의 사회경제적 요구조건이 받아들여질 수 있는 방법을 모색하고 있었다. 뮌처는 발스후트에서 멀지 않은 크레트가우에 농민봉기의 본부를 구축하고 있었다.

### '신이 내린 천부의 권리'를 돌려달라!

겨울이 깊어가면서 농민봉기가 활기를 띠기 시작했다. 평생을 땅과 더불어 살아온 농민들은 농사철에는 농토를 떠나지 못한다. 죽자 사자 일해 봤자 늘 그 모양이지만 제철에는 혹시나 하는 기대로 열심히 농사짓는 것이 농민이다. 그래서 대부분의 농민전쟁은 농한기에 일어나게 마련이다. 독일의 경우도 예외는 아니었다.

확산되어가던 농민봉기는 이제 행동을 선도하는 구호를 갖추었다. 그것은 '신이 내린 천부의 권리'를 돌려달라는, 당시 사회로서는 감당할 수 없는 혁명적인 것이었다. 구호를 만든 뮌처가 서서히 봉기를 선도하는 지위로 부상하고 있었다.

뮌처의 봉기본부에 사람이 모여들기 시작했다. 온 세상에서 모여든 온갖 잡색의 사람들이었으되 그들

'얼룩덜룩한 신발'은 16세기 농민들의 상징이었다. 그들은 농민전쟁시 자신들의 깃발에 신발을 그려 넣었다.

의 대부분은 해당지역에서 종교적 비밀결사 등을 통해 새로운 흐름에 익숙해져 있는 자들이었다.

그들 최하층민들 사이에서 돋보이는 두 명의 제대로 교육받은 젊은 이가 있었다. 콘라드 그레벨과 펠릭스 만은 둘 다 오늘날은 스위스에 속하는 취리히 출신이었다. 그레벨은 귀족의 혈통이었으며, 이들이 뮌처에 합류한 것은 뮌처를 통해 초기 기독교 공동체의 복원이 가능하다고 믿었기 때문이었다. 사도행전에 기록된 그대로의 교회, 즉 사적 소유도 없고, 관청도 없고, 그리고 공권력도 없는 그런 공동체를 복원하는 것이 그들의 꿈이었다.

그들 역시 성서에서 그 근거를 찾을 수 없는 유아세례를 부정했다. 그들은 뮌처와 칼슈타트가 발표한 개혁적 문건들을 보고 감화를 받은 터였다. 그러나 그들은 오래지 않아 뮌처와 갈라섰다. 뮌처는 화해 없는 싸움만을 선동하고 있었고, 그것은 이들 광신도들조차도 따르기 힘든 성질의 것이었기 때문이었다. 슈바벤지역의 농민들도 시들해졌다. 뮌처는 그래도 한때는 자신의 뜻을 펼칠 수 있었던 튀링겐이나 뮐하우젠을 염두에 두고 슈바벤을 떠났다.

**농민전쟁, 뮌처는 평화의 움직임을 차단하다** | 1525년 2월 중순경
뮌처는 뮐하우젠에 도착했다. 그러나 시의회는 그를 제지할 힘이 없었다. 그는 다시 목회할 수 있게 되었다. 선동과 소요가 다시 도시를 휩쓸었다.

그 무렵, 남쪽에서는 협상을 통한 화해의 분위기가 깨어지고, 무장봉기가 기정사실이 되어가고 있었다. 혁명의 물결이 서서히 북상하고 있었다. 독일 전역이 '얼룩신' 깃발로 덮여가고 있었다.

뤼링겐에서도 농민들이 봉기했다. 4월 24일에는 잘쭝어, 며칠 뒤에는 아이젠아흐, 그리고 랑겐잘짜 지역의 농민들이 봉기했다. 4월 27일 뮐하우젠 인근의 볼켄로다 수도원이 약탈당하고 불탔다. 수도원 도서관에 소장되어 있던 책들은 모두 소각되었다. 뮌처는 전국적 봉기 상황을 자신이 장악해야 한다고 생각했다. 그러나 그의 생각과는 달리 국지적인 소요들은 전국적인 규모로, 조직적으로 집결되지는 못했다. 그는 평화로운 방법을 선호하는 자들에 의한 협상의 움직임을 차단하고자 했다.

농민전쟁(1524~25)을 묘사한 그림.

볼켄로다 수도원이 불탄 지 며칠 뒤 슈트로하임의 성과 수도원도 같은 운명에 처해졌다.

프랑켄하우젠의 농민들이 영주에 항거하여 봉기했다는 소식이 뮌처에게 전해졌고, 뒤이어 뮌처의 지원을 요청하는 그곳 농민들의 의사가 전달되었다.

4월 29일 뮌처는 소규모의 반란군을 이끌고 동쪽으로 향했다. 도중에 몇몇 성과 수도원이 약탈당했

고 파괴되었다. 남쪽으로부터도 일단의 농민반란군이 '얼룩신' 깃발을
앞세우고 북상하고 있었다.


### 루터교의 영주들에게 무력진압은 유일한 자구책

5월 5일 프리드
리히 대왕이 죽었다. 왕위를 물려받은 그의 동생 요한은 농민반란을
무력으로 진압하는 데에 반대했다. 그러나 가톨릭이나 루터교의 영향
하에 있었던 반란지역의 영주들에게는 사활이 걸린 문제였다. 무력진
압은 그들에게 있어서는 유일한 자구책이었다.

그들은 자체적으로 병력을 징발하고, 무장을 강화했다. 북상하고 있
는 남쪽지방의 농민군들과 북쪽의 농민군들이 한곳에서 결집하게 해
서는 안된다는 것이 해당지역 영주들의 판단이었다. 그들의 판단은 옳
았다. 반란군이 대규모화하고 단일한 지휘체계에 의해 조직적으로 통
제되기 시작하면 상황은 걷잡을 수 없이 전개될 것이었다. 튀링겐 삼
림지역에 견고한 차단망이 구축되었다.


### 난 '기드온의 칼을 든 토마스 뮌처'라네

그 무렵 뮌처는 구약성서
에 등장하는 기드온과 자신을 동일시하고 있었다. 그는 서류에 서명할
때도 '기드온의 칼을 든 토마스 뮌처'라는 이름을 썼다. 프랑켄하우젠
의 농민군을 지원하러가면서도 그는 기드온을 본떠서 300명의 병력과
8대의 수레를 동원했다.

뮌처의 사상을 신봉하던 자들은 라이덴 출신의 안 보켈손을 지도자로 하여 1534년, 뮌스터를 점령하고 '재세례국가'를 세웠다.

헤센지방의 영주였던 필립은 1천 명의 기병, 그리고 2,500명의 보병을 이끌고, 농민반란군 진압에 나섰다. 뮌처의 지원을 기다리고 있던 반란농민들은 약 8,000명에 달했으나 그들은 군대가 아니었다. 그들은 진압군과 제대로 싸움 한번 못해보고, 이리저리 피해다니면서 전전긍긍하고 있었다.

뮌처가 우려했던 상황이 전개되고 있었다. 조직되지 못한 프랑켄하우젠의 반란농민들은 영주의 회유와 협박에 겁을 먹고, 협상을 통한 사태해결을 모색하고 있었다. 뮌처가 개입했다. 그는 반란지역의 우두머리들을 불러 모아 타협 없이 싸울 것을 종용하는 한편 해당지역의 영주들에게 입에 담지 못할 욕설로 가득 찬 편지를 보내어 그들을 자극했다. 뮌처의 의도대로 그들은 흥분했고, 영주들의 군사적 움직임은 활발해졌다. 역설적으로 반란농민들은 더 큰 어려움에 봉착했다.

### '5천구의 농민군'의 시체에 비해 '진압군의 사망자'는 6명

영주가 보낸 진압군은 농민들이 가지지 못한 대포를 가지고 있었다. 봉기 이래로 숫자에 있어서는 항상 반란농민들이 우위에 있었다. 그러나 군사적 지도자도 없고, 무장도 제대로 갖추어지지 않은 상태에서의 숫자는 별의미가 없었다. 농민들은 다시 협상에 기대를 걸었다. 그들은 영주에게 편지를 보내 평화적인 사태해결을 바라는 자신들의 의사를 전달했다. 영주들이 응답했다. 농민들이 항복하고, 그리고 뮌처와 그를 추종하는 광신자 무리들을 넘겨준다면 선처하겠노라는 내용이었다.

농민들은 조건을 완화시키고자 애썼다. 뮌처를 넘겨줄 수는 없다는 것이 그들의 생각이었다. 영주들은 요지부동이었다. 뮌처는 다시 수천 명의 농민들을 가망 없는 싸움으로 내몰았다.

농민군 진영의 한복판에 포탄이 떨어졌다. 그건 싸움이 아니었다. 일방적인 학살이었다. 농민들은 저항할 엄두조차 낼 수 없었다. 농민들은 뿔뿔이 흩어져서 프랑켄하우젠의 삼림지역으로 달아났다. 그 뒤를 기병들이 추격했다. 그들은 눈에 보이는 것은 무조건 쑤시고 베었다. 도시가 불타올랐다. 다음날 약 5천구의 농민군 시체가 매장되었다. 진압군측 사망자는 고작 6명이었다.


**최후, 나는 '모두가 잘사는 세상'의 길을 열고자 했다!** | 뮌처는 전장에서 죽지 않았다. 그는 포탄이 떨어지고, 농민군들이 우왕좌왕할 때에 어떤 집으로 숨어들어 침대 밑에 숨어 있다가 발각되었다. 에른스트 폰 만스펠트 백작이 그를 인수했다. 그는 알스테트에서부터 뮌처와 견원지간이었던, 그리고 바로 며칠 전 뮌처로부터 입에 담지 못할 욕설이 내용의 전부였던 편지를 받았던 바로 그 자였다.

뮌처는 수레에 실려 헬드룽겐 섬으로 압송되었다. 그는 그곳에서 신문을 받았다. 혹독한 고문이 가해졌다.

고문에 의해 참혹한 모습으로 일그러진 뮌처가 말했다. 자신은 '모두가 잘사는 세상', 그리고 '누구든 필요한 만큼 얻을 수 있는 세상'의 길을 열고자 했노라고.

그의 추종자들은 말했다.

"그는 '모든 재화는 공동의 소유여야 한다'고 우리에게 가르쳤다."

그들이 신봉했던 것은 다름 아닌 공산주의였으며, 그것은 초기 기독교공동체의 복원에 대한 염원에 그 뿌리를 두고 있었다. 그것이 그들의 집단행동의 목표였었고, 뮌처가 민중들을 선동한 수단이었다.

1525년 5월 27일, 사형장으로 향하는 뮌처와 그의 동지들.

## 뮌처는 마르크스의 '공산주의적 영감'의 고향

뮌처의 1525년 5월 27일 처형되었다.

그는 갔으되 그의 사상은 죽지 않고 확산되어갔다. 가깝게는 그의 사후 약 10년 뒤에 독일 중북부 뮌스터지역을 잠시나마 점령하여 재화의 사적소유를 인정치 않는 '재세례국가'를 세우기도 했던 얀 보켈손에게, 그리고 멀리는 칼 마르크스와 레닌에게로까지.

뮌처는 마르크스와 많은 부분에서 닮았다. 지배계급에 대한 철저한 증오, 기존 질서에 대한 급진적인 처방, 그리고 피지배계급에 대한 연민…….

아니 정확하게 얘기하자면 마르크스가 자신보다 약 300년을 앞서 살았던 뮌처를 닮았던 것이다. 뮌처는 마르크스의 공산주의적 영감의 고향이었다.

어머니는 마르크스와 헤어지기를 원했다

# 청년 프리드리히 엥겔스

'외톨이' 기질이 강했던 마르크스와는 달리 그는 남매나 다른 친척들과의 관계를 무난히 유지하고 있었다. 그가 아우구스트 베벨에게 보낸 편지에는 자신이 고향에 가지 못하는 이유는 '인사를 해야 할 사람들이 너무 많기 때문'이라는 농담이 포함되어 있다.

Friedrich Engels 1820~1895

## '경제와 철학'은 마르크스, '역사와 정치'는 엥겔스

프리드리히 엥겔스는 칼 마르크스와 함께 '과학적 사회주의', 즉 '공산주의'를 창시한 사람이다. 두 사람 사이에 소위 '전공'별로 역할분담이 체계적으로 있었던 것 같지는 않다. 하지만 아무래도 각자의 관심이 보다 많이 쏠리는 쪽의 이론화 작업에 많은 시간을 할애했을 것으로 보는 것이 자연스럽다면 두 사람이 '공동으로' 만들었다고 알려지고 있는 '과학적 사회주의'라는 큰 틀 속에 포함되어 있는 개별적 이론부문들 중에서 경제와 철학 쪽에는 마르크스의 목소리가, 그리고 역사와 정치 쪽에는 엥겔스의 숨결이 진하게 함유되었을 것으로 봐도 무방할 것이다.

이 글에서 우리의 관심대상이 이론으로서의 과학적 사회주의가 아님은 물론이다. 이 글은 그 누구보다도 먼저 자본주의라는 생산양식하에서의 노동자의 피착취 상황을 목도했고, 그리고 그것이 구조적인 모순이라는 것을 논증한, 그래서 평생을 그런 모순에 기초한 적대구조를 타파하기 위해 싸웠던 한 '양심적인 지식인', 혹은 '혁명가'의 소년시절의 일상을 더듬어보려는 시도이다.

엥겔스는 부유한 공장주의 아들로 태어났다. 어린시절부터 음악과 문학을 배우고, 늘상 성서를 가까이 하며, 항상 맑은 정신으로 세계의 변화와 시대의 흐름을 붙좇는, 그런 교양 있는 가문의 후예였다. 이 사회주의 혁명가가 어린시절을 보낸 곳은 오늘날에도 많은 관광객들의 발길을 이끌고 있다. 그가, 즉 유명한 혁명가가 자랐던 곳이라서도 그렇고, 그리고 그가 가문이나 가족의 보편적인 삶의 방식을 벗어나는 별스런 길을 택하게 된 이유까지도 설명해줄 수 있는 곳이라서일 것이다. 그곳은 독일 중서부에 있는 '부퍼탈'이라는 지명의 도시이다.

### 헉, 금으로 만든 가구라…

부퍼탈은 벨기에 쪽의 구릉지에 닿아 있는 숲이 많은 산업도시이며, 교역량 역시 많아 독일의 주요한 상업도시 중의 하나이기도 하다. 상주 인구수로 봤을 때는 독일이 통일되기 이전의 서독에서 스무번째 가는 도시였다. 수백년을 그곳에서 살아온 엥겔스 가문과 프리드리히 엥겔스라는 혁명가의 흔적은 거리나 시가지의 도로의 이름들로 남아 있다. 모르긴 해도 엥겔스라는 성을 가진 많은 사람들이 오늘날에도 그곳에 분명히 살고 있을 것이다.

도시 동쪽의 바르멘지역의 엥겔스-가 10번지에 있는 엥겔스의 아버

프리드리히 엥겔스(1820~1895)는 과학적 사회주의의 아버지다. 부유한 가정에서 성장했으면서도 소위 '출신'을 뛰어넘어 혁명적 사회주의 사상의 전파자가 되었다. 마르크스와의 만남은 운명이었다고밖에 달리 표현할 방법이 없을 것이며, 마르크스와 함께 1847년 『공산당선언』을 집필함으로써 인류역사를 바꾸었다. 특히 마르크스 사후 그와 자신의 이론을 정리하여 과학적 사회주의의 틀을 완성한 것은 전적으로 엥겔스의 공로이다.

지의 생가를 방문하는 사람들은 모두 깜짝 놀란다. 평생을 노동자를 위해서 싸웠던 엥겔스에게는 어울리지 않는 건물 내장의 호화로움 때문이다.

예를 들면 벽에 걸린 조명기구는 모두 금으로 만들어진 것이다. 그리고 벽을 장식하고 있는 대형 그림들은 대부분이 소위 '진품'이다. 오늘날 박물관으로 개조되어 엥겔스 가문뿐만 아니라 그 도시출신의 이런저런 유명한 사람들과 관련된 자료들을 전시하고 있는 그 건물은 프리드리히 엥겔스의 증조부 때에 지은 건물이며, 그의 증조부는 재력과 교양을 겸비한, 그리고 낭만주의에 경도된 이른바 잘나가는 '근대시

이곳에서 1820년 엥겔스가 태어났다. 그가 유복한 환경에서 성장했던 이곳에는 지금 기념비만 남아 있다. 이 집이 제2차 세계대전중에 폭격으로 소실된 탓이다.

민'이었던 모양이다.

프리드리히 엥겔스가 태어난 곳은 그 건물의 맞은편에 있는 다른 건물이었다. 그가 태어나기 몇달 전에 그의 아버지와 어머니가 할아버지로부터 '분가'해나왔다고 한다. 그가 태어난 곳의 환경 역시 '본가'에 버금가는 수준이었다고 하나 제2차 세계대전중의 폭격에 의해 소실되었다. 생가가 있었던 곳이 오늘날 '프리드리히-엥겔스-가'로 불리는 동네가 시작되는 곳이다. 그곳에는 1958년에 세워진 기념비도 있다.

### 어린시절, 음악교육의 영향이 그를 따라다녔다

그가 자라던 무렵, 지금의 '엥겔스-로' 양편에서 마주보고 있던 엥겔스가의 '큰집'과 '작은집'에서는 고전적이고 낭만적인 음악들이 끊이지 않았다. 프리드리히의 아버지 프리드리히(부자가 이름이 같았다)는 파곳과 첼로를 상당한 수준으로 연주할 수 있었고, 여덟이나 되었던 자녀들 역시 각자가 선호하는 악기의 연주연습을 게을리 하지 않았다고 한다.

프리드리히 엥겔스가 우리에게 남겨놓은 많은 서신들에는 음악과 관련된 얘기가 더러 등장한다. 어린시절의 음악교육의 영향이 그의 전생애를 따라다녔다는 것은 부인할 수 없는 사실이다.

그의 증조부인 요한 카스파 엥겔스는 등짐장사로부터 시작해서 가업을 일으킨 사람이었다. 그는 세 명의 아들들에게 당시로서는 초현대식 직물공장을 유산으로 남겼다. 그의 조부인 요한 카스파 엥겔스는 생산공장과 더불어 이탈리아산의 비단을 갖다 파는 일종의 무역회사까지 설립하여 집안의 재력을 키웠다. 이 집안은 부자가 같은 이름을 쓰는 것이 가풍인 듯하다. 증조부와 조부의 이름도 같다. 이런 경우 보통 1세, 2세로 표기하거나 시니어, 주니어로 구분하기는 하지만 아무래도 불편하지 싶다. 어쨌거나…….

프리드리히 엥겔스가 다른 사람도 아닌 자신의 부친과 조부를 바로 자신이 마르크스와 함께 만든 '비판이론'의 대상으로 삼아야만 했을 이유는 찾기 힘들다. 할아버지와 아버지와의 개인적인 관계도 무난했고, 게다가 엥겔스 가문의 '자본가'들은 '아주 인격적인' 사람들이었다. 그의 조부는 도시의 빈민들을 돕는 데에 앞장섰고, 노동자들의 주택을 지어주고, 그리고 노동자 자녀들을 위한 학교를 설립하는 등, 소위 '자선사업'으로 널리 알려진 사람이었다.

엥겔스의 아버지가 사재를 털어 건립한 바르멘 교회. 그림은 1840년작.

당시 공장들의 노동조건은 열악하기 짝이 없었다. 그러나 단 한 군데, 즉 엥겔스(그의 조부)의 공장만은 예외였다. 그는 공장 안에 노동자들을 위한 '후생복지시설'을 마련하는 데 돈을 아끼지 않았다. 경건하고 독실한 기독교도였던 요한 카스파 엥겔스는 말하자면 당시로서는 세상을 거슬러 사는 별종이었던 셈이다.

그는 루터파를 비롯하여 다양하게 분산되어 있던 개신교도들을 하나로 묶어 도시 전체를 종교적 단일 공동체로 만드는 작업에 골몰했다. 그가 68세를 일기로 세상을 떠났을 때 사인은 교회의 일로 인한 과로였다.

프리드리히 엥겔스는 이미 18세에 자신이 살고 있는 곳의 사회적 상황에 관한 글을 발표했다. 제목은 『부퍼탈에서 온 편지』였으며 《베를리너 텔레그라프》라는 이름의 잡지에 두 번으로 나뉘어 게재되었다.

그 글에는 '계곡에서 가장 아름다운 건물, 비잔틴 양식으로 잘 가꾸어진 곳'이 '지저분한 길, 초라한 옷차림의 사람들' 등과 대비되어 등장한다. 물론 자신이 살고 있는 환경과 당시 대다수의 노동자들이 겪는 상황에 대한 명백한 괴리를 인지하고, 그렇게 표현한 것이다. 그러나 그는 가족과 충돌하지는 않았다.

**왕에 대한 인식차이에서 '부자간의 갈등' 시작되다** | 그 무렵 그의
아버지는 교회를 건축하는 일에 골몰하고 있었다. 소위 '프로이센 기독교 근본주의자'로서의 아버지 프리드리히는 프로이센의 왕의 가장 충

실한 신민이기도 했다. 그러나 아들 프리드리히에게는 프로이센의 왕들은 구시대의 유물로 비쳐질 따름이었다. 이 부분, 즉 왕에 대한 기본적인 인식에서부터 부자간의 갈등이 시작된 듯하다.

　어쨌든 이 주제는 아들이 베를린에서 군대생활을 마치고 돌아올 때까지는 논쟁거리로 드러나지는 않았다. 아버지나 아들이 각자 다른 대상들과 주고받은 편지들에는 이 주제와 관련된 부자간의 견해차가 현격했다는 것을 알려주는 부분들이 적지 않으나 부자간에 직접 이 주제로 인한 논쟁은 서로가 자제했었는지 어쨌는지는 몰라도 그리 첨예하게 　표출되지는 않았던 모양이다. 아들 프리드리히에게 있어서 아버지 프리드리히는 가장 확실한 '돈줄'이라는 사실 때문에 아들이 이 문제를 의도적으로 피해갔을 수도 있다.

　엥겔스는 마르크스와 주고받은 편지에서 자신의 아버지를 '영감'으로 호칭하고 있다. 어떤 부분에서는 흥분한 마르크스가 엥겔스의 아버지를 이 글에서 그대로 옮기기에 민망할 정도의 표현을 사용하여 욕하기도 했다는 것이 확인되기도 하나, 엥겔스는 자신의 아버지라서도 그랬겠지만 금전적인 후원자로서의 효용성 때문에라도 직접적인 충돌은 애써 피해갔던 듯하다.

프리드리히 엥겔스 '시니어' (1796~1860)는 혁명적 사상에 경도된 아들을 전혀 이해하지 못했으나, 알게 모르게 아들의 혁명적 활동의 가장 중요한 재정적 후원자였다.

　사실 우리 사회처럼 형식적인 효행을 강조하는 사회도 드물다. 어른 앞에서 자신의 생각을 감추라는 교육을 받은 바 없는 대다수의 서양인들은 이런 유의 인식의 차이라면 부자간에도 양보하지 않는 것이 일반적일 것으로 생각된다.

아들 엥겔스는 '효'때문이 아니라 '계산'이 있어서였다는 말이다. 엥겔스는 냉정하게 이 주제가 그저 단순히 '왕에 관한 인식'의 차이에서 끝나는 것이 아니라 아버지와 자신 간의 서로 다른 세계관을 명백하게 구분하는 가장 알기 쉬운 경계라는 것을 인지하고 있었을 것이다.

민망하지만 옮긴다. 마르크스는 '개돼지'라는 표현을 사용했다. 자본가 계급에 대한 증오 탓이라고 하더라도 우리의 기준으로 본다면 좀 지나치다는 느낌을 누구라도 갖게 될 것 같다. 어찌됐던 친구의 아버지 아닌가.

프리드리히 엥겔스와 자신의 가족 간의 '20년 전쟁'에서 중립을 견지했던 사람은 그의 어머니였다. 그래서 어머니는 아들을 완전히 잃지는 않았다. 1849년 그가 엘버펠트 혁명에 연루되어 도망자의 신세가 되었을 때에 어머니는 아들에게 도피자금을 쥐어주었다. 아버지가 모르도록 하라는 당부도 곁들여졌음은 물론이다. 그녀는 그해 12월 2일 자신의 맏아들이 무사히 런던으로 도피했다는 소식을 듣는다. 그녀를 제외한 다른 가족들은 프리드리히가 미국으로 도피한 것으로만 알고 있었다.

어머니는 아들의 친구 마르크스가 아주 못마땅했던 모양이다. 아들이 런던에서 그와 같이 있다는 소식을 듣고, 그것을 비난한 내용의 편지가 있다. '그 친구와 계속 어울리면 종전의 비극적인 경험을 계속 반복하게 될 것'이라는 충고도 들어 있다.

결과로 보면 다른 것은 몰라도 마르크스와의 관계에 대한 엥겔스 어머니의 판단은 틀리지 않았다. 그 편지에서 어머니는 프리드리히가 택한 길을 가족들이 용납하지 않을 것이라는 얘기와 어머니 자신도 더이상은 도와줄 수 없노라는 얘기를 하고 있다. 그러나 자식을 이기는 부모가 없다고 했던가? 어머니는 평생 동안 프리드리히의 가장 확실한 후원자였다.

동서양을 막론하고 어머니의 정서나 가족 내의 갈등상황에서의 어머니의 역할에는 분명히 어떤 일반성이 있다. '신의 손이 너를 떠나지 않도록 두 손 모아 기도하라'는 어머니의 충고에는 철저한 무신론자인 엥겔스도 반발하지 않았다.


**마르크스를 만나지 않았어야 했다** | 프리드리히 엥겔스는 성격적으로 어머니를 많이 닮았다. 그녀는 논란이 되는 문제들에서 자신의 의사를 분명히 밝히는 유형이었으며, 특히 당시의 이런저런 전근대적인 사회적 관행에도 비교적 비판적인 입장을 취하는 편이었다.

아버지 프리드리히나 가까이 지내던 성직자들이 '무신론자 프리드리히 엥겔스'를 공개적으로 거론하지 못했던 것도 어머니가 가족 내에서 일종의 방패막이로서 확실한 위치와 공간을 확보하고 있었기 때문이었다.

그녀는 자신의 아들이 써내는 글들을 제대로 '평가'하려고 노력하기도 했다. 아들의 글이므로 판단 자체를 유보한 것이 아니었다. 그녀는

모스크바의 '마르크스-엥겔스 박물관'에 걸려 있던 『공산당선언』이 완성될 무렵의 두 사람을 묘사해놓은 그림.

죽기 직전에 다음과 같은 말을 남겼다. '아들이 마르크스를 만나지 않았어야 했다'는 것이 골자다.

"마르크스가 너를 송두리째 지배하고 있구나. 나로서는 도대체 이해할 수가 없구나…… 나는…… 그저 신에게 기원할 수밖에 없구나. 제발 마르크스가 너를 자유롭게 놓아주도록 해달라고…… 너희들은 미망에 빠져 있어. 인간이 죄악으로부터 완전히 자유로운 날이 이 세상에서는 실현되지 못할 것이 당연하듯이 너희들이 말하는 그 '체제' 역시, 그것이 너희들의 말 그대로 그렇게 좋은 것이고, 그렇게 완전한 것이라면 결코 이 세상에서는 이루어지지 않을 것이야."

1871년에 쓰여진 이 편지는 네덜란드 암스테르담의 사회사 자료보관소에서 발견된 것으로서 구소련에서 엥겔스 연구의 주요자료로 활용되기도 했던 기록이다.

**인간관계를 소중히 생각했던 엥겔스** 엥겔스는 인간관계를 그저 맺기만 하는 것이 아니라 개별적인 관계들을 바탕으로 뭔가 새로운 것을 만들어가는 능력을 갖고 있었다. 마르크스와 그와의 만남으로 '과학적 사회주의'가 생성 가능했던 것이 그 대표적인 예라고 할 수 있다. 마르크스 사후에 엥겔스가 이끌고 확산시킨 국제공산주의 운동의 발전 역시 그의 이러한 능력이 있고서야 가능했던 일이다. 그건 '외톨이' 기질이 강했던 마르크스와는 전혀 다른 성격적인 특징이다. 앞서 잠시 언급했던 1849년의 사건 이후에도 그는 남매나 다른 친척들과의 관계를 무난히 유지하고 있었다.

그가 아우구스트 베벨에게 보낸 편지에는 자신이 고향에 가지 못하는 이유는 '인사를 해야 할 사람들이 너무 많기 때문'이라는 농담이 포함되어 있다. 비록 농담이긴 하지만 그가 얼마나 인간관계를 소중히 생각하고 있었는가 하는 작은 증거일 수는 있으리라는 것이 나의 생각이다.

많은 이들에게 잘 알려져 있듯 아우구스트 베벨이라는 이름 역시 19세기의 대표적인 혁명가의 반열에 올라 있다. 여성해방론을 얘기하자면 제일 먼저 떠오르는 이름 중의 하나다. "정치적으로 결별할지라도 인간적으로는 과거의 친분관계를 유지할 수 있어야 한다. 우리 모두가 그렇게 해야만 한다. 나 역시도 철저하게 반동적이고, 종교적으로 경건하기 짝이 없는 내 가족들과의 관계에서 그래야만 할 것 같다."라고 엥겔스는 쓰고 있다.


**그는 가족들을 배려해 가명을 썼다**    |    자신의 부유한 생활상을 노동자들의 그것과 비교하며 비판한 내용이 담긴 『부퍼탈에서 온 편지』가 일반에게 알려지고 나서도 가족들이 '그와 우호적인 관계를 유지할 수

있었을까?'하는 질문에는 간단한 대답이 있다.

　그는 가족들을 배려하는 뜻에서 '프리드리히 오스발트'라는 필명을 썼다. 엥겔스가 이 가명을 더러 썼다는 것이 밝혀진 것은 제1차 세계대전 이후였다. 우연한 기회에 이 가명을 사용한 사람이 엥겔스였다는 것이 밝혀짐으로써 자칫 사장될 뻔했던 1840년대의 엥겔스의 글들이 빛을 보게 되었다. 내용이나 문투 등으로 미루어 엥겔스의 것이 틀림 없다는 것이 전문가들의 판단인 모양이다.

　엥겔스의 펜에서 나온 '작품'들 중에 가장 오래된 것은 그가 이제 막 열세살이 되었을 때에 쓴 한 편의 시다. 그가 외할아버지 베른하르트 판하르에게 헌정한 그 시는 제법 문장의 틀을 갖추고 있으며, 오늘날에도 남아있는 '엥겔스 교회'의 자료보관실에서 가장 소중한 자료의 하나로 손꼽히고 있다. 고등학교의 교장선생님을 역임하기도 했던 그의 외조부는 기회 있을 때마다 외손자에게 이런저런 신화나 설화, 그리고 역사적 인물에 관한 얘기를 즐겨 들려주었다고 한다. 그가 역사와 신화에 남다른 관심을 보인 것도 우연은 아니었다는 얘기다.

　어쩌면 그의 성격이 모친을 닮았

맨체스터에서 부친의 직조공장을 관리하던 무렵의 엥겔스

듯이 그가 자신의 아버지와는 철저히 달리 했던 세계관 역시 부계의 것은 아니었는지 모르겠다. 1913년에 《쾰르니쉐 짜이퉁》은 1809년부터 1818년 사이에 '판 하르'라는 이름으로 기고된 글을 모아 공개한 적이 있다. 그 내용은 당대의 경제적 제반관계를 상당히 비판적으로 다루고 있으며 혼란상황에서의 고아나 과부들의 보호와 생활지원대책 등을 촉구하고 있다. 그 글을 쓴 사람이 바로 프리드리히 엥겔스의 외조부일 것으로 추측되고 있다.


## 고등교육을 받지 않은 엥겔스 '닥치는 대로, 아무거나 읽었다'

알려진 대로 엥겔스는 고등교육을 받지 않았다. 요즘말로 하자면 '청강생'으로 잠시 동안 대학강의를 들은 것이 전부다. 대학을 가는 것이 일반화되지 않은 시절이기는 했으나 돈 많은 집의 아들이 대학을 가지 않은 것은 독일인 특유의 '가업에 대한 애착'과 무관하지 않을 듯싶다.

변호사의 아들로 태어나 변호사가 되기 위해 대학에 진학했던 마르크스 역시 가업을 잇겠다는 독일인 특유의 정서에서 예외는 아니었던 경우다. 알려진 대로 그는 곧바로 '가업 잇기'를 포기하고 말지만.

다시 엥겔스로 돌아가자. 대학에도 가지 않은 그는 넘치는 지적 욕구를 독서로써 채우고 있었다. '닥치는 대로, 아무거나 읽었다'고 보티젤리는 기록하고 있다. 신앙과 이성, 종교와 과학 간의 괴리를 화두로 해서 며칠 밤을 하얗게 밝히기 일쑤였다.

'세기의 이념'을 찾아내기 위한 고뇌의 나날이 계속되었다. 프리드

리히 엥겔스와 가까이 지냈던, 목사의 아들들이었던 그래버 형제에게
보낸 편지에는 당시의 내면적 갈등이 잘 드러나 있다. 그래버 형제는
엥겔스가 '오스발트'라는 가명을 사용한다는 것을 알고 있었다. 그들
은 자신들의 서신교환이 세계사적으로 어떤 의미를 가질 것인지 당시
로는 물론 알 수 없었을 것이고, 그리고 자신들의 편지에 한두 번 언급
된 '오스발트'라는 가명이 수십년 후 '놀라운 발견'으로 세상에 드러나
게 될지는 꿈에도 몰랐을 것이다.

### 첫 만남은 냉랭했지만 서신교환으로 뜨거워지다

어찌됐든 40년대
초의 그래버 형제들과의 서신교환에서 칼 마르크스와의 서신교환으로
엥겔스의 열정이 옮겨가면서 세계사 속에서의 엥겔스의 위치는 확정
되게 된다.

그렇지만 쾰른에서 이루어진 트리어 출신의 혁명가 칼 마르크스와
엥겔스와의 첫번째 만남은 그저 냉랭하기만 했던 모양이다. 미덥지는
못하지만 '첫눈에 서로가 서로를 알아보았다'는 식의 표현을 더러 쓰
지 않는가? 그러나 그 두 사람은 전혀 그렇지 못했던 것 같다. 당시 엥
겔스는 부친이 영국의 자본과 합작해서 설립한 회사에서, 요즘 식으로
표현하자면 '경영수업'을 마무리 짓기 위해 맨체스터로 향하던 중이었
으며, 아직은 삶의 길을 바꿀 생각이 없었던 것이 분명한 상태였다.

2년 뒤에 이뤄진 파리에서의 두번째 만남에서도 그리 많은 얘기가
오고 가지는 않았던 것 같다. 그러므로 두 사람 사이는 서신교환을 매

개로 급격히 가까워졌다고 보는 것이 옳을 듯하다.


## 마르크스와의 교류, 그리고 혁명 |

그리고 그 무렵부터 두 사람의 이론적 작업은 당시의 언론매체에 공개되기 시작한다. 1842년 말에 런던에서 쓴 글에 이미 혁명이 평화적 방법으로는 이행되지 않을 것이라는 인식을 분명히 드러내고 있기도 하다.

오직 폭력적인 변혁만이 이 세계에 존재하는 비자연적인 관계를 타파할 것이며 과거의 귀족과 산업화 이후의 특권층을 근본적으로 폐절시킴으로써 노동자의 물질적인 조건을 향상시킬 수 있다는 것이 그 핵심이다.

후일 논리의 흐름이 좀더 세련되어지고, 용어 역시 달리 다듬어지게 되나 기본적인 발상만큼은 이 무렵의 것이 후일의 이론에 원형 그대로 들어 있다고 해도 무리는 아니지 싶다.

엥겔스는 고향 부퍼탈에서 두 번의 '별난 행동'을 했다. 그 첫번째는 1845년 초에 엘버펠트에서 토론회를 개최한 것이며, 그것은 '독일땅에서 이루어진 역사상 최초의 사회주의자 집회'였다.

1848년에서 1849년 사이, 마르크스와 엥겔스는 당시 전개되고 있던 혁명적 상황에 무장 개입할 의사가 확실히 있었다. 문제는 아직 역량이 부족하다는 것이었다. 당시 쾰른은 이제 막 싹이 돋는 국제공산주의자들의 집결지였다.

그곳에서 멀지 않은 엘버펠트에서의 소요에 직접 개입한 것은 1849

년 5월의 일이었다. 엥겔스의 고향은 혁명의 전파를 원치 않았다. 혁명가 엥겔스에 대한 추방령이 내려졌으며 이곳저곳에서 그를 겨냥한 체포영장이 발부되었다. 도피생활이 시작되었다. 그 이후 40여년의 오랜 세월을 그는 주로 영국에서 보내야만 했다.

공상적 사회주의자의 '구체적' 사회개혁 복안

# 오웬과 푸리에의 '신도시 플랜'

생시몽을 제외한 모든 '공상적 사회주의자'들이 도시계획안이나 건축학적 이론에 관심을 갖고, 구체적 모델을 제시했다. 그들의 건축복안은 전래의 건축학 이론 틀을 벗어나는, 즉 공간표현의 이론에서 공간소유의 문제까지를 포괄하는 것이었다. 그들의 도시계획안에서는 건축학적 공간 미학 대신, 일과 삶의 조화, 노동과 생활의 균제가 중심주제가 된다.

## 초기 산업노동자는 일회적 소모품

19세기 초 인류는 중세 천년을 지배했던 종교적 세계관과 가부장적 관습의 전면적 붕괴와 맞닥뜨렸다. 봉건주의의 몰락은 농노의 육신에 의해 좌우되었던 기존의 농업중심의 생산양식이 기계중심의 자본주의적 생산양식으로 이행하는 역사 발전과정의 산물이었다.

중세적 삶의 체계의 해체는 부르주아지에게는 새로운 세계질서의 정립을 위한 기초가 되었으되, 프롤레타리아에게는 새로운 노예제도로의 귀속을 의미할 따름이다.

대량생산체계, 생산기관의 거대화로 특징지어지는 발전의 방향이 요구했던 것은 엄청난 양의 노동력이었다. 해체된 농민층이, 농토로부터 축출당한 농민들이 도시를 부랑하는 거대한 '산업예비군'군#을 형성하고 있었고, 초기 자본주의를 살찌웠던 전체 산업노동자군은 굶주림과 헐벗음 가운데서 일회적으로 소모되는 소비재였다.

노동자계급의 빈곤상이 바로 이 시기의 도시의 얼굴이었다. 그들은, 말하자면 '시민사회의 모든 악덕의 원인'으로 비난받았다. 사회변혁의 결과로 이들 노동자계급에게 강요된 빈곤이, 그리고 목가적 가족생활의 붕괴가 이들 사회집단으로 하여금 인간적 존엄성마저 스스로 포기토록 만들었던 것이다.

부르주아 사회의 신질서가 노동자계급의 구조적 빈곤이라는 사회문제에 대처했던 처방은 방임 이외에는 달리 없었다. 그리고 이 부르주아 사회를 타파하고 인간주의적 사회를 건설하는 것, 생산관계 속에서 노동자계급의 건강을 해치는 모든 요소를 제거하고, 노예적 노동에서 자율적으로 결정하는, 그리고 이성으로 조직되는 노동으로 이행하는 것 등이 당시의 사회주의적 사상의 핵심주제였다.

이들 초기 사회주의의 대표적 사상가들의 면면은 생시몽, 로버트 오웬, 프랑스의 마리 샤를 푸리에, 그리고 에티엔 까베 등이다. 이들 초기 사회주의자들의 이론에 내재된 한계에도 불구하고 마르크스조차도 이들의 사고가, 즉 이들 '비판적·공상적 사회주의자'들의 사회개혁 복안이 '프롤레타리아의 이해'를 대변하고자 노력했던 것만큼은 인정하고 있다.

로버트 오웬(1711~1858). 그를 '위대한 사상가'로 부른다면 다소 과대평가한 것이고, '사회몽상가'나 '도시계획가'로 간주한다면 과소평가한 것일 것이다. 1823년에 마틸다 헤밍이 그렸다.

### 사회개혁의 '건축'

생시몽을 제외한 모든 '공상적 사회주의자'들이 도시계획안이나 건축학적 이론들에 관심을 가졌고, 그에 관한 구체적 모델들을 제시했다. 그들의 건축복안은 전래의 건축학 이론의 영역을 벗어나는, 즉 공간표현의 이론에서 공간소유의 문제까지를 포괄하는 것이었다.

말을 바꾸면, 그들의 건축복안은 전체 사회에 대한 구체적 사회개혁안이었던 셈이다. 바로 이 점이 도시계획이론가 혹은 건축이론가들과 그들 공상주의자들의 뚜렷한 차이다.

그들의 도시계획안에서는 전래의 건축학적 공간미학은 그리 큰 의미를 갖지 못한다. 대신 일과 삶의 조화, 노동과 생활의 균제가 중심주제가 된다.

뿐만 아니라 사회주의적으로 조화롭게, 공동으로 양육되어야만 하는, 미래사회의 주역인 차세대들의 교육에 관한 배려가 중요한 비중을 차지한다. 그들의 복안은 구조적 불평등이나 제반 사회문제들이 도시공간의 재개발 혹은 개혁을 통해 근본적으로 해결될 수 있다는 사고를 바탕으로 하고 있다.

여기서는 초기 사회주의자들 중에서 영국의 오웬과 프랑스의 푸리에를 주로 다룬다. 원형 그대로 현실화된 적은 없으나 그들의 사회개혁안 중의 도시계획적 혹은 건축학적 관심과 관련된 부분은 단편적으로나마 실험되기도 했고, 그리고 그것으로써 그들이 '공상주의자'들 중에서는 가장 구체적인 사회개혁안을 입안, 제시했던 셈이기 때문이다.


## 기계의 발명으로 생활양식에 변혁을 가져오다

산업혁명을 이끈 것은 기계의 발명이었다. 기계는 매뉴팩처를 절멸시키고, 공장제 대량생산 시대의 문을 열었다. 영국에서 새로운 생산양식의 선도적 부문은 면방직 산업이었으되 변화는 어느 특정 산업부문에 머물지만은 않았다. 변화는 전산업 분야로 확산되었고, 전래의 사고나 생활양식의 영역에도 엄청난 변혁을 야기했다. 그것은 그저 단순히 기술혁명으로만 불릴 수 없는 총체적 사회혁명이었다.

국민경제의 중심이 농업에서 제조업으로 옮겨갔고, 그 결과로 대도시들이 출현했다. 도시는 값싼 노동력을 필요로 했고, 그리고 무진장한 노동력을 맘껏 소비했다. 도시에 넘쳐나는 것이 성인 남성 노동력이었지만, 보다 값싼 미성년 아동의 노동이나 부녀자의 노동도 일반화되고 있었다. 여기서 이들 노동자계급의 당시의 주거환경에 관한 엥겔스의 보고서(『영국 노동자계급의 상태』)를 인용한다.

"도시들은 애시당초 무계획적이고 열악하게 형성되었다. 지저분한 마당들, 도랑들, 자욱한 석탄연기, 그리고 이곳의 보편적 건축재인, 원래는 붉은색이었던 벽돌들이 세월이 흐르면서 검게 그을려버린 아주 음산한 외양의 건물들이 들어차 있다. 이곳에는 지하 셋방들이 일반화

오웬의 이상이 실현될 뻔했던 미국에서의 실험. 즉 '뉴 하모니' 건설계획 속의 신도시. 1825년.

되어 있다. 그리고 그런 지하구멍들 속에는 주민들 중에서 '가장 가치 있는 집단'이 살고 있다."

### 산업도시의 등장 |
엥겔스가 묘사하고 있는 노동자계급의 거주지역은 '커티지Cottages'라는 이름의 건축양식이 주거건물의 주를 이루고 있었다. 이 건물은 병영처럼 길게 지어진, 말하자면 임대용 다세대 주택으로서 18·19세기에 걸쳐 도시뿐만 아니라 농촌에까지 일반화되어 있었던 영국노동자들의 주거건물 중의 대표적 형태였다.

커티지들은 대부분 대로에 연하여 지어졌으며 통상 3열로 되어 있었다. 제1열은 그나마 좁은 뒤뜰이 딸려 있었으나, 제1열의 뒤뜰에 연해 있는, 도랑에 붙여 지어져 있는 제2열과 제3열은 평행으로 맞붙어 있어 빛도 제대로 들지 않는 열악한 주거공간이었다.

오웬이 다듬어낸 건축모델은 바로 이러한 형태의 주거건물에 대한 대안이었다. 오웬에게 있어서는 커티지 주민들의 빈곤에 대한 인식이 바로 이러한 형태의 건축양식에 대한 거부로 이어졌던 것이다. 병영처럼 지어진 커티지의 한 가족용 단칸방을 거부했던 오웬이 제시한 대안은 여러 가족용의 공동주거 공간, 즉 생활공동체였다.

### 오웬의 신도시 플랜은 도시와 농촌의 분리현상을 타파하는 것 |
커티지 양식의 전국적인 확산, 그리고 도시에서의 슬럼지역의 형성 등은 통제나 조절의 가능성이 전무했던 영국의 자유주의적 경제질서의 산물이었다. 오웬은 이러한 자유주의적 경제사상을 근본적으로 부정했으며, 산업혁명의 결과 중의 하나인 도시와 농촌의 분리라는 현상에서 문제의 근원을 보았다.

1821년, 오웬은 다음과 같이 쓰고 있다.

"공론가들에 의해 잘못 인도된 사회는 누구라도 쉽게 생각할 수 있는 실수들을 저질렀다. 그러나 아마도 가장 큰 실수는 노동자들을 자신들의 식품과 분리시킨 것, 그리고 그들의 생계를 오늘날 이 땅의 공장들에서 일반화된 타인의 수요와는 상관없는 노동에 종속시킨 것일 것이다. 가장 일반화된 실수로 볼 수 있는 것은 이 시스템을 통해 한 개인이 더욱 많은 생활의 여유를 누릴 수 있는 것처럼 믿게 하는 것일 것이다(그러나 맬더스는 오로지 인구의 감소만을 지향했다). 반대로 산업생산을 겸하는 농업종사 주민은 해당지역의 필수 부속품으로서, 농업과 제조업이 분리된 지역에서의 그것보다는 더 많은 사람들의 생활에 보탬을 주게 된다. 거주지역은 가능한 한 넓은 지역에 골고루 분포되어야 한다. 스스로의 생계유지를 위한 양을 넘어서는 만큼의 농업생산물을 얻을 수 있도록 하기 위해서."

여기서 분명한 것은 오웬의 사상 속에 담긴 생산조합을 위한 주거모델은 기본적으로 단순한 건축학적 문제가 아니었다는 것이며, 그의 바람은 산업혁명의 결과로 야기된 도시와 농촌의 분리현상을 타파하고자 하는 것이었다는 점이다.

## '신도시'는 '오웬주의 건축'의 기능적 요소

오웬의 사회개혁 사상의 맹아는 도시프롤레타리아의 빈곤상에서 얻어진 것이었으되, 현존하는 도시들 속의 노동자 집단거주지역의 재개발은 그에게 그리 중요한 테마는 아니었다. 그의 관심은 생산 및 재생산 조합을 광활한 지역에 건설하는 것이었고, 그곳에서 공장노동과 농업노동이, 노동과 생활이, 교육과 오락이 서로서로 조화롭게 어우러지도록 하는 것이었다.

오웬주의의 건물에 가장 많은 영향을 미친 것은, 불필요한 장식을 줄인 외양으로서 미학적인 측면보다는 기능적인 측면에 더 많은 비중을 두고 있는 '조지언 스타일', 그리고 벤담에 의해 발전된 '팬옵티콘' 등이었다. 이들 건축양식들에 오웬 자신의 사상적 요소가 가미된 것이 오웬주의 건축이었던 셈이다. 이 건축양식이 충족시켜야 할 기능적 요소는 다음과 같았다.

첫째, 그가 무엇보다도 중시했던 것은 도덕적, 교육적 요소였다. 오웬의 사회해방 사상은 기본적으로 개인의 행복이 아닌 모든 사람의 행복을 지향하고 있다. 그러므로 그는 교육의 중심은 '사회적 행동'에 대한 교육에 두어야만 한다고 믿고 있었다. 이러한 관점은 그로 하여금 '사회화'를 위한 유치원을 떠올리게 했고, 그의 구상은 오늘날 이스라엘의 키부츠에서 현실화되어 있다. 또다른 교육적 요소는 조화로운 교육, 즉 정신적 교양을 북돋음과 아울러 손으로 하는 공작기능을 갖도록 해야 한다는 것이었다.

오웬사상의 중심이 되는 두번째 원소는 '민중의 집'에 관한 구상이다. 그 자신이 '신 문화원'으로 불렀던 민중의 집은 종합교육기관이었다. 그 속에는 체조실, 무도회장, 성인을 위한 야간학교 등이 마련되어야 했으며, 종교적 의식을 위한 공간도 준비되어 있어야 했다. 민중의 집은 문맹이나 저학력층을 교육시키는, 말하자면 사회적 동화 혹은 재사회화의 기회를 제공할 수 있는 공간이어야 했다.

### 피고용자의 종속을 극복하기 위해 조합은 필연적

세번째의 원소를 얘기하기 위해 다시 오웬의 생산조합의 문제로 돌아간다. 그에게는 도시와 농촌의 분리에 기초한 피고용자의 고용주에 대한 종속을 극복하고, 조합지역 거주자들의 자율성을 보장하기 위해서, 그리고 기본적인 식품수요를 감당하기 위해서라도 농업생산 조합은 필연적인 것이었다.

아울러 분업화된 생산과정에서 특정단계의 노동만이 반복적으로 이루어짐으로써 야기되는 지루함이나 노동의욕 상실의 문제는 농업노동과 공장노동을 번갈아가며 할 수 있는 조건이 주어진다면 쉽게 해결될 수 있을 것으로 믿고 있었다.

이 모든 것을 가능케 하기 위해서 그는 주민수의 제한과 지역의 크기의 조정을 제안한다. 오웬의 계산에 따르면, 주민의 수는 3백~2천 명 정도가 이상적이며, 주민의 상한선, 즉 2천명인 경우의 적정공간은 8백 헥타르다. 이 수치는 그가 그와 유사한 작업(우리에게 익숙한 표현을 빌리자면 '농공단지 조성안')을 했던 그 어느 사람보다도 많은 공간을 확보할 것을 제안하고 있음을 보여준다.

네번째는 여성노동자들의 공장 노동시간에 관한 것이다. 그는 4~5시간을 적정 노동시간으로 보고 있다. 그러나 그의 생각이 당시 사회를 지배하고 있던 혹은 오늘날까지 존재하는 남녀불평등의 문제, 즉 여성해방의 문제로까지 발전해 있었던 것 같지는 않다. 뒤에서 상술하게 될 푸리에의 경우와 비교해보더라도, 그리고 후일의 아우구스트 베벨과 비교해봐도 그렇다.

여성노동자의 적정 노동시간의 설정과 같은 맥락에서 그가 중앙집중의 공동부엌이나 세탁실을 그의 건축복안에 포함시키고 있다. 물론 단위가족의 가사노동 시간을 줄이고 가족단위의 자유시간을 증대시키기 위해서였다.

그러나 동시대의 여성노동자들의 숙명이나 교육기회 등을 고려해볼 때, 남성에 비해 상대적으로 훨씬 더 열악했던 여성들의 사회적 삶의 조건 등을 감안했을 때 민중의 집이나 여타의 주거환경에 대한 그의

좌) 방적공장
우) 어린이 노동시장. 아이들은 팔리기도 하고 임대되기도 했다.

복안들 가운데 불평등을 상쇄해줄 만한, 여성들을 위한 프로그램은 보이지 않는다.

## 재충전의 의미로 출발된 공원조성은 오늘날의 그린벨트

그의 사상의 다섯번째 중요원소는 환경문제다. 그의 '이상향'이 생산과 소비단위에만 천착하고 있지 않은 것은 주지의 사실이다. 재생산부문 역시도 그의 외형적 건설안이나 내부적 조직안에서 중요한 부분으로 다루어지고 있다.

손상된 노동력의 재생산과정 혹은 활력의 재충전과정에 관한 오웬의 생각은 확고했다. 그것은 우연히 아무 데서나 가능한 것이 아니라, 그 자신에 의해 준비된, 이상적으로 건설된 환경 가운데서만 가능하다는 것이었다.

오웬이 자신의 설계안 속의 주거지역 안에 공원을 포함하게 된 것도 그 때문이고, 그리고 그 생각은 더욱 발전하여 오늘날 우리 모두에게 익숙해진 단어 '그린벨트'의 개념에까지 이르게 되었다. 자본주의적 대량생산과 자연파괴는 동전의 양면이다. 뒤늦게 환경보존, 환경회복의 문제에 눈뜬 자본주의 사회의 환경정책의 가장 중요한 알리바이 가운데 하나인 '그린벨트'가 자본주의 사회의 인간파괴적인 측면을 제일 먼저 직시했던 초기 사회주의자의 머리에서 나왔다는 것은 한번쯤 음미해볼 대목이다.

## 오웬, 자신의 건축복안을 실험하다

다행스럽게도 오웬은 다른 공상주의자들과는 달리 자신의 건축복안을 실제로 실험해볼 수 있는 기회를 가졌다. 그것은 자신이 여러명의 공동소유자 중의 한 사람으로서 직접경영에 참여하기도 했던, 스코틀랜드의 뉴 래너크New Lanak 소재의 한 면방직공장에서였다.

오웬의 실험이 행해졌던 그 시기에 뉴 래너크에서는 민중의 집, 학교, 그리고 유치원 건물들이 기존건물의 개조 혹은 신축을 통해 들어섰다. 자신의 복안을 현실화하는 과정에서 오웬은 자신이 중시했던 기본적인 요소들 중의 몇가지를 포기해야만 했다. 원래의 공장부지가 계곡 내의 좁은 지역에 들어서 있던 탓에 자신의 '녹색계획'을 충족시킬 만한 충분한 토지를 확보하는 것이 불가능했기 때문이다. 그런 악조건에

오웬의 실험이 이루어졌던 뉴 래너크. 사진은 1960년말 항공촬영한 것이다.

서도 그는 자신의 민중교육 프로그램만큼은 관철시키려고 노력했다.

그곳에서 아동노동이 폐절되었다. 그리고 지정된 날의 저녁에는 성인들의 교육을 위해 강연이 행해졌다.

오웬은 기회 있을 때마다 뉴 래너크에서의 자신의 실증적인 경험에 관한 글을 썼으며, 그것은 곧바로 영국 여론의 관심을 불러일으켰다. 오래지 않아 뉴 래너크는 모범적이면서도 효과적인 새로운 산업촌의 전형으로 알려지게 되었고, 그리고 그곳은 일종의 순례성지가 되었다.

그러나 다른 한편에서는 이윤의 광범위한 재분배, 그리고 노동자의 해방을 목표로 했던 오웬의 구상은 엄청난 저항에 직면해 있었다. 산업자본가들로부터의 반발은 마침내 오웬의 동업자들로 하여금 오웬을 경영인의 위치에서 물러나게 하도록 만들었고, 그리하여 뉴 래너크에서의 그의 실험은 미완성으로 중단되고 말았다.

뉴 래너크는 많은 제약조건 가운데서나마 오웬의 실험이 최초로 이루어졌던 무대였다. 협소한 토지 때문에 포기해야만 했던 부문을 제외하고는 그의 개혁안의 이상과 이루어진 현실이 비교적 조화롭게 상응하고 있었다. 이러한 조화는 그후 계속된 실험에서는 찾아보기 힘들었다.

예를 들면, 미국에서 시도되었던 퀘이커 교도들의 집단

1817년경에 오웬이 구상한 이상촌.

거주지역 '뉴 하모니' 건설계획은 의도했던 이상과 현실의 부조화를 드러낸 대표적 사례로 꼽을 수 있다. '뉴 하모니'는 여러가지 자연환경 조건이 양호했던 탓에 많은 기대를 모았으나 건설과정에서의 여러 원인들로 인해 건설 자체가 중단되고 말았다.

### 19기세 초 프랑스, 자본주의적 착취가 극에 달하다

푸리에의 사회개혁사상의 핵심은 '농촌조합' 내에서의 농업프롤레타리아의 새로운 조직이었다. '농촌조합'은 일종의 농업생산 공동체로서 오웬의 주된 관심의 대상이었던 '산업혁명'의 결과로서 도시상황과는 그다지 밀접한 관계를 갖고 있지 않다.

오웬에게 농업생산이 주민들의 기본적 필수식품을 조달하기 위한 방편이었다면, 푸리에에게는 그 자체가 공동체를 이끌어가는 원동력인 것이 두 사람의 차이다.

당시 견직산업부문을 제외하고는 프랑스의 자본주의적 발전의 정도는 아직 미약한 상태였다. 대부분의 산업부문은 아직 봉건시대의 묵은 틀을 벗어나지 못하고 있었으며, 산업생산의 주된 형태는 아직도 매뉴팩처 단계에 머물고 있었다.

한때 푸리에 스스로가 그곳에서 상업에 종사한 적이 있었던 리용의 견직산업체들만이 프랑스의 산업혁명을 대변하고 있었으며, 그곳을 지배하고 있었던 초기 자본주의적 착취상황은 극에 달해 있었다.

아동노동은 유럽 그 어느곳에서보다도 더 열악한 환경과 조건에서

프랑소아 마리 샤를 푸리에(1777~ 1837). 그 역시 '사회개혁가'의 반열에 든다. 오윈처럼 '실험'할 기회도 얻지 못한 채 평생을 사회변혁의 '꿈' 속에서 살았다.

일반화되어 있었으며, 산업노동자들의 노동시간은 하루 16시간씩이 보통이었다.

노동자집단의 주거환경은 영국 산업도시들과 다를 바 없었다. 영국의 커티지 시스템처럼 이곳에서도 주거환경에 관한 한 도시계획적인 측면을 전혀 찾아볼 수 없었다.

농촌에서도 그랬다. 차이라면, 영국의 커티지 시스템이 한 가족용의 단칸방을 주로 한 것이었다면, 프랑스에서의 거주공간은 매뉴팩처 노동자를 위한 합숙소나 군대 내무반과 같은 공장 내의 집단숙사들이 그 주를 이루고 있었다. 규모면에서 상대적으로 큰 편에 속하는 매뉴팩처들은 대부분 노동자용 집단숙사를 가지고 있었다. 그곳에서 노동자들은 군대의 졸병처럼 다루어졌고, 숙소를 떠날 수 있는 날은 휴일뿐이었다.

## 보증도시의 핵심은 안락한 주거공간

푸리에에 의해 완성된 사회변동단계에 관한 도식에서 '문명화'의 시대는 제5의 단계에, '보증주의'의 시대는 제6의 단계에, 그리고 '조화'의 시대는 최종단계로서 제7의 단계에 해당한다.

그의 이론 틀에 의하면 당시의 프랑스는 '문명화' 시대인 셈이다. 푸리에가 이해하는 문명화는 당시 프랑스의 사회상황과 같은 '사회적 혼란'을 필연적으로 수반하는 단계다.

이 사회적 혼란에 대한 대안으로 제시되는 푸리에 사상의 진화론적 특성은 자신의 역사발전 이론의 제6단계, 즉 보증주의 시대를 가능케 할 수단으로서 도시재개발 계획안을 제시하는 데서 더욱 명확해진다.

그는 자신의 '보증도시' 건설계획이 문명화의 시대를 극복하는, 사회부문간의 무연계성을 지양하고 사회적 일체화를 이룰 수 있는 방안이라고 믿었다.

보증도시를 위한 푸리에 모델의 핵심은 안락한 주거공간에 대한 관심이다. 말을 바꾸면, 도시재개발의 관점이라는 접근방식 속에서 총체적 변혁에 대한 진보적 지향성을 찾아보기는 힘들다.

푸리에가 의도했던 바는, 자신의 모델이 현실화되면서 도시의 증가, 혹은 인구집중 등의 문제가 점진적으로 해소되는 것이었다. 푸리에 사상 속에서 애써 진보적인 원소를 찾는다면, 제6의 단계에서 토지의 공동소유를 주장하고 있는 점, 그리고 그것은 궁극적으로 공동체적 삶을 지향하고 있다는 점 등을 들 수 있을 것이다.

푸리에의 꿈은 자신의 역사분석 틀의 제7단계, 즉 '조화'의 시대라는 새로운 세상에 이르러 완성된다. 자신의 꿈이 완성되는 조화의 시대를 위해 그는 공동체적 삶을 위한 이상촌 '팔랑혜Phalange'를 창조해낸다.

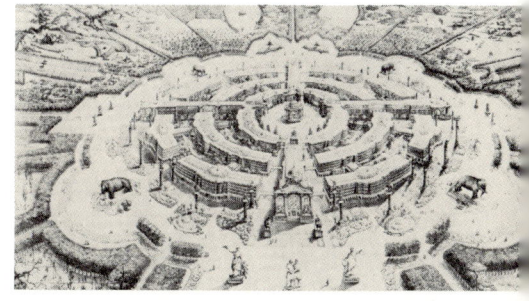

푸리에가 제시한 사회변혁 이론의 제 6단계, 즉 '보증주의' 시대의 도시. 도시 중앙에서 비롯한 몇겹의 동심원 형태로 되어 있으며, 외곽은 농업지역과 녹지로 둘러싸여 있다.

### 미래의 이상촌 '팔랑혜'

푸리에는, 혼란의 '문명화'를 극복하기 위한 대안으로서의 보증도시 건설계획안보다 역사발전의 최종단계로서 아득한 미래에 설정된 조화의 시대의 이상촌 '팔랑혜' 건설계획안에 더 많은 열정을 쏟았다.

비록 그 자신은 오웬과는 달리 자신의 복안을 실험해볼 단 한번의 기회조차 갖지 못했으나, 사회주의자로서의 그의 사상의 크기나 깊이가 응축된 것이 먼 미래를 향한 '팔랑혜' 계획이었다. 시대를 뛰어넘어 '팔랑혜'가 현실화될 수 있다면 자신의 사회이론의 정당성을 인정받을 수 있다는 신념으로 아무도 찾아오지 않는 사무실에서 인간주의적 독지가를 기다리며 한평생을 보낸 그였다.

조화의 시대에는 '새로운 사회적 인간'의 욕구나 열정, 그리고 개인적 능력을 발현하는데 그 어떤 장애도 있어서는 안되는 것이었다. 앞서 언급했듯이, 푸리에 사상은 농업사회건설을 지향하고 있다.

그러므로 그의 사회개혁안은 농업생산을 주로 한 생활공동체 건설계획이어야 했으며, 그것을 가능케 할 '팔랑혜'는 어느정도는 폐쇄적인, 반＋자급자족적인 성격을 띠고 있었다. 말하자면 생활에 필수적인 수요는 '지역 안에서' 충

광부들의 채광 모습.

족될 수 있어야만 했다.

## 경제적 개인주의를 관찰하다 '공동체 사상'을 발전시키다 | 푸리에는

경제적 개인주의를 관찰하고 경험하는 과정에서 그 대안으로서 공동체 사상을 발전시켰다. 그는 특히 비합리적인 생산조직, 무계획적인 토지 분할, 그리고 소규모 영농의 문제 등을 비판했다. 그는 농업에서 조합단위의 생산이 갖는 경제적 이익에 관해 다음과 같이 서술하고 있다.

"3백 가족 정도가 사는 마을에 3백 개의 정돈되지 않은 창고나 지하광보다는 한 개의 잘 정돈된 창고나 지하광을 두게 될 것이다. 주민 모두의 식사를 준비하는 단 한 개의 부엌이, 3백 개의 아궁이가 3백 명의 주부를 기다리는 폐단을 없애줄 것이다. 마을 전체를 감싸는 단 한 개의 울타리가 3백 개의 울타리를 대신하게 될 것이며, 상거래는 3백 가지의 방만한, 경쟁적인 관계 속에서가 아니라 한곳으로 집중되어 행해질 것이다."

'팔랑헤'는 '팔랑스떼르Phalanstere'라고 불리우는 거주건물을 갖고 있다. 그곳은 사회구성원 모두의 자아실현을 가능케 하는 공간이었다. 그것은 오웬의 개혁안의 건물구조가 '새로운 도덕적 인간'의 출생지로서 기능하게 되어 있는 것과는 다른 점이다.

푸리에의 사회변혁에 대한 신념은 건물구조나 그린벨트 등의 자연환경을 통한 인간개조와는 거리가 멀었다. 그의 생각 속에는 그 어떤 형태의 도덕적 기준도 보이지 않으며, 그의 이상은 공동체적 삶의 실현, 그 자체에 중심을 두고 있었다.

그리하여 그의 사상 속에는 '강제공동체'로서의 결혼관계에 대한 비판이나, 소가족중심의 거주환경을 '서비스 하우스의 성격'을 가진 '팔랑스떼르'를 통해 극복하고자 하는 의지가 담기게 된다. 그곳에는 개인 혹은 한 가족용 독립가옥이 있어서는 안되었다.

### '아동'은 사회개혁적 대안의 고려대상 제1호!

'팔랑혜' 안에서의 여성의 사회적 지위나 그들의 자아실현의 문제 역시 푸리에의 중요 관심사였다. 푸리에는 결혼을 '강제제도'로 파악했다. 그는 모든 여성에게 가사에 대한 '사랑'을 요구하는 관습을 공박한다. 오히려 여성들은

푸리에 사상을 계승한 고당이 설계한 도시. 1871년에 발간된 『사회문제에 대한 해답』이라는 그의 저서에 포함되어 있는 그림이다.

남성들의 일에 더 많이 참여해야 하며, 그것은 남성에게도 도움이 될 것이라는 생각을 그는 갖고 있었다. 가사노동은 물론 서비스 기관들에 의해 대체될 것이었다.

오웬과 마찬가지로 푸리에게도 아동은 사회개혁적 대안이 깊이 고려해야만 하는 가장 중요한 표적 집단이었다.

"조화로운 교육은 그 방법 면에서 모든 개체가 아주 어릴 때부터 직업적 본능을 계발할 수 있도록 해야 하며, 그 개인의 천성에 부합하는 다양한 과제를 부여할 수 있도록 해야 한다."

그러기 위해서는 아동들을 위한 축소형의 교육용 공장들이 설치되어야 하며, 그곳에서 아동들은 그들의 체형에 맞게 제작된 소형의 공작 기구를 가지고, 놀이의 형태로서 노동에 익숙해질 수 있어야 한다는 것이었다.

그 외에도, 푸리에 역시 공동체 안의 주민수를 제한할 것을 제안하고 있는데, 그 적정수는 9백~2천 명으로 오웬의 그것과 거의 일치하고 있다.

### 공상, '환경의 변화가 인간해방의 과정'으로 인식되다

오웬과 푸리에의 사회개혁안의 근본적인 차이는 인간에 대한 상이한 해석에서 출발한다. 푸리에는 기존의 도시나 시골의 현실이 인간의 자유로운 자아실현을 방해했다는 전제에서 이를 용이하게 할 수 있는 건물이나 환경을 떠올렸고, 한편 오웬은 인간이 가진 도덕적 본성의 계발을 위해 그에 합당한 공간적 환경을 제공해야 한다고 믿었다.

그러나 이러한 차이에도 불구하고 두 사람 모두에게서 환경의 변화가 인간해방과정의 하나로 인식되는 것은 마찬가지다. 말하자면 두 사람의 서로 다른 건축복안이 사회개혁적인 맥락에서 다듬어졌다는 사실에서는 일치하고 있는 것이다.

그들의 사회인식의 저변에는, 부르주아지의 세상에서 이루어진 개개인의 자유증대나 농노제도로부터의 해방에도 불구하고 민중의 실재적 빈곤은 폐절되지도 않았고, 폐절될 것 같지도 않다는 판단이 깔려 있다.


### 오웬과 푸리에, 진보적 사상가들의 영감의 고향이었다

우리는 '공상주의자'들의 생산공동체에서 자본주의적 대도시에 대한 구체적 비판을 발견하게 된다. 그들의 주거모델에는 도시와 농촌의 분리는 이미 존재하지 않는다. 공상주의자들의 도시계획 복안에서 농업생산을 위한 토지부문이 강조되고 있는 것은(특히, 팔랑헤의 경우) 단순한, 자연으로 향한 낭만적 향수 때문이 아니다. 그것은 공업에 대한 농업의 상대적 우위를 주장하는 것이 아니라 두 부문을 조화시키고자 하는 의식적인 시도다.

오웬에게서는 현실주의적 상상력의 빈곤을 볼 수 있고, 푸리에에게는 실용주의적 관점이 결여되어 있다는 점이 더러 지적된다. 그것은 아마도 그들이 살았던, 발전의 정도가 달랐던 두 나라 특유의 사회상황 속에서 겪었던 개인적 경험 때문일 것이며, 그들을 사회주의로 인도한 정신적 스승들이 달랐던 것이 원인일 것이다.

두 사람은 같은 시대를 살았으면서도 서로 만난 적도, 서신을 나눈 적도 없었다. 서로의 사상이 서로에게 영향을 미쳤음직한 흔적도 발견할 수 없다.

어쨌거나 그 모든 한계에도 불구하고 사회주의적 이상향에 대한 그들의 꿈이 후일의 사회주의적, 인간주의적 사상들의 원천이었고, 인간해방을 위해 노력한 진보적 사상가들의 영감의 고향이었던 점은 분명하다.


**개혁정책의 내용은 반대편의 좌파사상가들의 머리에서**     그들이 마르크스에 의해 '공상주의자'로 불리게 된 것은 그들이 백지 위에 그려댔던 이상촌의 외양 때문이 아니다. 그리고 그들의 시도가 당시 사회의 지배적 논리에 맞닥뜨려 그 실현이 좌절되었던 결과 때문도 아니다.

그것은 누구보다도 먼저 자본주의의 비인간성을 직시한 선각자들로서, 그리고 노동자계급의 참상을 목도한 동시대인으로서, 그 대안으로 제시한 것이 사회전체의 변혁을 염두에 둔 거시적 사회이론이 아닌 특정지역의 환경개선에 대한 복안정도였다는 것, 그리고 그것이 확산되어 사회 전체가 변혁될 수 있다고 믿었다는 것이 그 근거가 되었을 것이다. 사회의 총체적, 구조적 모순에 대한 혁명적 처방에 충실했던 마르크스에게는 그 어떤 개혁적 접근도 '공상'일 수밖에 없었을 테니까 말이다.

실제 그들 '공상적 사회주의자'들의 개혁적 처방은 신보수주의자들에 의해 원용되었고, 그리고 그것이 유럽 각 나라에서 자본주의가 용이하게 뿌리내릴 수 있게 했던 사실은 그들의 사상이 '공상'이 아니었다는 게 증좌일까? 아니면 사회주의적 이상과는 상관없는 '공상'이었다는 증거일까?

레오나르도 베네볼로의 말을 인용하면서 글을 맺는다.

"오래지 않아, 프랑스에서는 나폴레옹 3세가, 영국에서는 젊은 디즈렐리에 의해 지도되던 토리당이, 그리고 독일에서는 비스마르크가, 노동과 노동자집단을 조직하는 정책이 자국의 정치적 안정에 얼마나 큰 비중을 갖는 것인가를 깨달았다. 기존의 제도들에 가해지는 압력을 완화시키려는 목적에서 부분적인 개혁이 행해졌다. 그 개혁정책의 내용은 원래 반대편의 좌파 사상가들의 머리에서 나온 것들이었다."

정치적 성공까지 거둔 종교지도자

# '알라의 예언자' 모하메드

630년, 모하메드는 피한방울 흘리지 않고 메카를 접수했다. 메카를 중심으로 신의 나라가 건설되었고, 아라비아 세계는 통일되어갔다. 종교지도자가 정치적 성공을 거둔 경우는 그리 흔치 않다. 모하메드와 1980년대의 이란 호메이니가 고작이다. 둘 다 이슬람이라는 것이 흥미롭다.

Mohammed

## 현대에 와서도 이슬람교는 영향력이 강화되고 있다

최근 통계에 의하면 이슬람교는 전세계 종교인의 19.6퍼센트를 차지하고 있는, 신도수 세계 제1위의 종교다. 신도수 제2위는 로마 가톨릭으로서 17.8퍼센트를 기록하고 있다. 개신교와 로마 가톨릭을 구분하지 않으면 전체 기독교도는 33퍼센트에 달한다.

달리 표현하면, 11억이 넘는 사람들이 예언자 모하메드가 창시한 가장 젊은 세계종교를 신봉하고 있다는 뜻이다. 중세 천년을 지배했던 기독교가 근세로 접어들면서부터 오늘날까지 시간이 흐를수록 그 영향력이 약화되어 온 반면 이슬람교는 현대에서도 그 영향력이 줄어들기는커녕 오히려 강화되고 있다. 비록 동남아권 일부와 중동지역에 국한된 현상이기는 하나 그 확산의 정도는 여타의 전통적인 세계종교를 압도하고 있다.

이슬람권 국가의 대부분이 산유국이

모하메드가 천사 가브리엘과 접촉한 것을 묘사한 16세기의 그림.

라는 사실 또한 이 종교의 양적 팽창과 무관하지는 않을 것이다. 우리나라에도 1970년대 중반쯤에 이슬람교가 전파되었고, 그리고 전국의 주요 도시들에 기묘한 모양의 이슬람 사원이 더러 건립되어 있는 것으로 알고 있으나 신도수가 얼마나 되는지 사원이 전국에 몇개나 되는지는 알 수 없다.

  1980년대 초 레자 팔레비 왕이 축출되고 이란에 들어선 '이슬람공화국'은 곧 망하고 말 것 같았던 일반의 예상과는 달리 여전히 건재하고, 이슬람권의 재력과 정치력은 인근 비非이슬람권을 계속 압박하고 있다.


### 이슬람 이전의 아라비아의 종교생활

이슬람의 발상지인 아라비아 반도는 생활하기에 좋은 조건이랄 수는 없는 사막으로 뒤덮인 곳이다. 주로 상업적인 교역의 중심지로 기능했던 다수의 도시국가들이 드문드문 발달하고 있었던 이슬람 발상 이전의 남부 아라비아는 서구문명권의 지도에는 그냥 미지의 세계로 비워져 있었다.

  고급스런 문명이 발달할 수 있는 기본조건 중의 하나인 인구의 밀집이 불가능한 자연환경 속에서 그들

하라산의 자연동굴. 이곳에서 모하메드는 명상에 잠기곤 했다.

은 소규모 종족으로 세분화되어 살아남기 위해 제한된 재화를 차지하기 위한 싸움질이나 하고 있었다.

개개인의 사회적 결합은 종족공동체의 윤리를 벗어나지 못했으며 종족간의 연계는 설사 우호적인 집단 사이라 하더라도 그 결속의 정도가 약했다. 주어진 자연적 조건 탓에 단위국가의 성립은 불가능했다.

아라비아 반도 남쪽지방에는 기독교나 유대교가 상륙하기도 했던 모양이나 그 확산의 정도는 미미했다.

이슬람 이전의 아라비아의 종교생활은 동굴이나 나무, 그리고 모든 생물에 깃들어 있다고 믿어졌던 잡다한 신들과 관련된 것들이었다. 특이한 돌조차도 믿음의 대상이었다. 하늘에서 떨어진 붉은 돌, 흰 돌, 검은 돌 등이 숭배되었다. 전설이 곁들여진 이런 돌들은 대부분이 실제로 하늘에서 떨어진 운석들이었다.


### 뭐, 다양한 종족간에도 신에 대한 정서는 공유했다고?

메카는 해안지역과 내륙을 왕래하는 대상들의 교역의 중심지였으며 동시에 순례성지였다. 그곳에는 다양한 우상들이 돌에 새겨져 있었기 때문이었다. 서로간에 싸움이 그치지 않았던 다양한 종족 간에도 신에 대한 정서를 공유하는 경우는 많았다.

예를 들면 운명의 여신 '마나', 모든 신의 어머니 '알-라트', 금성을 상징하는 '알-우자' 등은 대부분의 종족들에 의해 숭배되는 신이었다. 이들 세 신의 아버지가 '알라'이다. 메카지역을 통치하고 있었던 쿠라이시족은 알라를 최상위의 신으로, 즉 '창조주'로 숭배하고 있었다. 그들은 성지 카바에서 수확의 십분의 일과 가축의 첫번째 새끼를 제물로 바쳤다.

모하메드의 아버지는 그리 부유하지는 못했던 쿠라이시족의 상인이었다. 그나마도 그의 아버지는 그가 태어나기 두 달 전에 죽었다. 그가 메카에서 태어났던 해는 서기 570년이었다. 세계사를 뒤흔들게 되는 이 아이는 여섯살이 되던 해에 어머니마저 잃었다. 그는 할아버지에 의해 양육되다가 할아버지가 세상을 뜨자 삼촌에 의해 길러졌다.

기록에 의하면 그는 열두살 되던 해에 숙부가 이끄는 대상隊商에 합류하여 시리아지역으로 여행을 한 것으로 되어 있으며, 열다섯이 되던 해부터 어떤 돈 많은 과부에게 고용되어 정식으로 상업에 종사한 것으로 되어 있다. 뛰어난 상업적 재능으로 여주인을 기쁘게 하기도 했던 모양이고, 대상이 지나는 길목에서 마주치는 기독교인이나 유대교인들과의 교류도 즐겼다고 한다.

### 첫 결혼에 일곱 명의 자녀를 낳다

성경을 통해 예수의 생애를 추적하다보면 짧지 않은 기간 동안의 행방불명 상태를 확인하게 된다. 그 행방불명의 기간 동안 예수가 인도에 있었다는 내용을 담은 『인도에서의 예수』라는 책이 나와 기독교 세계를 들쑤셔놓았던 적이 있다. 예수의 가르침과 힌두교 혹은 불교와의 유사성을 논증하는 책들이 뒤를 이었고, 십자가에서 부활한 예수가 중동지방으로 가서 최후를 맞았다는 주장도 곁들여지면서 온 세상을 시끌벅적하게 만든 적이 있었다. 30년 전쯤의 일이다.

어쨌거나 모하메드의 경우도 열다섯살에서 스물다섯살까지 약 10년 정도가 기록이 없는 상태로 비워져 있다.

스물다섯이 되던 해에 그는 자신보다 열다섯살이나 많은 카디샤라는 이름의 여자와 결혼하면서 다시 기록에 등장한다. 두 사람의 결혼에 장인의 반대가 심했던 모양이다. 어쨌든 그의 아내는 친정으로부터 다섯 마리의 낙타와 염소 몇마리, 집 한 채 그리고 한 명의 하녀를 데리고 그에게로 왔다.

부부는 26년간을 행복하게 살았고, 카디샤는 두 명의 아들과 다섯 명의 딸을 낳았다. 기록이 정확하다면 결혼 당시에 카디샤의 나이가 이미 마흔이었는데 그때 이후로 무려 일곱 명의 자녀를 낳았다는 사실이 쉽게 믿어지지는 않으나, 어쨌든 그녀는 낳은 모양이다. 신의 뜻대로! 인샬라!

그는 두 아들을 일찍 잃었다. 그는 조카를 입양했고, 나중에 양자와 자신의 딸을 결혼시켰다. 카디샤가 죽기까지 그는 다른 부인을 두지 않았으나, 그녀의 사후에는 모두 열 명의 부인을 두었다고 한다.

신의 부름을 받기 이전, 그러니까 딸과 조카를 짝지어주었던 그 무렵의 그의 외모는 "크지도 작지도 않은 적당한 키였으며, 얼굴은 약간 붉은빛이 도는 흰 피부였고, 눈동자는 검은색이었으며, 머리카락은 아주 숱이 많으면서 윤기가 흘렀다. 그는 어깨에 닿을 정도로 머리를 길게 기르고 있었고, 무성한 수염은 가슴께까지 드리워져 있었다. ……사람을 편하게 해주는 눈빛을 소유하고 있었으나, 그와의 대면에서 사람들은 강한 감명을 받곤 했다. 사람들은 그를 마주하고 있는 순간만큼은 시장기도, 걱정거리도, 그리고 고민거리도 잊을 수 있었다."

### 종교의 통일이 단결의 전제조건임을 깨닫다

어느때인가부터 모하메드는 신과 인간의 관계에 관해 심사숙고하기 시작했다. 낡은 신들이 인간에게 어떤 의미를 갖는가를 생각했다.

나라가 하나로 통일되지 않고 소규모 종족단위로 흩어져 있는 것은 주어진 열악한 자연조건이 그 중요한 원인이기도 하지만 숭배하는 신들이 다양하다는 것 또한 근본적인 원인 중의 하나라는 것을 그는 깨달았다.

교역의 중심지 메카에서 어느정도 성공한 상인으로 인정받던 모하메드는 모든 종족을 묶어줄 수 있는 새로운 종교의 필요성을 절감했다. 말하자면 종교의 통일이 아라비아 반도의 정치적 단결의 전제조건이라는 것을 깨달은 것이다.

날이 갈수록 모하메드가 일상의 생업으로부터 벗어나 혼자서 명상하는 시간이 많아졌다. 그는 히라산 골짜기에 있는 동굴에서 며칠씩 명상에 잠기곤 했다. 610년, 이제 막 마흔살이 된 모하메드에게 전기가 도래한다.

모하메드가 카바의 우상들을 제거하고 있다. 16세기 그림.

## 신의 부름, '모하메드여! 그대는 신의 사자이니라.'

"나는 잠들어 있었다. 천사 가브리엘에 비단이지 싶은 천을 들고 내게 다가왔다. 그 천에는 무언가 글자와 같은 것이 쓰여 있었다. 그가 말했다. '읽어라!' 나는 읽을 수가 없었다. 내가 고개를 가로젓자 그가 천을 내게 뒤집어 씌웠다. 숨이 막혀 '이 길로 죽는구나' 하는 생각이 들었다. 어느 순간엔가 그가 다시 천을 치웠다. 그리고 다시 말했다. '읽어라!', '읽을 수가 없습니다.'라고 내가 대답했다. 그가 다시 천을 내게 뒤집어 씌웠다. 나는 내가 이렇게 죽어갈 수밖에 없는 운명이라고 생각했다. 그가 다시 천을 치웠다. 그리고 또다시 명령했다. '읽어라!' 내가 세번째의 대답을 했다. '읽을 수가 없습니다.' 그가 다시 나에게 천을 뒤집어 씌웠다. 더이상은 견딜 수 없을 정도로 숨막혀하다가 더이상의 고통을 감당할 수 없어서 공포에 질린 채 그에게 물었다. '무엇을 읽으라고 하십니까?' 그가 대답했다. '네 주인의 이름으로, 피를 굳혀 인간을 만든 창조주의 이름으로 명하노니, 읽어라! 네 주인은 전능하니라. 인간이 모르고 있는 것을 가르쳐준 자가 바로 네 주인이니라.' 나는 그의 말을 따라 외웠다. 그러자 그가 나에게서 멀어졌다. 그리고 나는 잠에서 깨어났다. 제정신이 돌아왔으나 내가 외웠던 단어들은 내 가슴에 각인된 듯이 선명한 기억으로 남아 있었다. 나는 자리를 털고 일어나 산에 오르기 시작했다. 그러다가 산중턱쯤에서 하늘로부터 들려오는 음성

천사 가브리엘과 모하메드. 9세기의 그림.

을 들었다. '모하메드여, 그대는 신의 사자이니라. 그리고 나는 천사 가브리엘이니라.' 나는 고개를 들어 하늘을 보았다. 그곳에는 남자의 모습을 한 가브리엘이 있었다. 그의 발은 하늘과 땅이 맞닿은 지평선에 놓여 있었다. 그가 다시 말했다. '모하메드, 그대는 신의 사자, 나는 천사 가브리엘.' 나는 한 발짝도 움직이지 못하고, 그를 응시하고만 있었다. 그렇게 한참이 지나고 나서 나는 그로부터 눈을 돌려 주변을 둘러보았다. 그러나 내가 어떤 방향을 보든 그는 처음과 똑같은 모습으로 나의 시야에 들어왔다. 나는 그를 보고만 있었다."

깨달음에는 분명히 시련이 따르는 모양이다. 석가나 예수도 많든 적든 일정기간의 고행이나 시련을 겪고 나서 득도했다는 것은 우리 모두 알고 있는 사실이다. 모하메드도 오랜 명상과 고행 끝에 그렇게도 갈구했던 신을 찾았다. 모하메드는 이날 이후 신과 접촉할 때마다 마치 간질 환자처럼 온몸을 떨고, 땀을 비 오듯 쏟으며, 정신을 잃곤 했다고 한다. 그 자신의 설명에 의하면 그런 과정으로 하늘이 자신에게 성서 코란에 기록할 내용을 불러준다고 했다.

**포교의 초창기, 묵은 체제의 빈틈을 파고들다**   누구든 이제껏 살아 왔던 길에 의문을 품기 시작하면 새로이 부딪히는 모든 미지未知의 것들에조차 회의를 품게 된다. 그러면 불안해지고, 그러다가 내면의 질서를 상실하게 마련이다. 그런 예상되는 혼란이 싫어서라도 사람들은 한눈팔지 않으려고 애쓴다. 그냥, 그냥 살아온 대로 살아가려 한다.

변화에 대한 확실한 자신이 없으면 차라리 익숙해진 자신의 삶의 방식을 합리화해버리는 것이 손쉽고 편하다. 이제껏 자신이 믿어왔던 종교가 잘못되었다는 얘기를 듣기 좋아하는 사람은 없다. 누군가 다가와서 그런 얘기를 할 때 대부분은 적대감으로 대응하게 마련이다.

이런 정서상의 벽 이외에도 신흥종교가 극복해야 할 난관은 많다. 기성종교는 기성질서의 한 부분이기 때문이다. 신흥종교의 포교과정은 그래서 신도를 하나하나 늘려가는 과정이 아니라 묵은 체제의 빈틈을 파고드는 과정이다. 모하메드가 포교하던 초창기도 그랬다.

### 예언력으로 질시와 배척을 극복하다

질시와 배척을 극복할 수 있는 수단이 그에게 있었으니 그것은 예언력이었다. 그가 온몸이 땀으로 뒤범벅되어 바닥을 뒹굴면서 가브리엘과 접촉하고 나서 내쏟는 예언들은 거의 대부분이 들어맞았다.

미래에 대한 예언쯤은 웬만한 점쟁이들은 모두 할 줄 안다. 그가 여타의 점쟁이들과 달랐던 점은 전지전능한 유일신을 섬겼다는 것, 그리고 그의 예언에 초자연적인 거대한 힘의 무게가 실려 있었다는 것, 그리고 그 자신의 필요에 의해서가 아니라 신의 부름에 의해서만 신과의 접촉이 가능했다는 것 등이다. 그러니까 그는 소위 영매靈媒가 아니었고, 신의 사자였다는 것이다.

가까이서 늘 그를 지켜보았던 가족들이 그의 첫번째 신도집단이었다. 시간이 흐르면서 그의 주변으로 사람이 모여들었다. 가난한 자, 병든 자, 버림받은 자들이 운명을 바꾸고자 하는 희망으로 그에게 귀의했다.

온갖 잡다한 신이 숭배되던 메카에서 어느날 갑자기 유일신을 섬기는 새로운 교리가 힘을 얻어가고 있었다.

메카를 본거지로 하고 있던 부유한 상인들은 이 새로운 교리에 잠재된 경제적인 위험요소를 감지했다. 메카가 사람들을 끄는 이유 중의 하나가 이 지역이 모든 신을 포용하는 지역이라는 것이었다.

이곳에서는 '알-우자'를 믿는 자들, '마나'를 믿는 자들, 그리고 '알-라트'를 믿는 자들 모두가 자신들의 신의 형상에 예배할 수 있었

기 때문이었다. 다양한 신을 숭배하는 수많은 순례자들이 이 지역의 부의 원천이었다.

이 지역을 일신교가 지배하고, 그래서 순례자들의 발길이 끊긴다면 이 지역이 입게 되는 경제적 손실은 엄청날 것이라는 것이 이 지역 거상들의 판단이었다. '알라가 유일한 신이다'라는 모하메드의 가르침을 그들이 방치할 수는 없었다.

모하메드가 천사 가브리엘의 인도를 받아 자신의 추종자들을 낙원으로 인도하고 있다. 15세기 그림.

## 우상숭배의 관습을 공격하다 쫓기는 신세가 되다

모하메드는 알라의 계시를 전파하기보다는 우선 기존의 우상숭배 관습을 공격하는 데 주력했다. 누군가를 강제로 행복하게 만들어주고 싶어서, 그의 의지와는 무관하게 그에게 어떤 종교를 주입시키고자 하는 경우에는 엄청난 반발을 각오해야만 한다.

신의 사자로서 사명감에 불탔던 모하메드는 기성종교와 기존질서에 거칠게 부딪혀갔다. 그가 극복했어야만 했던 난관들은 종교적이거나 경제적인 성격의 것들만은 아니었다. 오히려 종족간의 뿌리 깊은 적대감이 가장 큰 장애였다. 그 자신이 속한, 메카지역을 본거지로 하고 있는 쿠라이시족조차도 그를 배척하는 마당에 다른 종족이 그를 우호적으로 대할 이유는 더더구나 없었다.

그는 쫓기는 신세가 되었다. 생사를 넘나드는 위기상황에서 그를 구해준 것은 몇 안되는 피붙이들이었다.

그를 추종하는 자들은 최하층민들이었다. 거지도 많았고, 그가 돈을 주고 사서 해방시킨 노예들도 많았다. 그런 힘없고 오갈 데 없는 무리들을 이끌고 도피한다는 것은 불가능했다.

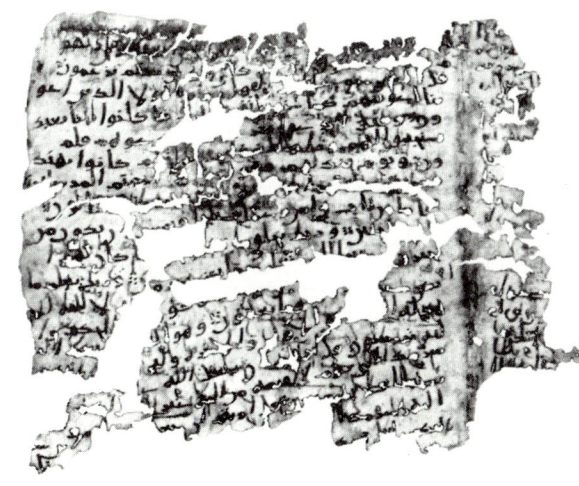

코란 원본. 8세기경.

그는 약 1백명에 가까운 추종자들을 사위 오스만의 인솔하에 기독교권의 지역으로 피신시켰으며, 자신은 메카에서 멀지 않은 곳에 사는 숙부의 집에 은신했다. 그를 숨겨준 숙부는 그의 새로운 교리의 신봉자는 아니었으나 혈족에 대한 의무감으로 위험을 무릅쓴 것이었다. 그가 은신한 지역에서 비밀리에 정기적인 집회가 있었다.

모하메드의 가르침은 이 글에서는 소개하지 않는다. 나 스스로가 깊은 이해가 없는 상태에서 다른 것도 아닌 종교의 교리를 소개한다는 것이 내키지 않기 때문이다.


## 제도는 그 사회의 물질적 조건을 벗어나지 못한다

도피처에서 그는 온갖 세상살이의 쓰라림을 겪었다. 그는 알라신이 자신을 시험하는 것을 알았으므로 그 고난들을 즐겨 감내했다. 619년에는 자신의 첫번째 신도이기도 했던 아내를 잃었다. 그의 슬픔은 컸다. 그러나 툴툴 털고 일어나 아내가 죽은 지 몇주 만에 그는 새로운 아내를 맞았다.

그후로 그는 모두 열 명의 아내를 거느렸다. 이슬람권에서 오늘날에도 일반화되어 있는 일부다처제가 그의 발명품은 아니었다. 그것은 모하메드 이전부터 존재했었다. 열악한 자연환경, 높은 영·유아 사망률, 그리고 낮은 평균수명 등의 어려운 조건 가운데서 종족을 보존하기 위해서는 출산의 기회를 자주 갖도록 하는 것이 아주 유효한 수단이라는 것을 그들은 알고 있었다.

한 남자와 한 여자가 사는 것보다, 그리고 한 여자와 여러 남자가 사는 것보다 한 남자가 여러 여자와 사는 것이 출생률이 높은 것은 당연하다. 제도는 그 사회가 가진 물질적 조건을 어차피 벗어나지 못한다. 윤리나 도덕도 마찬가지다.


## 성지 카바에서, 예언자의 소문은 삽시간에 퍼지다

도피처에서 소규모 집단을 대상으로 미미한 포교활동을 하고 있던 모하메드가 변화의 계기를 맞았다.

620년 초, 성지 카바를 찾아가는 순례자 행렬이 아트립 오아시스에 잠시 머물렀다. 이 오아시스는 겨우 55평방미터 정도의 크기로서, 아랍계 2개 종족과 유태계 3개 종족이 단일 통치체제도 없이 뒤섞여 살고 있었던 탓에 종족간의 크고 작은 분쟁이 그치지 않는 시끄러운 동네였다. 그런 곳에서 일단의 순례자들을 대상으로 행했던 모하메드의 설교가 의외의 반향을 불러일으켰다.

유대교도들에게는 유일신이라든가 최후의 심판이라든가 하는 개념이 낯설지 않았던 때문이기도 했겠지만 유대교도가 아닌 자들도 그의 설교에서 큰 감명을 받는다.

신이 보낸 예언자에 관한 소문은 삽시간에 퍼져나갔다. 순례자들이 그 지역의 토착민이 아니라는 사실, 즉 그들의 이동성이 소문의 확산에 속도를 덧붙였다.

## 특정종교의 지배를 받지 않았기에 쉽게 전파되다

과거와는 달리 그의 새로운 종교가 쉽게 전파될 수 있었던 것은 모하메드 자신의 인격이나 교리가 오랜 시련 끝에 한결 정제된 것도 중요한 이유이기도 했겠으나 근본적인 원인은 그가 포교마당으로 삼은 오아시스가 어떤 특정 종족이나 정치집단의 지배를 받지 않는 곳이기 때문이었다. 새로운 종교가 기성종교의 방해를 받지 않고 발흥할 수 있는 최적의 조건을 갖춘 곳이 그곳이었다.

그의 교리를 따르는 자들은 자신들을 모슬렘으로 불렀고, 시간이 흐를수록 야트립 오아시스로 그를 찾아가는 무리의 숫자가 늘었다.

모하메드의 추종자들이 야트립 오아시스에 모이면서부터 그곳의 원주민들은 이 새로운 종교가 가진 사회·정치적 장점을 인식하게 되었다. 반목하던 다양한 종족들을 묶어주어 안정과 질서를 가져다준다는 것을 깨달았다.

622년에 접어들면서 주민들은 예언자에게 야트립으로 이사와줄 것을 요청했다. 그때까지 모하메드는 메카 외곽지역에 살고 있었으며, 순례철에 야트립으로 가서 포교를 하곤 했다. 모하메드는 거주지를 옮기고 싶은

모하메드의 설교에 몰입한 군중. 15세기의 그림.

생각이 없었다.

자신의 종족으로부터 멀어지는 것도 내키지 않았고, 피붙이들이 갈라져서 살아야 한다는 것도 마음에 들지 않았다. 자신이 어려웠을 때 도움을 준 것은 그래도 피붙이들밖에 없었다는 사실이 그로 하여금 이주를 망설이게 했다. 대부분의 친척들이 메카에 생활기반을 구축하고 있는 터라 그곳을 떠나는 것이 쉽지 않았기 때문이었다.

그러나 자신의 이주가 새로운 종교가 전파되는 데에 중요한 전기를 마련할 것이라는 사실은 그도 감지하고 있었다. 야트립으로의 이주는 자신이 예언자로서 공인받는 계기가 될 것이며, 그곳이 새로운 종교의 본산이 될 것이라는 것을 그는 알고 있었다.

그는 추종자들에게 약속했다. 메카지역에 사는 약 칠십 명의 추종자들을 그곳으로 보낼 것이며, 그들이 야트립에 새로운 종교생활을 가능토록 하는 기반을 구축하고 나면, 자신도 그곳으로 이주하겠노라고 했다.

**이슬람의 기원, 헤즈라**  | 그러나 그 자신의 계획과는 달리 그의 이주는 의외로 빨리 이루어졌다. 모하메드의 추종자들이 늘어나는 것을 지켜보고 있던 메카의 기득권층은 모하메드가 야트립을 중심으로 힘을 키운 다음 언젠가는 메카를 상대로 싸움을 벌일 것이라는 생각을 하고 있었다. 그들의 판단이 틀리지 않았음은 역사로도 증명된다.

그들은 싹을 자르기로 결정했다. 예언자는 다시 쫓기는 신세가 되었다. 종전의 핍박과는 강도가 달랐다. 멀리 달아나는 수밖에 다른 도리가 없었다. 수차례의 피살위기를 모면하고 나서 예언자는 622년 9월에 야트립으로 도망했다.

이슬람 역사에서는 이때를 헤즈라, 즉 이슬람의 기원으로 친다. 먼저 가 있던 추종자들에 의해 어느정도 기반이 잡혀 있던 야트립은 명실상 부한 이슬람의 본거지가 되었다. 야트립은 메디나로 개명되었다.

### 예언자의 도시, 메디나

메디나에서 모하메드는 종교지도자로만 머물지 않았다. 애시 당초 그를 메디나로 모셔오고자 했던 주민대표들의 생각 역시 그를 종교지도자로 본 것만은 아니었다. 다양한 종족을 결속시킬 수 있는 정치지도자로서의 그의 역할을 기대했기 때문이었다.

짧은 시간 안에 모하메드는 메디나에 새로운 정치질서를 정착시켰다. 주민들이 아직 경험하지 못했던 새로운 공동체적 정서를 뿌리내리게 했다. 하나의 신앙에 근거한 정치적 단결은 그러나 구성원 개개인의 내면의 안정에만 머무는 것이 아니라 외부를 향한 호전적 폭발성을 지니고 있었다.

모하메드의 입성. 천사 가브리엘이 그를 보호하고 있다.

쿠라이시족의 지도자들이 했던, 언젠가는 모하메드가 메카를 공격해올 것이라는 생각은 날이 갈수록 현실에 가까워지고 있었다. "예언자는 자신과 자신의 추종자들을 핍박하는 자들에게 복수를 해도 좋다는 허락을 신으로부터 받았다."라고 모슬렘들은 공언하고 있었다. 메디나는 '예언자의 도시'로 알려졌다. 일종의 소왕국이었다. 그러나 그 속에는 모슬렘만 살고 있는 것은 아니었다. 앞서 언급했듯이 유태계의 3종족이 같이 살고 있었다.

## 유일신이라는 점에서 기독교와 유대교, 이슬람은 같다

모하메드가 전파했던 새로운 종교의 골격이 많은 부분에서 유대교와 닮아 있어 유대인들로부터 적대적인 대접을 받지는 않았을지라도 그 자체가 그들의 개종을 의미하지 않는 바에야 갈등의 소지는 내재해 있게 마련이다.

이젠 메디나의 아랍계들이 모슬렘으로 통일되고 모하메드가 메디나의 실질적인 지배자로 자리를 잡은 상황에서 어떤 식으로든 유대인들과의 관계를 정리할 필요가 있었다. 모하메드는 유대인과의 관계를 다음과 같이 설정했다.

"우리의 공동체 내에 살고 있는 유대인들은 핍박받거나 공격당하지 않는다. 그들은 우리와 똑같은 권리를 누리며, 공동체 내의 상호부조의 구성원이 된다. 그들은 모슬렘과 똑같은 권리로 자신들의 신앙생활을 영위할 수 있다. ……그들은 야트립이 외부로부터 공격받을 때 모슬렘과 함께 싸워야 한다. ……그들과 모슬렘 간의 관계설정에 관한 미래의 모든 조치들은 신과 예언자의 결정에 따라야 한다."

유일신을 숭배한다는 점에서 기독교와 유대교, 그리고 이슬람은 같다. 기독교가 삼위일체론을 근간으로 글자 그대로 '유일한 신'을 믿는다면, 유대교와 이슬람은 다신교적 전통을 덮어씌우는 '최고의 신'을 믿는다는 점에서 서로 다르다는 것이 나의 이해수준이다.

코란에서는 모하메드의 위치를 아브라함, 모세, 그리고 예수로 이어지는 신의 사자의 반열에 올려놓고 있다고 한다. 그러니까 자신들이 숭배하는 신이 유대교나 기독교의 그것과 그리 멀지 않다는 인식을 하고 있는 것으로 보인다.

그 무렵, 모슬렘들이 행했던 일일기도의 방향은 예루살렘 쪽이었다. 그 방향은 모하메드가 결정했다. 메디나에 사는 유대인에 대한 그의 태도와 일일기도의 방향 간에 어떤 상관관계가 있는지 나는 알지 못한다.


## 성전이 시작되면서 대중조작의 수단으로 이어지다 │ 메카의 지배자

들이 우려했듯이 모든 잡다한 신들의 최상위에 존재하는 유일신 알라를 숭배하는 종교가 발흥하게 되면 그 첫번째 공격대상이 메카가 될 것은 불을 보듯 뻔한 사실이었다. 그것은 메카가 아라비아 세계의 정신적 중심지이기 때문이었다.

이제 모하메드는 힘을 얻었다. 더 큰 힘을 얻기 위해서는, 아라비아의 정신세계를 통일하기 위해서는 그 중심지를 정복해야 했다. 일일기도의 방향이 메카로 바뀌었다. 신도들의 머릿속에는 종교적 염원과 정치적 목표가 혼재하고 있었다. 성전이 시작되었다. 성전이라는 개념은 어느 세계 어느 문명권을 막론하고, 새로운 이념이나 새로운 종교가 전파되는 과정에 항상 활용되었던 대중조작의 수단이다.

모하메드는 성전을 시작하면서 전사들이 메카의 이교도들에게 노골적인 적대감을 가질 것을 요구했다. 메디나에서 새로운 도시를 건설하던 초창기에 모하메드는 대상隊商들을 상대로 한 약탈을 지시한 바 있었다. 단기적으로는 메디나지역에서 필요한 물품을 얻는 효과도 있었지만 장기적으로는 교역의 중심지인 메카에 경제적인 타격을 주고자 하는 것이 그 목표였다.

## 모하메드, 피한방울 흘리지 않고 메카를 접수하다

이유야 어찌됐든 그건 강도질이었다. 그는 그 강도질을 이제 대규모로 행하도록 지시했다. 메카로 향하는 대상들의 숫자가 날이 갈수록 줄어들었다. 메카는 비축물품으로 버티다가 마침내 싸움을 걸어왔다. 싸움은 중간에 휴전기간이 있기는 했으나 장장 7년간 지속되었다. 휴전기간 동안 모하메드는 메카에 자신의 신도를 늘이는 데에 주력했고, 그의 노력은 성공했다.

이미 언급했듯이 그의 목표는 아라비아세계의 통일이었다. 오

메카에 입성하는 모하메드. 19세기 그림.

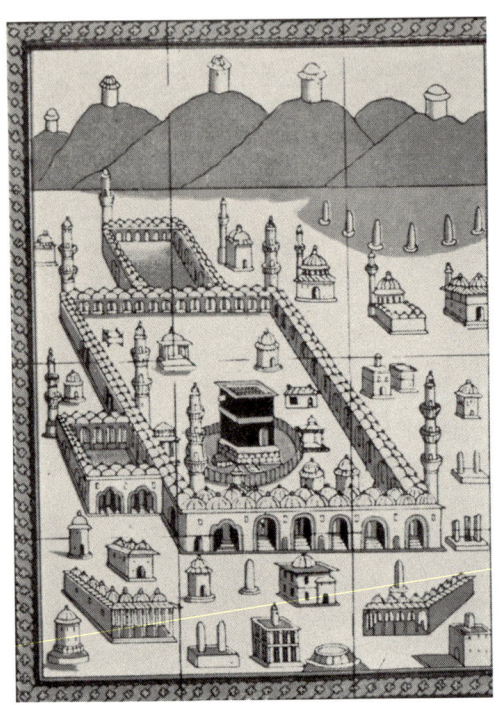

성지 카바. 16세기 그림.

랜 전란戰亂에 지친 사람들은 안정을 희구했고, 그 안정이 가능하다면 영속적인 형태의 것이기를 원했다. 영속적인 안정은 아라비아 세계의 통일이 있고서야 가능하다는 것을 그들은 깨달았다. 그것을 줄 수 있는 사람은 모하메드였다.

529년 메카에서 모하메드를 따르는 주민들이 대규모 시위를 벌인 이후 메카의 기득권층은 정치적 영향력을 상실했다. 630년, 모하메드는 피한방울 흘리지 않고 메카를 접수했다. 메카를 중심으로 신의 나라가 건설되었고, 아라비아세계는 통일되어갔다. 종교지도자가 정치적 성공을 거둔 경우는 그리 흔치 않다. 모하메드와 1980년대의 이란의 호메이니가 고작이다. 둘 다 이슬람이라는 것이 흥미롭다.

### 권력의 정점에 있을 때, 생명의 위협을 받지 않았을까

생애의 말기에 그는 열병에 시달렸다. 독극물에 중독된 적이 있었다는데 그 후유증이었던 모양이다. 확실한 증거는 없으나 그가 권력의 정점에 있을 때부터 수하의 누군가로부터 생명의 위협을 받고 있었음에 틀림없다.

밤이 되면 그는 공동묘지를 찾았고, 그곳에서 전란과 병화에 의해 죽어간 원혼들에게 용서를 빌었다고 한다. 그는 아내에게 늘 두통을 호소했었다고 하고 그 두통은 약으로도 해소되지 않는 중증이었다고 한다.

월요일 아침, 예언자는 두통으로 인해 머리를 싸맨 채 아침기도를 하기 위해 집을 나섰다. 아부 베크가 신도들의 제일 앞에 서서 기도를 인도하고 있었다. 예언자가 나타나자 군중들이 동요했다. 예언자가 왔음을 감지한 아부 베크가 제일 앞자리를 예언자에게 양보하고 옆으로 비켜섰다. 그러나 예언자는 그의 등을 떠밀어 그 자리에 그대로 서 있도록 했고, 그가 계속해서 기도를 인도하라는 지시를 내렸다. 그리고는 예언자 자신은 아부 베크의 뒤편에 앉아 조용히 묵상에 잠겨 있었다.

### 생의 마지막 한마디, '코란을 따르라!'

기도가 끝나자 그는 군중들을 향해 돌아앉았다. 그리고 쩌렁쩌렁한 목소리로 다음과 같이 말했다.

"오! 인간들이여. 정열은 타오르고 욕망은 밤의 장막처럼 드리워져 있구나. 신 앞에서 내가 너희들로 인하여 부담스러워하지 않도록 하라. 내가 너희들에게 허용하는 것은 코란이 허용하는 것이며, 내가 너희에게 금지하는 것은 코란이 금지하는 것이니 코란을 따르라."

632년 6월 7일, 신의 사자 모하메드는 아내의 품에 안겨 영면했다. 세수 62세였다. 후계자 아부 베크가 군중에게 말했다.

"모하메드는 한낱 신의 사자였다. 그의 앞에도 이미 많은 신의 사자들이 있었다."

모하메드는 숨을 거둔 그 장소에 묻혔다.

히틀러는 정말 '마이카 시대'를 꿈꿨다

# 히틀러와 폴크스바겐

나치스 치하의 독일. 즉 소위 '제3제국'에서의 고속도로 건설은 흔히 '풍뎅이 차'라고 불렸던 '폴크스바겐'이라는 차의 탄생과 따로 떼어서 생각할 수 없다. '폴크스바겐'을 우리말로 그대로 옮기면 '국민차'가 된다. 히틀러는 '국민 차'와 '고속도로' 그리고 그 '국민차'를 생산하는 공장이 들어설 '도시'를 한 묶음으로 생각했다.

Hitler & Volkswagen

## '대통령이 가시개를 들고 왔단다! 우와'

1970년이었지 싶다. 경부 고속도로가 개통되던 날, '테이프 끊는' 행사장에 나는 학생신분으로 동원되었다. 몇시간 동안 연습을 하고 나서야 대통령이 '가위를 들고' 나타났다. 가위야 처음부터 행사장에 준비되어 있었을 것이고, 대통령은 원래 맨 몸으로 다니는 사람인 줄 모두 알고 있었지만, 누군가가 큰 소리로 "대통령이 가시개를 들고 왔단다!"라고 소리지르자 동원된 학생들은 "우와"하고 함성을 질렀다.

모두가 지쳐 있었으므로 가위의 출현이 반가울 수밖에 없었던 것이다. 이유야 어찌됐든, 행사장은 떠나갈 듯한 함성으로 가득 찼다. 대통령도 그 '졸병들'도 모두 흐뭇한 표정이었다. 우리들도 우리의 함성에 스스로 자극받아 더 큰 함성을 토해내고 있었다. 속이 시원했다. 일종의 발악이었다.

종전 직전에 맞이한 히틀러의 쉰여섯번째 생일, 초라한 열병식에 도열한 병사는 대부분 소년병이었다.

## 군사적 목적의 고속도로의 전형은 히틀러를 본뜬 거라고? | 그 무

렵, 고속도로 건설을 군사적 목적으로 설명하는 논객들이 많았었다. 당시의 대통령을 별로 존경하지 않았던 학생들은 모두 '군사적 목적' 으로 고속도로가 건설되었다고 믿고 있었다. 잘은 몰랐지만 우리들은 '군사적'인 것은 별로 좋은 것은 아니라는 생각들을 하고 있었다. 우리 들이 주워들은 바에 의하면 '군사적 목적의 고속도로'의 전형은 히틀 러가 만든 독일의 고속도로라고 했다. 나도 그렇게 믿었다. 대부분의 독자들도 그렇게 알고 계시리라 믿는다.

나치스 치하의 독일, 즉 소위 '제3제국'에서의 고속도로 건설은 흔히 '풍뎅이 차'라고 불렀던 '폴크스바겐'이라는 차의 탄생과 따로 떼어서 생각할 수 없다. '폴크스바겐'을 우리말로 그대로 옮기면 '국민차'가 된다. 히틀러는 '국민차'와 '고속도로' 그리고 그 '국민차'를 생산하는 공장이 들어설 '도시'를 한 묶음으로 생각했다.

'제국'은 천년을 지속될 것으로 믿었다. 1934년부터 1940년 사이 나 치정부는 건축에 엄청난 돈을 쏟아 부었다. 천년왕국의 상징적 건축물 로서 설계된 그것들은 아직도 많이 남아 있다. 그것들을 보면서 어떤 사람들은 '히틀러는 예술가가 제격'이었다고 아쉬워하고, 어떤 사람은 히틀러가 분명히 '맨 정신이 아니었다'고 단정하기도 한다.

제3제국의 건축물은 정치와 건축학이 합작으로 빚어낸 작품이었다. 순수건축 미학적 혹은 기능적 고려는 애당초 논외였다. 그것들은 대부 분 정치적 뒷배경의 지원을 받아 우뚝우뚝 솟아올랐다. 거대 건축물의 탄생이 정치와 무관하지 않다는 것을 우리는 잘 알고 있다. 그것은 고대 이래 지속되어온 인류의 전통이기도 하다.

소위 '세계 7대 불가사의'라고 하는 것들도 모두 정치적인 '탄생 설화'를 갖고 있다. 그것이 지배자 개인의 '자기표현의 수단'이었든, 혹은 이민족에 대한 상대적 우월성을 과시하고픈 동기였든, 혹은 종교적 이유였든 간에……

역사상의 모든 건축물은 해당 시대의 정신적, 예술적, 사회적 그리고 정치적 원소를 내포하게 마련이다. 그래서 오래된 건축물을 보면서 우리는 그 시대를 떠올려 버릇한다.

## 나치스와 건축

히틀러의 건축 및 건설 복안은 그 첫째가 사람들을 감동시키는 것이었다. 두번째는 그것들이 자신의 위대함의 상징물이어야 한다는 것이었다. 히틀러가 꿈꾸었던 천년왕국은 실현되지 않았다. 그리고 그가 구상했던 '신도시'들도 대부분 설계로만 머물렀다. 그의 구상을 그 자신의 육성으로 들어보자.

"개인적인 용도의 건축물이 아닌, 조그마한 사적 공간이 아닌, 거창한, 마치 이집트와 바빌론의 건축물들과 같은 것들이어야 한다. 우리는 성스러운 건축물, 고도로 발달된 문화의 징표를 창조하게 될 것이다. 그것들로써 나는 내 민족과 나의 통치시대를 뚜렷이 역사 속에 각인하게 될 것이다."

이 부분은 히틀러 치하에서 장관까지 지냈던, 요즘말로 하자면 '테

크노크래트(기술관료)'로서 전후에도 '전범'으로 몰리지 않았던 스페어라는 이름을 가진 사람의 회고록에 포함되어 있다.


### 상상력이 지나친 '히틀러의 한계'는 '창의력 빈곤'이다

나치정권은 대개의 전체주의적 정권이 그러하듯이 모든 '개인적인 것'을 부정했다. '국가사회주의'라는 이념에 의한 탈개인화의 논리가 가장 강하게 표출된 곳이 건축분야였다.

그들은 탈개인화과정을 '새로운 문화'의 창조과정인 것으로 이해했다. 국가공권력은 모든 수단과 방법을 동원해서 새로운 '민족공동체'를 만들어야 한다는 것이 그들의 논리이자 목표였다.

그러나 우리 모두가 알고 있듯이 국가사회주의는 하나의 새로운, 독자적인 문화를 창조하는 데 실패했다. 건축에서도 지속적이며 일관된

1933년 3월 23일, 히틀러는 '수권법'을 통해 사실상의 국가 최고지도자가 된다.

정서를 갖추지 못했다. 독창적인 것은 하나도 없는 온갖 잡탕들과 사이비들만으로 얼기설기 엮어진 것이 소위 '제3제국'의 문화라는 것이었다.

1937년에 '도시 재개발령'이라는 것이 제정되었다. 상주인구가 십만이 넘는 도시들이 재개발 대상이었다. 당시 약 50개 정도의 도시가 거기에 포함되었다. 히틀러는 소위 '예

술연설'을 통해 재개발 지침을 하달했다.

다양한 건축양식은 용납되지 않았다. 단 하나의 양식이어야 했다. 그것은 영원한 예술일 수 있는, 고대 건축물을 본뜬 것이어야 했다. 히틀러는 역사 속에서 본받을 만한 유일한 나라로 로마제국을 꼽았다. 그는 로마인과 게르만인은 '기본인종'으로 통합될 수 있다고 역설했다. 히틀러는 상상력이 지나쳐서 망한 사람이었다. 그리고 창의력의 빈곤은 그의 한계였다.

건축과 관련된 히틀러의 열정과 논리와 관련해서는 얘깃거리가 많다. 다음 기회로 미루고, 우리는 '국민차'로 돌아가자.


### 실업률을 떨어뜨리기 위한 고속도로 건설, 시작은 그럴싸한데…

제1차 세계대전 이후 대부분의 유럽 국가들은 도로건설에 주력했다. 새로이 건설될 도로들은 자동차의 운행을 염두에 둔 것으로써 종전의 도로개념과 판이한 것이었다. 그러나 대부분의 나라들에서 신도로 건설계획은 실현되지 못했다. 그 무렵의 세계적인 경제공황이 그 원인이기도 했으나, 근본적 원인은 자동차시대의 도래에 대한 확실한 예측이 불가능했던 탓이었다.

고속도로 건설계획은 1933년 2월에 히틀러가 그것을 최우선의 국가적 사업으로 추진할 결심을 굳힘으로써 현실화되기 시작했다. 고속도로 건설계획은 히틀러의 전임자들이, 즉 바이마르공화국의 역대 수상들이 실업률을 떨어뜨릴 수 있는 여러가지 방안 중의 하나로 입안했던 것이었다.

히틀러가 집권할 무렵, 독일의 실업자는 대충 6백만 정도였던 모양이다. 히틀러의 집권이 가능했던 것도 경제불안과 관련이 있다. 당시로서는 실업자에게 일자리를 주는 사람은 '민족의 지도자'일 수 있었다. 히틀러는 여성노동자들을 가정으로 불러들였다. 물론 장기저리의 가사보조금이 유인수단이었다. 박봉이나마 남자들의 일자리가 늘어갔다. 가사보조금이 유리한 조건으로 광범위하게 주어졌으므로 남자들은 박봉을 개의치 않았다. 통계지표상의 실업률이 떨어졌다. 그러나 그중 많은 부분은 여자들이 가정으로 돌아갔기 때문이었다.

그러나 이 방법으로 해결하기에는 6백만이라는 숫자가 너무 많았다. 온갖 수단과 방법이 동원되었다. 그중 하나가 국가적인 대규모 토목사업, 즉 고속도로 건설이었다.

### '국민차'는 장밋빛 미래를 약속하는 훌륭한 선전수단

앞서 잠시 귀띔했듯이 '고속도로'와 '국민차'는 한 묶음이었다. '국민차'는 히틀러와 포르쉐의 공동작품이었다. 포르쉐라는 사람은 자동차 설계사였다. 히틀러와는 같은 오스트리아 태생으로서 쉽게 가까워질 수 있는 조건을 갖추고 있었다. 오늘날 세계적인 '스포츠카'의 대명사가 되어 있는 '포르쉐'는 바로 이 사람의 이름이다. 아마도 그가 '스포츠카 포르쉐'의 최초 모델을 만든 사람일 것이다.

포르쉐는 제1차 세계대전 종전 직후부터 '평범한 사람들을 위한 소형차'를 구상하고 있었다. 그러나 당시의 자동차 회사들은 작은 차에는 관심이 없었다. 당시로서는 자동차는 대단한 사치품이었으며 고객은 주로 상류층이었기 때문이다.

1933년 포르쉐는 제국교통부에 소형차 생산에 관한 사업계획서를 제출했다. 조그마한 국민차는 독일민족에게 장밋빛 미래를 약속하는 훌륭한 선전수단이었다. 그때부터 나치스 정권은 국가적인 선전기관을 총동원하여 떠들어댔다. 히틀러의 통치하에서 독일민족들은 십년 안에 모두 자가용차를 갖게 된다는 것이 그 주된 내용이었다.

독일자동차연맹이 이 프로젝트를 반강제로 떠맡았다. 1934년 6월 22일 독일자동차연맹과 포르쉐 간에 국민차 생산계약이 체결되었다. 시작은 되었으나 연맹측은 소극적이었다. 연맹측은 정부로부터 차 한 대당 2백 마르크의 보조금이 주어지지 않는다면 생산할 수 없다고 했다.

### '고속도로'와 '국민차'는 한 세트였다

히틀러는 백만 대 정도의 국민차를 생산할 참이었다. 계산은 간단했다. 백만 대를 생산하면서 한 대당 2백 마르크의 보조금을 주느니 차라리 독립적인 자동차 생산공장을 세우는 것이 싸게 먹힌다는 계산이 나왔다. 말하자면 정부가 직영하는 자동차회사를 설립하는 것이 손쉬운 해결방안이었다는 뜻이다.

국민차 생산준비회사가 설립되었다. 1938년 5월 26일, 회사 창립식에서 히틀러는 생산될 국민차를 'KdF-차'로 명명하였다. KdF는 'Kraft durch Freude'의 약자로서, 우리말로 그대로 옮기면 '기쁨에 의한 힘'

'국민차' 모형을 보고 감탄하는 히틀러. 사진 제일 왼쪽에 손을 든 사람이 설계자 포르쉐이다.

이 된다. 한때 북한의 고위층과 관련해서 '기쁨조'라는 단어가 제법 유행한 적이 있다. 'KdF-차'를 '기쁨차'로 번역해도 괜찮지 싶다. 어쨌거나 이 글에서는 그냥 'KdF-차'로 쓴다.

KdF는 원래 히틀러의 명에 의해 해체된 독일노조를 대신한 '독일노동전선'이라는 이름의 전국적 노동자 조직의 산하기관으로서 노동자들의 휴가나 여가활동을 지원하는 조직이었다. 이 조직이 새로이 생산될 '국민차'를 지원할 의무를 떠맡았고, 그리고 그 대가로서 그 차의 이름이 이 조직의 이름을 표방하게 된 것이다.

**청약부금이 전쟁비용으로 사용되지는 않았다**

명분이 없지는 않았다. 새로이 생산될 국민차는 국민 대다수인 노동자들을 위해서 만들어지는 것인 만큼 노동자들의 회비로 운영되는 조직이 이 자동차회사를 재정적으로 지원하는 것은 전혀 이상한 일이 아니라는 것이었다.

KdF는 일종의 자동차 청약부금을 창안했다. 미래의 차주들은 매주 5마르크씩 돈을 적립해야 했다. 계약조건은 아주 까다로웠다. 다른 사람에게 넘겨줄 수도 없었고, 도중에 해지하는 것도 허용되지 않았다. 1938년부터 종전 때까지 이 자동차대금 적립에 참여한 사람은 모두 33만 6천6백68명이었다. 나치정부가 예상했던 것보다는 호응도가 아주 낮았다. 까다로운 청약조건도 문제였을 것이고, 월 5마르크라는 부금 액수도 당시 독일 노동자들의 급료수준에서는 적지 않은 부담이기 때문이었겠지만 보다 근본적인 이유는 당시 독일인들에게 '마이카'에 대한 개념 자체가 없었기 때문일 것이다.

앞서 얘기했지만 1970년대에 우리나라에서 고속도로 건설을 군사적 목적으로 이해한 사람이 많았듯이 당시에도 그리고 전후에도 청약부금이 전쟁비용으로 전용되었을 것이라는 추측이 많았다. 그러나 그에 대한 분명한 반증자료가 있다.

1945년 베를린이 소련군에게 함락되었을 때, 소련군은 독일 제국은행 본점에서 전용되지 않고, 잘 관리되고 있는 자동차대금 적립계좌 장부 일체를 발견했다. 적립금은 온전히 금고에 보관되어 있었다. 2억 5천만 마르크에 달했던 그 엄청난 돈은 당연히 소련군의 차지였다.

### 계획은 '새로운 땅', 그러나 강제노동자들의 '수용도시'에 머물러

히틀러는 새로운 자동차회사가 들어설 곳에 모범적인 '나치스 신도시'를 세우기로 결정했다. 자동차나 생산하는 산업도시가 아니었다. 그가 구상한 신도시는 '나치스 문화'의 상징이어야 했다. 그곳에는 교회가 있어서도 안되었고, '국가사회주의적인 것' 이외의 그 어떤 정신적인 것도 비집고 들어갈 틈이 없는 도시여야 했다.

'새로운 땅'의 입지로서 여러곳이 물망에 올랐으나, 우여곡절 끝에 독일 북부 팔러스레벤지방의 허허벌판으로 낙점되었고, 도시의 이름은 볼프스부르크로 결정되었다. 볼프스부르크는 오늘날도 존재한다. 그리고 당연한 얘기지만 그곳에는 세계적인 자동차회사 '폴크스바겐'이 자리잡고 있다.

신도시는 '자동차시대'의 모범적인 도시로 건설될 참이었다. 널찍한 가로, 넓은 정원 등 그곳에 들어설 건축물이 갖추어야 할 기본적인 조건에는 히틀러가 이미 지침을 세워놓고 있었다. 히틀러는 그곳에다 그저 '신도시' 하나를 세우고자 한 것이 아니었다. 새로운 '나치스 세대'

고속로로 건설이 한창이다. 그 고속로로 위로는 국민차가 다녀야 했다.

가 태어나고 육성될, 그래서 천년왕국의 기초가 다져질 '새로운 땅'을 건설하는 것이었다. 이 부분에 관한 한 히틀러가 전쟁과 '신도시' 건설을 연계시키지 않았던 것은 분명한 것 같다.

계획과 설계는 거창했으나 1945년 패전할 때까지 도시는 제대로 꼴을 갖추지 못했다. 1940년에 볼프스부르크의 주민은 6천2백명에 불과했었다고 한다. 대부분이 공장건설에 참여한 사람이었다고 본다면 일반주민은 거의 없었던 셈이다.

1945년에 이르러 주민 숫자가 2만5천명으로까지 증가했으나 그중 절반 정도가 외국인 강제노동자들이었으므로, 도시가 제대로 기능하지 못했다고 보는 것이 옳을 것이다. 기록사진에서 보듯 대부분의 경우, 강제노동자들은 가건물에서 생활했을 것이기에 하는 말이다. 달리 표현하면, 제2차 세계대전이 끝났을 때 볼프스부르크는 그냥 '수용소' 도시였을 것이다.

### 전쟁중에 단 한 대의 '국민차'도 그곳에서 생산되지 않았다

전쟁중에 건설되기 시작했던 폴크스바겐 공장은 종전 때까지 완공되지 못했다. 그나마 세워졌던 설비들도 약 60퍼센트 정도가 폭격으로 파괴된 상태였다. 종전 직후 점령국의 하나였던 영국이 공장의 관리를 떠맡았다.

1947년에 공장노동자가 8천명이었다고 하니, 괄목할 만한 수준의 생산이 있었던 모양이다. 생산된 자동차는 물론 포르쉐의 원래 설계에 충실한 것이었다. 공장의 활성화와 더불어 도시건설도 촉진되었다. 물론

'나치스 신도시'의 복안과는 상관없는 현대식 도시로의 발전이었다.

연합군측 공군기들의 집중폭격의 대상이기도 했던 폴크스바겐 공장에서는 전쟁중에 단 한 대의 '국민차'도 생산되지 않았다. 그렇다고 독일 노동자들의 여가생활을 위한 '국민차'가 생산되었어야 할 볼프스부르크의 공장에서 '군용차'가 대신 생산된 것도 아니었다.

당시 견본으로 전시되었던 '국민차'는 오늘날 '메르체데스-벤츠'로 잘 알려진 '다이믈러-벤츠' 공장에서 생산된 것들이었다. 볼프스부르크는 히틀러의 좌절된 희망 그 자체였다.

그는 말년에 자신은 전쟁광이 아니라고 술회했다. 자신이 전쟁을 선택한 것이 아니라 시대가 그 자신에게 전쟁을 강요했다고 했다. 어쨌거나…….

전쟁기간 내내 고속도로는 텅 비어 있었다. 군수물자를 실어 나르는 자동차도 팔자 좋게 고속도로를 달릴 입장이 못 됐다. 공습 때문이기도 했고, 전선의 전개가 고속도로의 이용을 필요로 하지 않았기 때문이기도 했다.

고속도로 건설은 실업자를 없애기 위한 국가적 사업으로서 추진되어야 했다. 그 고속도로 위로는 '국민차'가 다녀야 했다. 독일의 전 노동자가, 적어도 백만 가구에서는 십년 안에 자가용차를 가질 수 있어야 했다. 그것이 '자동차광' 히틀러의 꿈이었다.

포르쉐가 설계한 '국민차'는 독일 내에서는 캐퍼Kaefer라는 이름으로, 외국에서는 비틀Beetle이라는 이름으로, 1950~1960년대 전세계 자동차시장을 평정했다. 캐퍼든 비틀이든 우리말로 바꾸면 풍뎅이나 딱

정벌레쯤 된단다. '국민차'는 1970년대 중반까지는 독일에서, 그리고 1990년대 초까지는 브라질에서 생산되었다가 완전히 단종되었다. 그러다가 최근 다시 원형에서 크게 달라지지 않은 모습으로 부활한 것 같다. 요즘 우리나라에서도 심심찮게 '풍뎅이'가 굴러다니고 있는 것을 더러 목격했다. '국민차'는 자동차회사의 이름으로 남았다.

고속도로는 1933년부터 건설되기 시작했다. 히틀러는 1933년부터 전쟁을 준비하지는 않았다.

전형적인 노력형 인간, 스페인 독재자의 청년기

프란시스코 프랑코

'프랑코 장군은 반란을 일으킬 사람이 아닙니다. 그러나 그가 만약 '국가의 공권력이 길바닥에 나뒹굴고, 조국이 무정부주의자들의 손아귀에서 놀아나고 있다'고 판단하게 되는 상황이 온다면 그가 칼을 뽑을 것입니다."
프랑코는 165센티미터의 키로 스페인 내전을 일으켰고, 그리고 약 40년간 스페인을 통치했다.

Francisco Franco 1892~1975

**말문이 막혀본 경험이 있나?** | 작가 헤밍웨이의 주요 작품들의 대부

분은 자신의 개인적인 경험이 그 소재가 된 것으로 알려지고 있다. 열정

적인 삶을 살고 갔던 그는 제1차 세계대전, 스페인 내전 그리고 제2차

세계대전 모두에 때로는 구경꾼으로 때로는 싸움꾼으로 참전하였다.

이들 세계사적 사건의 현장을 섭렵하면서 그는 보통 사람들이 일생

동안 겪게 되는 평균적인 양을 초과하는, 어쩌면 수십명분에 해당하는

사건과 충격, 그리고 공포와 불안 따위를 경험했어야만 했을 것이다.

'평균적인 양'이라는 개념이 도대체 설정 가능한지 어쩐지는 모르겠으

나 어쨌든…….

흔히들 그의 문장에는 철저하게 감성이 배제되어 있다고 한다. '하

드 보일드'한 것으로 평가되는 그의 문체는 극단적으로 간결하다.

흔치는 않으나 어떤 엄청난 사건을 겪으면서 '말문이 막혀본 경험'

들을 우리는 갖고 있다. 남들이 들어서 쉽게 이해할 수 있는 보편적인

언어로 표현할 수 없는 정서는 분명히 있다. 많이 읽고, 많이 쓰고, 많

이 배워서 남들보다 많은 어휘력을 지니고 있어도 느낌이 언어화되어

소리의 형태로 내뱉어지지 않는 경우는 누구에게나 있게 마련이다.

사건현장을 벗어나고, 그리고 시간이 흐르면서 사람들은 당시의 상

황을 사건 그 자체로 전달할 수 있을 정도로 맨 정신이 돌아온다. 그러나 말문이 막혔던 당시의 정서를 표현하는 것은 쉽지 않다. 경험이 새로울수록, 그리고 그 충격의 강도가 크면 클수록 표현의 어려움은 클 수밖에 없다. 우리 같은 보통사람들이야 몇마디 단어를 내뱉어놓고도 당시의 정서를 비슷하게나마 전달했답시고 속시원해져서 편히 잠들 수 있는 편한 팔자지만, '글'쓰는 것을 직업으로 삼은 사람들은 그것 때문에 몇날 며칠 밤을 하얗게 새기도 할 것이다.

헤밍웨이의 문투가 그렇듯 황량하고 간결한 것은 그가 글 쓰는 것을 직업으로 삼기에는 박약한 감성의 소유자라서가 아니라, 혹은 그의 어휘력이 빈약해서가 아니라, 그가 살면서 겪었던 사건의 양이나 그 충격의 강도, 그리고 경험 당시의 정서적 혼란 등이 어차피 일반적인 언어로서는 표현이 불가능하다는 것을 깨달은 그가 고심 끝에 정서전달의 부담이 덜한 그런 형식을 선택했기 때문일 수도 있을 것이다. 그는 분명히 감성이 풍부한 사람이었다. 권총으로 스스로 생을 마감할 수 있을 정도로.

헤밍웨이가 우리의 얘깃거리는 아니다. 그의 대표작 중의 하나인 『누구를 위하여 종은 울리나』의 무대였던 스페인 내전을 일으켰던 프랑코가 우리의 주인공이다. 합법적인 절차를 거쳐 집권한 공화주의 정부를 전복시키려는 프랑코의 우익 군사반란을 응징하기 위해 전세계의 좌파 지성인이 '국제여단'을 구성해서 스페인 내전에 참전하였다는 사실은 독자들도 잘 아시리라 믿는다. 작가 헤밍웨이는 종군기자로 그 전장을 누볐다. '국제여단'의 성원들이 즐겨 불렀던 노래는 〈인터나찌

오날레〉였고, 그 노래를 부르면 징역 2년 반을 인도받는 것이 삼사십
년 전의 한국이었다는 설도 있다.

### 뭐, 헤밍웨이의 소설 속 무대가 '스페인 내전'이라고? | 스페인 내전

은 1936년부터 1939년까지 불과 4년 남짓 진행되었다. 그러나 세계사
에 미친 영향은 엄청나다. 그럼에도 불구하고 서양현대사 중 가장 극
적이었던 사건 중의 하나인 스페인 내전이 우리에게 그리 잘 알려지지
않은 것은 우리가 미국이나 중부 유럽중심의 서양사에 익숙해져 있기
때문일 것이다. 헤밍웨이의 소설이나 동명의 영화에

는 익숙해도 그것의 무대인 스페인 내전에는 낯설어
하는 것이 우리들이다. 앞부분에서 헤밍웨이를 언급
하고, 『누구를 위하여 종은 울리나』를 떠올리게 한
것도 이러한 생경함일 비켜가기 위해서였다.

프랑코는 피비린내나는 동족상잔에서 승리한 이
후 죽을 때까지 약 40년간을 권좌에 머물러 있었다.
그 기간 동안 그는 조국 스페인에 안정을 제공했다.
그는 스페인 내전 기간 중에 히틀러와 무솔리니의
군사적 원조를 받았음에도 불구하고 제2차 세계대전
에서 중립을 지켰다. 그리하여 병화로부터 스페인을
보호할 수 있었다.

집권기간 중 괄목할 만한 경제발전도 이룩했다.

외인부대를 지휘하던 무렵의 프랑코,
1920년.

그러나 그는 독재자라는 칭호를 벗어버리지는 못한다. 집권과정의 멍에 때문이었다 하더라도 그의 집권기간 내내 스페인의 인권상황은 국제사회의 비난을 받았다.

이 글에서는 내전의 전개상황이나 프랑코 집권 기간 동안의 스페인 정치상황은 다루지 않는다. 오히려 프랑코의 성장기, 그리고 청년 장교시절의 인격적 발전과정에 초점을 맞추었다. 훗날의 결단의 열쇠가 거기에 숨어 있을 것이라는 가정 때문이다.

### 수줍음이 많은 전형적인 스페인 갈레시아 출신

이베리아 반도 북서부는 반도의 여타지역의 일반성을 벗어나는 독특한 풍광을 지녔다고 한다.

유럽에 십년 가까이를 살았으면서도 나는 스페인에는 가보지 못했다. 요즈음 유학생들은 유럽에 가자마자 여행부터 시작한다지만 80년대 초만 해도 돈 펑펑 쓸 수 있는 학생들은 거의 없었다. 지금 생각해보면 돈도 돈이지만 마음의 여유가 없었던 것이 더 큰 이유였을 수도 있다는 생각은 든다. 어쨌거나……

포르투갈에 인접한 북서부의 갈리시아지방은 대서양 쪽으로 협만이 발달해 있고, 기후가 습하며, 울창한 삼림지역도 발달해 있다. 스페인 사람들은 그곳의 주민들을 '갈레고스'라고 부르는데, 그들은 독특한 기후 탓인지는 몰라도 수줍음이 많고, 조심스러우며, 이방인이나 이단의 사상 등에 쉽게 정을 주지 않는 특성을 지녔다고 한다.

프랑코는 성격상 전형적인 '갈레고'였던 모양이다. 그러나 그의 조상들은 그곳의 원주민이 아니었으며, 스페인 남부 안달루시아지방에서 그곳으로 17세기 말쯤에 이주했다. 상류층에 속했던 그 가문의 사람들은 북서부로의 이주 이후에도 그곳의 촌사람들과는 자주 어울리지 않았던 탓에 자손들이 대대로 그곳 특유의 사투리를 완전히 소화하지 못했다고 한다.

　프랑코가 유태인일지도 모른다는 의심을 히틀러가 한 적도 있는 모양이다. 자신으로부터 엄청난 은혜를 입어놓고도 모른 척 하는 것이 미워서였을 것이다. 그러나 사실 스페인 사람들의 외모는 중부유럽 쪽보다는 중동 쪽에 가깝다. 그리고 프랑코의 선조들이 북서부로 이주하기 전에 살았던 남부 안달루시아지방에는 '프랑코'라는 이름의 유대인들이 많이 살고 있다고 한다. 프랑코가 유태인이라는 소문은 내전 기간 중 '인민전선'측에서 뿌린 선전물에 그 근거를 둔 것이나 사실여부는 확인되지 않았다.

　가문의 기록을 거슬러 올라가 봐도 선조들이 오래전부터 기독교를 신봉했던 것으로 나와 있는 만큼 프랑코가 유태인이었을 가능성은 희박한 것 같다.


**소년기의 대부분을 모친과 함께 보냈다**　｜　프란시스코 프랑코는 1892년 12월 4일 태어났다. 그가 태어난 곳은 도시가 형성된 지 채 200년이 되지 않은 엔 페롤이라는 이름의 항구도시로서 당시에는 군

육사 입학 직후의 프란시스코 프랑코. 앉아 있는 사람은 그의 형 니콜라스.

항으로 기능하고 있었다. 그는 열다섯살이 될 때까지 그곳에 살았다.

주민의 대부분이 해군과 관련되었거나 혹은 무역에 종사하는 자들이었다. 프랑코의 조부는 해군의 경리감을 역임한 고위 장성이었으며, 부친은 고위 공무원이었다.

그의 부모는 모두 다섯 남매를 두었으며, 아들은 프란시스코를 포함하여 세 명이었다. 그의 부친이 가정보다는 직장의 일을 우선시하여 항상 밖으로만 나돌았던 탓에 그들 남매는 대부분의 시간을 모친과 보냈어야 했다.

그러나 남매는 쾌활하고 구김살 없이 잘 자랐다. 훗날 그가 보여준 결단이나 잔혹성을 성장기의 가정의 결손과 관련지을 수 있을 만큼 문제 있는 가정은 아니었다. 하기사 성장기의 가정의 결손이 특이 성격의 필요충분조건은 아니다. 멀쩡한 가정에서도 미치광이가 출현하고, 결손가정에서도 성자가 탄생한다.

소년기의 세 형제의 성격은 제각각이었다. 첫째였던 니콜라스는 부친을 빼닮아 아주 격정적인 성정의 소유자였으며, 훗날 해군의 행정장교가 되었다. 막내였던 라몬은 자신의 일에만 몰입하는 유형으로서 훗날 스페인인으로서는 최초로 남대서양을 중간 기착 없이 횡단하는 기록을 남긴 유능한 조종사가 되었다. 둘째였던 우리의 주인공 프란시스코는 삐쩍 마른 몸매에 눈 주위에 그늘이 져 있어 밝지 않은 인상을 주는 얼굴이었으며, 항상 몽상에 잠긴 듯 몽롱한 표정을 하고 있었던 모양이다. 그래도 그는 다른 남매들과 잘 어울렸고, 형제들이 벌이는 격렬한 놀이에도 빠지지 않았다.

그의 어머니는 대단히 신앙심이 깊은 여인네였으며, 훗날 로마에서 성지순례를 하다가 사망했을 정도로 신앙생활에도 열심이었으나 종교에 관한 한 프란시스코는 어머니의 영향을 전혀 받지 않은 것 같다. 그는 교회를 나가는 일에도, 그리고 믿음 그 자체에도 별다른 흥미를 느끼지 못했다. 이유나 논리가 있어서 종교를 거부했다기보다는 그저 관심이 없었다고 보는 것이 옳을 것 같다.


### 그가 육군이 아닌 해군에 갔더라면 역사가 바뀌었을까?

만약 프란시스코의 학교 성적이 좋았다면 그는 가문의 전통을 따라 해군장교로서의 삶을 살아갔을 것이다. 그러나 스페인이 미국과의 해전(1898년)에서 대패하고 나서 마드리드 정부는 해군을 유지하는 데에 필요한 예산을 절감키로 결정했고, 따라서 해군장교의 숫자도 줄어들 수밖에 없었다. 성적이 좋았던 첫째는 해군사관학교에 입교하였으나 둘째와 셋째는 육군사관학교에 입교할 수밖에 없었다. 그가 가문의 전통대로 해군사관학교에 입학하였더라면 스페인사는 어떻게 흘러갔을까? 그리고 세계사는?

사실 프란시스코의 성적으로는 육군사관학교의 입교도 쉽지 않았다.

그러나 운이 따라주었는지 무난히 입학시험에 합격했다. 사관학교 입학 당시 열다섯살이었던 프란시스코는 같은 또래들보다 키도 작았고, 여전히 삐쩍 마른 체구였다. 신체적 성장이 완료되었을 때도 그는 결코 큰 키는 아니었다. 그는 서양인으로서는 아주 작은 키인 165센티미터로 스페인 내전을 일으켰고, 그리고 약 40년간 스페인을 통치했다.

입학 직후 교관들은 그의 체구가 작다는 것을 고려하여 그에게 무거운 보병총 대신에 가벼운 기병총을 개인화기로 지급했다. 그러나 그는 그런 유쾌하지 않은 특권을 거부했다. 동료들 사이에서 눈에 띄는 존재가 되기 싫었을 것이고, 약골로 오인받는 것에 자존심이 상해서였을 것이다.

그는 턱걸이를 하다시피해서 간신히 사관학교를 졸업했고, 소위로 임관되었다.

## 경비장교로 시작해 16년 만에 장군으로 진급하다

1909년 이제 막 열일곱살이 된 신출내기 소위 프랑코는 당시 전투가 한창이었던 아프리카의 모로코로 배속받기를 원했으나, 그에게 주어진 임무는 스페인 국내에서의 경비장교로서의 역할이었다. 수차례에 걸쳐 전출 희망원을 제출한 끝에 8개월 만에 그는 북아프리카의 전선으로 배속 받았다.

프랑코는 1912년에서 1916년까지, 그리고 1920년에서 1926년까지 모두 두 번에 걸쳐 모로코인들과의 전쟁에 참전했다. 소위로서 첫번째 모로코전에 참전했었고, 두번째 참전중에 장군이 되었다. 그의 진급속도는 유례를 찾아볼 수 없을 정도로 빠른 편이다. 장군이 된 이후에 두 계급을 한꺼번에 뛰어오른 예는 나라마다 흔하다. 우리가 잘 아는 제2차 세계대전의 영웅 아이젠하워 장군도 다국적 연합군을 지휘해야 했기 때문에 유럽전선으로 가는 비행기 안에서 두 계급 승진한 적이 있고, 20여년 전쯤에 NATO군 사령관 알렉산더 헤이그도 그랬었지 싶다.

그러나 소위로 시작하여 16년 만에 장군으로 진급한 예는 그리 흔치 않을 것이다. 정치적인 배려에 의해 쾌속의 진급을 한 것도 아니었다. 오로지 그가 부지런하고 열심이었던 때문이었다. 물론 운도 따라주었다. 죽지 않을 만큼, 불구자가 되지 않을 정도로 자주 입었던 부상도 그의 용감성을 상관들에게 뚜렷이 각인시키는 역할을 했다.

아누알에서 스페인군에게 치명적인 패배를 안겨준 모로코 해방군.

## 전쟁중 몇번의 위기를 넘기고도 살아남다

그는 첫번째의 모로코 체류기간 중에 알제리아인들로 구성된 용병부대를 지휘했다. 스페인에 대한 충성심이 희박한 그들을 데리고도 그는 혁혁한 전과를 올렸다. 그 공적으로 그는 훈장도 받았고, 1915년 스물두살의 나이에 대위로 진급했다.

그가 지휘하는 현지인 용병부대는 승승장구했다. 그러나 시간이 흐를수록 병력의 손실은 커졌다. 졸병들은 이럭저럭 보충되었으나, 1916년에 접어들었을 즈음에는 그의 지휘하에 있던 초급장교 8할 이상이 부상으로 전투불능의 상태였고, 6월에는 그 자신도 복부에 총을 맞았다.

중상이었고, 게다가 무더운 여름이라 2차 감염의 위험성도 컸다. 나는 아프리카의 여름을 경험치는 못했다. 어찌 됐든 우리나라보다는 더울 것이라는 생각은 하고 있다. 약이 귀했던 어린시절의 경험을 되살려보면 여름 상처가 잘 낫지 않았던 기억은 있다.

어쨌거나, 몇번의 위기를 넘기고 그는 살아남았다. 다행히 총알이 창자를 휘저어놓은 상태는 아니었던 모양이다. 그는 야전병원의 침대에 누워있는 상태에서 소령으로 진급했고, 스페인 본국으로 전출명령을 받았다.

그는 새로운 근무지인 스페인의 오비에도에서 전쟁영웅으로 대접받았다. 매일 아침 그가 말을 타고 숙소인 호텔을 나설 때면 길 맞은편에 운집해 있던 군중들이 환호성을 지를 정도였다. 군중들 중에는 여학교를 다니고 있던 열일곱살의 처녀가 있었다. 그녀의 이름은 카르멘 폴로 마르티네즈였다.

카르멘의 가족은 미국땅에 상당한 재산을 소유하고 있었다. 그녀의 조부는 유명한 문학교수였으며, 모친은 오스트리아 귀족의 혈통이었다. 자유주의 정서를 지녔던 그녀의 부모들은 딸이 군인과 결혼하는 것을 원치 않았다. 그러나 자식한테 이기는 부모 없다지 않는가. 그녀의 부모는 두 사람의 혼인을 마지못해 승낙했다. 두 사람은 스페인의 오랜 전통에 따라 길고도 긴 약혼기간을 보내야 했다.

오비에도에서의 체류기간은 그가 생의 반려자를 그곳에서 만났다는 사실 이외에도 그의 삶에 있어서 아주 중요한 의미를 갖는 기간이었다. 그는 그곳에서 싸움터로부터 한걸음 물러난 입장에서 전쟁을 그 자체로서 관조할 수 있었다.

## 뭐, 혼란기의 '군바리'들은 총질 외에도 관심을 갖는다고?

싸움 한 가운데에 있는 경우, 그가 누구든지 간에 살아남는 것 이외에는 다른 생각을 갖기 힘들다. 그러나 한걸음 물러날 수 있는 조건이 주어지면 사람들은 냉정해질 수 있다. 느긋하게 전쟁의 흐름을 읽을 수도 있을 것이다. 혼란의 시대였음에도 불구하고, 그런 시간을 가질 수 있었던 것은 프랑코에게는 크나큰 행운이었다.

그는 남아도는 시간을 활용하여 국민경제학과 민법 따위들을 배우기도 했다. '군바리'들이 총질 이외의 다른 것에 관심을 갖게 되는 경우는 대부분 혼란기다. 그 시절이 그랬다. 그는 언젠가는 그런 단기간의 배움조차도 써먹을 일이 있을 것이라는 확신을 가졌던 듯하다. 어쨌거나 그는 열심히 공부했고, 그 얄팍했던 공부는 곧바로 제때를 만났다.

그해, 1917년은 러시아혁명이 일어났던 해였다. 유럽의 대부분의 나라들이 그랬듯이 스페인 역시 혁명의 전파 앞에서 전전긍긍하고 있었다. 제1차 세계대전을 수행하고 있던 양 진영을 상대로 한 무역을 통해 스페인의 경제사정이 호전되고는 있었으나, 스페인 내의 사회적 적대 구조는 완화되기는커녕 오히려 강화되었다.

군부 내에서도 일종의 '노조' 형태로 변혁세력이 집단화되고 있었다. 체제유지를 기본사명으로 하는 군부에서조차 그런 움직임이 있을 정도였으니 사회의 다른 부문에서는 더 말할 나위조차 없었을 것이다. 서로 갈등하던 무정부주의자들과 사회주의자들도 전에 없던 단합상을 보여주고 있었다. 그들은 전국적인 전면파업을 선동하고 있었다.


## 사회갈등에 관심갖던 프랑코, 외인부대의 부사령관이 되다 │ 프랑코

는 불과 150명 정도의 병력으로 경비업무를 맡고 있었다. 말하자면 그는 비정치적인 군인의 역할을 수행하고 있었다. 그러나 그의 의식은 항상 스페인 내에서 진행되고 있는 사회적 갈등에 집중되어 있었다.

군부 내의 위기상황 역시 첨예화하고 있었다. 그로부터 약 80년 전 군의 정치적 개입이 법으로 금지된 바 있었다. 그 법조문이 사문화되고 있었다. 군부 내의 진보적 장교집단은 혁명적인 요구조건을 내걸고, 공공연히 활동하고 있었다. 모로코에서 전쟁을 수행하고 있던 군인들 사이에 염전사상이 확산되고 있었다. 그들 피로해진 군인들을 대체할 수 있는 특수부대가 필요했다. 대안은 용병, 즉 외인부대였다.

외인부대의 지휘관으로 호세 밀란 아스트레이라는 이름의 중령이 임명되었다. 갈리시아지방 출신이었던 그는 고향사람을 부사령관으로 임

명하고자 했다. 프랑코가 물망에 올랐다. 앞서 이미 얘기했듯이 프랑코
는 그 어떤 지휘관이라도 탐낼 만한 경력을 쌓아두고 있었다. 프랑코는
아스트레이의 제안을 기꺼이 받아들였다. 그는 날까지 잡아두었던 결
혼식을 뒤로 미룬 채 모로코로 떠나갔다. 그때가 1920년 10월이었다.

## 모로코 근무시절, 술과 여자와는 담을 쌓았다

앞서 이미 언급했듯
이 프랑코는 두 번에 걸쳐 모로코에 체류했다. 첫번째의 경우와는 달리
두번째의 체류시에 그는 일기를 쓰는 등으로 그곳에서의 생활을 기록
으로 남겨두고 있다. 훗날의 얘기기는 하지만 그는 그곳에서의 일기, 편
지, 사진 등을 묶어 책으로 출판하기도 했다. 특히 자신에게 부과되었
던, 결코 쉽지 않았던 임무들을 완수하는 과정이 상세히 묘사되어 있다.
　그의 글 속에서 눈에 뜨이는 것은 청년장교로서의 용기라든가 사나

이다움이라든가 하는 것들이 아니
라 거의 청교도적이라 할 수 있는
금욕적인 자기관리에 관한 것들이
다. 멀쩡하던 청년들도 군복만 입
혀 놓으면 망나니가 되는 경우를
우리는 더러 본다. 더구나 이국땅
에서의 군대생활인 경우, 외출이
나 휴가기간 중의 '여가생활'은 도
덕적 평가대상이 되지 않는 것이

모로코에서의 프랑코. 손을 들어 무엇인가를 가리키고 있다.

일반적이다. 그러나 프랑코는 술과 여자와는 담을 쌓고 살았다.

### 전술가로서 그의 결정은 단호했고, 명령은 간단명료했다

그는 자신을 유능한 전술가로 다듬어갔다. 그는 무엇보다도 사냥감을 추적하는 사냥꾼과 같은 끈기를 지니고 있었다. 조심스럽고 느긋했으며 냉정하면서 타산적이었다. 격정에 휩쓸리기보다는 한걸음 한걸음을 회의하면서 내딛는 그런 유형이었다. 그는 벌여놓고 나서 휩쓸리는 유형이 아니라 생각하고 나서 시작하는 형이었다. 망설임의 기간이 길면 길수록 그의 결정은 단호했고, 내뱉어지는 명령은 간단명료했다.

프랑코는 수없이 많은 전투에서 승리했다. 그러나 금세기 서양의 열강들이 운영했던 대부분의 식민지에서 그러했듯이 그런 국지적인 승리들이 곧바로 식민지와 식민모국 간의 분쟁의 종료로 귀결되지는 않았다. 시간이 흐를수록 식민지 주민들의 저항은 오히려 거세어져갔다.

1921년, 마누엘 페르난데즈 실베스뜨레 장군의 지휘를 받던 15,000명의 스페인군이 북아프리카 아누엘에서 압드 엘 크림이라는 자가 이끈 북아프리카 원주민 카바일족 해

프랑코가 기획하고 참전했던 상륙작전. 모로코 해방군은 치명적인 패배를 당하고 곧바로 항복했다.

방군에 의해 궤멸되는 사건이 일어났다. 그 패배로 인해 마드리드에서는 내각이 총사퇴했다.

### 외인부대 짱이 된 프랑코, 국왕의 축하를 받고 결혼하다

새로 구성된 내각은 북아프리카에 증원군을 파견하기는커녕 오히려 주둔 병력을 감축시키는 조치를 취했다. 이제 스페인의 모로코 경영은 얼마 되지 않는 외인부대의 어깨에 전적으로 짐지워졌다.

스페인측은 해안에 산재한 군사적 거점을 수비하기에도 힘이 부치는 지경이었다. 원주민 해방군들은 자신들에게 익숙한 지형지세를 이용하여 신출귀몰한 작전을 펼치면서 스페인측을 농락하고 있었다. 유럽의 지성인들은 카바일족의 지도자 압드 엘 크림을 해방영웅으로 추앙하고 있었다. 모든 상황이 스페인측으로서는 일방적으로 불리하게 돌아가고 있었다.

1922년, 프랑코는 결혼식을 올리기 위해 귀국했다. 그

1923년 10월, 프랑코는 카르멘 폴로 마르티네즈와 결혼했다.

러나 외인부대의 사령관이었던 아스트레이가 총에 맞아 불구가 되고, 그의 후임자가 곧바로 전사하는 바람에 결혼은 또다시 연기될 수밖에 없었다. 그의 결혼은 1년 뒤에 성사되었다. 국왕 알폰소 13세는 이제 중령으로 진급한 이 젊은 외인부대 사령관의 결혼을 축하하기 위해 자신이 가장 신임하는 참모가 결혼의 증인을 서도록 배려하기도 했다. 국왕은 프랑코에게 작위도 수여했다.

## 리베라 장군의 '군부쿠데타', 국왕의 권력이 상실되다 | 1923년, 미

구엘 프리모 데 리베라 장군이 군부쿠데타를 일으켰다. 내각은 전복되었고, 국왕은 모든 정치적 영향력을 상실했다. 독재체제를 구축한 리베라 장군은 북아프리카 아누엘에서의 패배에 관한 모든 보고서를 소각토록 지시했다. 군부의 자존심을 상하게 했다는 것이 그 이유였다.

그의 다음 과제는 마치 수렁처럼 깊이 빠져들기만 하는 식민지에서의 전쟁을 종결시키는 것이었다. 식민지에서의 전쟁은 이미 정치·군사적인 의미를 넘어서고 있었다. 문제는 경제였다. 스페인의 재정형편은 심각한 상태였다. 약 40년 뒤에 프랑스의 드골이 북아프리카의 알제리에서 봉착했던 상황과 유사한 그런 상황이었다.

그 무렵, 프랑코는 매일매일 사선을 넘나들고 있었다. 끝이 보이지 않는 지리한 싸움에 진저리치고 있었다. 정부는 북아프리카의 외인부대를 마치 버린 자식인 듯 대하고 있었다. 병력은 줄어들고 물자의 손실은 커져갔다.

## 상륙작전을 성공하자, 33살의 최연소 장군으로 진급

프랑코가 리베라 장군에게 격렬한 항의편지를 보냈다. 리베라 장군의 반응이 의외였다. 그는 프랑코에게 불이익을 주는 대신 그를 대령으로 진급시키고, 프랑코가 요청한 육해공군 입체작전을 수락했다. 그 대규모 군사작전에는 프랑스의 페탕 원수도 동의했다. 제1차 세계대전의 승전으로 인해 프랑스의 국민적 영웅으로 추앙받았다가 훗날 히틀러에 굴복하여 비시 vichy에서 나치스의 괴뢰정부를 이끌기도 했던 바로 그 사람이다.

그 무렵, 프랑스는 북아프리카에서의 이해관계에 관한한 스페인과 손을 잡을 수 있는 입장이었다.

상륙작전은 성공으로 끝났다. 프랑코는 작전을 입안했을 뿐만 아니라 자신의 병력을 이끌고, 직접 전투에 참여했다. 그는 열악한 조건을 극복하고 교두보를 확보했고, 그것을 사수함으로써 대병력의 상륙이 가능하도록 했다. 그것으로써 모로코에서의 군사적 분쟁은 종결되었다. 스페인의 국왕과 프랑스의 대통령은 그에게 훈장을 수여했다. 그는 장군으로 진급했다. 군사정권을 이끌고 있던 리베라 장군은 그를 파격적으로 육군사관학교의 교장으로 임명했다. 프랑코는 이제 겨우 서른세살이었고, 당시 유럽에서 최연소 장군이었다.

프랑코가 느긋하게 사관학교 교장으로 근무하고 있는 동안 군사정부의 사회통제력은 한계에 다다르고 있었다. 지식인들이 이반하기 시작했고, 마지못해 군사정권을 용인했던 국왕도 이젠 노골적으로 군부의 정치참여를 비난하는 지경이었다. 프랑코는 오히려 의식적으로 정치를 멀리했다. 그는 팔자 좋게 이 나라 저 나라로 여행이나 다니고 있었다.

### '무정부주의자들에게는 그가 칼을 뽑을 겁니다'   우여곡절 끝에
1930년 1월, 리베라 장군이 실각했다. 그는 그로부터 7주일 후 망명지
에서 사망했다.

국왕은 자신이 정치적인 실권을 쥐어야 한다고 생각했다. 그러나 이
미 시대가 달라져 있었다. 민주주의를 신봉하는 자들은 공화정의 수립
을 요구하고 있었다. 특히 알카라 자모라라는 이름의 사나이는 혁명평
의회를 구성하고, 국왕 알폰소의 정부를 전복시킬 준비를 하고 있었
다. 자유분방한 조종사였던 프랑코의 동생 라몬 프랑코도 자모라측에
가담했다.

1931년, 지방선거가 실시되었다. 공화파는 대도시니 중소도시니 할
것 없이 대부분의 도시 지역에서 승리했다. 시골지역에서의 승리만으
로는 효율적인 통치가 불가능하다고 판단한 국왕 알폰소는 친위쿠데
타를 도모했고, 그것이 실패하면서 망명했다. 그러나 그는 왕위를 포
기하겠다는 의사를 밝히지는 않았다. 그러나 대세는 이미 공화정의 수
립이었다.

당시 과도내각의 수반이었던, 그리고 훗날 공화정부의 수상이 되는
자모라가 국민적 영웅인 프랑코의 정치개입 가능성을 탐색했다. 보고
서가 올라왔다. "프랑코 장군은 반란을 일으킬 사람이 아닙니다." 그러
나 그가 만약 "국가의 공권력이 길바닥에 나뒹굴고, 조국이 무정부주

의자들의 손아귀에서 놀아나고 있다"고 판단하게 되는 상황이 온다면 '그가 칼을 뽑을 것'이라는 내용이었다.

좌) 알폰소 13세. 정치적으로 불우했던 군주였다. 1941년, 망명지 로마에서 사망했다.
우) 군사쿠데타를 일으켜 집권한 프리모 데 리베라 장군.

1931년 4월, 프랑코는 사관생도들을 대상으로 다음과 같은 연설을 했다. "이제 공화정이 선포되었고, 국가의 최고 권력은 과도내각에 있다. 우리는 공화정부에 충성할 의무가 있다. 그들과 더불어 조국의 평화가 유지될 수 있도록, 그리고 법적 정의가 실현될 수 있도록 도와야 한다."

그때만 해도 그는 비정치적인, 제대로 된 군인이었다. 그러나 5년 뒤의 상황은 달랐다. 개혁은 실패했고, 상이한 이념집단 간의 화합 불가능한 갈등이 표출되었다. 좌우 양 진영은 무장으로 대치했다. '공권력이 길바닥에 나뒹구는' 상황이었다. 그러니까 프랑코의 쿠데타는 예비되어 있었던 셈이다.

### 악몽이 현실로, 스페인 내전을 끝내고 권좌에 앉다

군의 원로들은 군사반란을 준비하고 있었다. 프랑코는 그 무렵 카나리아 군도에서 무료한 나날들을 보내고 있었다. 잠재되어 있는 그의 정치적 폭발력을 겁낸 공화정부의 지도자들에 의해 그곳으로 좌천되었다고 해도 과언이 아니었다. 그러나 그는 군사반란에 가담하는 것을 망설이고 있었다. 1923년과는 달라서 군부가 쉽게 정권을 장악할 수는 없을 것이라는 것이 그의 생각이었다. 어쩌면 처참한 내전을 겪게 될지도 모른다는 것이 그의 판단이었다.

그가 꾼 악몽은 현실이 되었다. 스페인은 4년 동안 피비린내 나는 내전을 겪어야만 했다. 스페인 내전은 20세기 인류 양심의 시험장이 되었다. 앞서 언급했듯이 헤밍웨이의 『누구를 위하여 종은 울리나』도 거기서 나왔고, 피카소의 〈게르니카〉도 거기서 나왔다.

스페인의 전 국토는 초토화되었다. 승자가 없는 패자들만 남은 싸움이었다. 1939년, 프랑코는 내전을 종식시키고 권좌에 앉았다.

1975년, 프랑코가 죽었다. 프랑코가 살아있는 동안에는 자신의 작품을 스페인에 들여놓지 말라는 피카소의 유언에 의해 미국에 보관되어 있던 〈게르니카〉가 화가의 조국으로 돌아간 것이 1981년이었지 싶다.

'소수의 힘'으로 다수의 고지에 오른 귀족출신 혁명가

'볼셰비키고 교주' 레닌

Vladimir Il'ich Lenin 1870~1924

그곳에서 그는 많은 책을 읽었다. 그곳에서의 체류가 레닌이 혁명가로서의 기본적인 소양을 갖추게 된 기간이었다고 보는 것이 옳을 것이다. 학교에 그냥 다녔다면 잡다한 시위 따위에 휩쓸려 다니느라 책 볼 시간도 별로 없었을 것은 자명하지 않은가. 한때 우리나라에 유행했던 '공식'이 있었다. '일단 데모부터 하고 잡혀들어 가서 그때부터 공부한다.' 어쨌거나…….

## '소수의 힘'으로 다수의 고지에 오른 레닌

정치의 계절이 되면 언뜻 떠오르는 사람이 있다. 레닌이다. 자신이 '다수(볼셰비키)'를 대변한다고 주장했을 때 사실 그는 소수에 불과했다. 그러나 그는 이름뿐인 '다수'를 이끌고, 어찌됐든 진짜 다수가 되어 권좌에 올랐다.

그의 생애는 우리에게 이미 많이 소개되었다. 제한된 지면에 시시콜콜 많은 얘기를 할 수는 없다. 이미 그 허구성이 드러나긴 했지만 볼셰비키의 공식적인 '레닌신화' 중의 몇몇 부분을 들추어 실제와 대비시키는 것이 이 글의 존재이유다.

러시아사에는 블라디미르라는 이름을 가진 두 명의 성자가 기록되어 있다. 둘 다 러시아 혈통은 아니다. 두 사람이 살았던 시기도 천년 정도 차이가 난다. 그러나 삶의 이력이나 시대적 상황에는 유사한 점이 많다.

러시아 정교에서 성자로 추앙받고 있는 첫번째 블라디미르를 추념하는 동상은 키에프에 하나밖에 없으나, 두번째 블라디미르, 즉 레닌의 동상은 그 수를 셀 수 없을 정도로 많았다. 소련붕괴 후 그의 동상들이 수난을 당하기는 했으나 구舊소련땅 어디엔가 아직도 많이 남아있지 싶다. 한때 폐쇄되기도 했었던 그의 무덤은 관광객들의 발길이 끊이지 않아 다시 공개되고 있는 모양이다. 근사하게 차려입은 무덤경비대의 교대식도 관광상품으로 부활되었다고 하는 얘기를 들은 것도 같다.

우리에게는 없는 풍습이지만 그 나라 사람들은 집안에 성자들의 '이콘'을 걸어 모시기를 즐겨하는 모양이다. 구소련 붕괴 전까지는 첫번째 블라디미르보다 두번째의 그것이 당연히 많았을 것이다. 사회주의가 종교는 아니다. 그러나 그것이 과거 러시아인들의 가슴과 머리를 송두리째 지배했던 신앙이었고, 레닌이 그 믿음을 상징하는 일종의 성자였던 것은 분명한 사실이다. 레닌은 신흥 '볼셰비키'교의 교주였던 셈이다.


## 완전한 잡탕이 '전형적인 러시아인'으로 미화되다

볼셰비키에 의해 만들어진 공식적인 레닌신화는 그의 출생에서부터 시작된다. 1917년 11월 7일, 소위 '10월 혁명'으로 권좌에 오른 레닌은 당시 전체 주민의 약 45퍼센트를 점하고 있던 '대러시아인' 혈통으로 조작될 수밖에 없었다. 어찌됐든 '다수'여야 했기 때문이다. 그러나 실제로 레닌의 혈관 속에는 러시아인의 피가 단 한방울도 흐르지 않고 있었다.

사실 과학적 사회주의의 창시자는 독일인 마르크스와 엥겔스다. 19세기 말부터 러시아에 소개되기 시작한 공산주의가 러시아 사회변혁의 선도이념으로 자리잡아가는 과정에서, 그 움직임을 이끌었던 레닌이 반쪽 독일인이라는 사실이 알려졌을 경우에 긍정적, 혹은 부정적 어느 한쪽으로만 영향을 미쳤을 것이라고 단언하기는 힘들다.

그러나 제1차 세계대전에서 두 나라가 적대국으로서 마주대고 총질을 해댄 사이라는 것을 염두에 둔다면 레닌이 '볼셰비키교'의 사실상의 발원지인 독일의 혈통을 이어받았다는 사실을 자랑삼을 수는 분명히 없었을 것 같다.

유럽 서쪽의 사람들은 레닌의 얼굴이 '전형적인 러시아인'의 그것이며, 그의 웃음이 '슬라브인 특유의 음험한 미소'라고 묘사해 버릇했다. 그런 서술법은 그를 승계했던 스탈린에게도 그대로 적용되었다. 그러나 알려진 대로 스탈린은 그루지아 출신이었고, 레닌은 완전한 잡탕이었다. 부친은 투르크멘인과 칼묵인의 혼혈이었고, 모친은 독일인이었으되 윗대에 스웨덴의 피가 스며들어 있었다.

모친은 1863년에 수학교사였던 부친과 결혼했다. 레닌의 외조부는 귀족출신으로서 의사였다. 그는 이재에도 밝아 엄청난 재산을 모았다. 그러니까 앞날이 촉망되는 청년 엘리트와 부잣집 딸의 결합이었던 셈이다.

**외모는, 작은 두상에 요즘 유행하는 '숏다리'** | 레닌의 외모는 친조모의 혈통인 칼묵인의 평균적인 외모에 제일 가깝다. 작은 두상에 짧은 목, 튀어나온 광대뼈, 그리고 비속어로 출발했으되 우리나라 국민 모두가 이해하는 말이 되어버린 '숏 다리'…… 황색에 가까운 피부, 그리고 약간 찢어진 눈 등이 그것이다.

레닌의 외조모는 독실한 루터교도였다. 그것은 모친에게로 이어졌고, 레닌은 모친의 영향을 받아 평생을 경건하고 성실하게 살았다. 권좌에 오른 이후에도 레닌의 사생활이 문란했다는 소문조차 없다. '볼

세비키교'가 다른 종교와 양립하기 힘든 것도 사실이지만 러시아인들에게는 생활의 일부이다시피 한 러시아 정교로 넘어간 흔적도 없다.

레닌의 친조부는 재단사였다. 그가 막내아들을 얻었을 때의 나이가 67세였다. 막내는 일리아라는 세례명을 얻었다. 성자 블라디미르와 동시대인으로서 프랑스의 잔 다르크처럼 조국을 위해 헌신한 영웅으로 추앙받고 있는 인물이다.

1879년의 가족사진. 뒷줄 한가운데가 반역죄로 처형된 알렉산더이고, 후일 '레닌'으로 불리우는 블라디미르는 앞줄 오른쪽이다.

67세에 얻은 아들에 대한 노인의 애정이 유별났던 탓에 막내는 대학교육까지 받을 수 있었다. 그 막내가 바로 레닌의 부친이었다.

### 성자 이름으로 태어난 둘째아들 레닌

레닌의 부친은 볼셰비키의 공식적인 신화와는 달리 황제에 대한 충성심이 돈독했던 사람이었다. 그는 카잔지역에서 귀족의 딸들만 다니는 여학교에서 교사생활을 시작한 이래 후일에는 장학사까지 되었다. 그는 대단히 영민하고 성실했던 사람으로서 무려 4백여개의 초등학교를 설립토록 하는 등의 탁월한 교육행정의 공로를 인정받아 귀족의 작위를 받기도 했다.

레닌의 모친은 부유했던 가정에서 자라 충분한 교육기회를 가졌음 직도 하나 교육기관을 통한 정식교육을 얼마만큼 받았는지에 대해서는 내가 가진 자료들에는 나와 있지 않다. 다만 그녀가 러시아어, 독일어, 스웨덴어, 프랑스어 그리고 영어 등을 자유자재로 구사했다는 기록은 나와 있다. 복잡한 가계 덕분이었을 것이다.

부부는 모두 일곱 남매를 낳았다. 레닌은 둘째아들이었고, 막내는 출생 직후에 죽었다고 하니 6남매가 같이 자란 모양이다. 그가 태어난 날은 1870년 4월 22일이다. 지금으로부터 136년 전이다. 첫아들의 이름인 알렉산더는 당시의 황제의 이름을 본뜬 것이고, 둘째의 이름은 앞서 언급했듯이 러시아를 종교적으로 통일한 성자의 이름과 같은 것이었다.

### 왜 레닌은 출신성분을 속였을까?

지참금을 듬뿍 들고 시집온 모친과 출세가도를 달리고 있었던 부친이 꾸려가는 가정에 경제적인 어려움이 있을 리는 만무했다. 그러나 공식전기에는 레닌이 별볼일 없는 가정출신이었다고 되어 있다.

부친은 직업적인 이유로 집에 있는 시간이 별로 없었다. 그때나 요즘이나 아이들의 교육은 어차피 여자 몫이다. 레닌에게 다행이었던 것은 그의 모친이 상당한 수준의 교양을 지니고 있었다는 사실일 것이다. 그녀는 다양한 언어구사 능력뿐만 아니라 음악을 취미생활의 일부로 삼을 수 있을 정도의 소양은 지녔던 모양이다. 게다가 당구라든가 크로켓과 같은 운동에도 직접 참여하곤 했다고 한다.

레닌의 남매들은 부유했던 외조부의 별장에서 겨울을 보내기도 하고, 여름에는 증기선을 타고 볼가강을 유람하기도 했다. 가을에는 어른들의 놀이인 사냥에도 꼽사리끼었던 모양이다. 봄에는 뭐하고 놀았는지 모르겠다. 어쨌거나⋯⋯, 그 모든 것이 활동적이고 자유분방했던 모친덕분이었다.

아이들을 몰고 나다니지 않은 시간에 모친은 레닌의 남매들에게 영문판 셰익스피어의 작품들, 띠에르가 쓴 불문판 『프랑스 혁명사』 그리고 하인리히 하이네의 독문판 시집 등을 읽어주었다고 한다. 그렇듯 다양한 언어로 교양을 넓혀주는 엄마를 둔 아이들은 행복해했을까? 혼란스러워했을까? 아무튼 대단한 엄마였던 모양이다.

레닌의 생가. 울리아노프가는 1887년까지 이 집에 살았다. 오늘날에는 레닌박물관이 되었다.

## 용감한 어머니가 있었기에

부친이 사망한 이듬해에 레닌의 형 알렉산더는 반역죄로 체포되었다. 황제 암살음모에 가담했다는 혐의였다. 누이 안나도 같은 혐의를 쓰고 있었다. 그 사실을 전달받은 모친은 혼자 말을 타고, 눈과 얼음이 뒤덮인 수백킬로미터의 거리를 달려 자식들이 갇힌 곳까지 갔다. 그때 그녀의 나이가 52살이었다고 한다. 자연 연령만으로 본다면 거의 불가능한 일이었겠으나, 어찌됐든 활동적이고, 젊게 살았던 '어머니는 용감'했던 모양이다.

그녀는 '세습 귀족'의 특권을 인정받아 원칙적으로 가족면회가 금지되어 있는 반역죄인인 아이들을 면회할 수 있었다. 알렉산더는 사형선고를 받았고, 안나는 1년형을 받았다. 모친은 처형장까지 따라가 돌아오지 못할 먼 길을 떠나는 아들을 배웅했다. 알렉산더가 동지들을 팔았다면 살아날 수도 있었을 것이다. 국가발전에 끼친 부친의 공로도 적지 않은 터였고, 모계의 가족적인 배경도 힘이 되었을 것이다.

실제로 모친은 알렉산더에게 그것을 권유하기도 했다. 그러나 그는 거절했다. 모친도 더이상 종용하지 않았다. 살아남는 것도 중요하지만 아들이 평생 동안 양심의 가책에 시달리게 될 것이라는 것을 알았기 때문일 것이다.

알렉산더가 죽은 지 50년째 되던 해, 즉 1937년에 누이는 오빠의 굳건했던 신념과 죽음 앞에서도 동지를 팔아넘기지 않았던 영웅적 풍모를 묘사한 글을 썼으나 그 글은 공개되지 못했다. 그때는 스탈린에 의한 숙청이 한창일 때였다. 레닌의 형이 구체제를 상징하는 황제를 암살하려고 했다는 사실이야 상관없지만 그 과정에서 그의 가족력이, 출신성분이 노출되어서는 안되는 상황이었다.

스탈린이 반대파를 숙청하면서 내세운 명분 속에는 볼셰비키 세상에 부합되지 않은 출신성분도 당연히 포함되어 있었기 때문이었다. 그 때부터 다시 26년이 흐른 뒤인 1963년에서야 막내 마리아가 쓴 레닌의 가족사는 세상의 빛을 볼 수 있었다.

### '최초의 마르크스주의자 중의 일원' 신화

레닌의 형 알렉산더는 '사회혁명주의자'였다. 혁명주의자들에 대한 복잡한 분류방식에 의존해서 구태여 구분하자면 '무정부주의적 테러리스트'였던 셈이다. 겨우 25년을 살고 간 그는 생애의 말년에 가서야 마르크스주의를 접했다. 그 무렵은 대학생들까지를 포함한 비판적 지식인, 즉 '인텔리겐차' 집단이

1917년 11월 7일, 과도정부였던 케렌스키 내각을 전복시키고 볼셰비키가 집권했다. 수리코프의 그림.

유럽에서 제일 낙후되어 있던 러시아의 사회변혁을 꿈꾸던 시절이었다. 배고파본 적이 없었던 '괜찮은 집안' 출신이 대부분이었던 그들이 제시하는 급진적인 처방은 일반민중들의 정서와는 유리된 채 아직 광범위한 변혁운동의 기층을 확보하지 못하고 있었다.

알렉산더가 어느정도 수준으로

마르크스주의를 이해했는지조차 알 수 없다. 그러나 러시아의 '초기 마르크스주의자'에 레닌이 포함된다는 '공식적인 신화'와는 달리 레닌은 형이 죽고 난 2년 뒤에 처음으로 마르크스의 『자본론』을 읽었다.

청년기 레닌에게 제일 많은 영향을 준 책은 세계적으로 가장 유명한 무정부주의자인 바쿠닌의 사상적 제자 네차예프가 쓴 『혁명주의 입문』이었다는 것이 정설이다.

저쪽 반대편, 즉 우익에서 본다면 그놈이 그놈이겠지만, 이쪽, 즉 좌익집안의 사정도 결코 간단치는 않다. 이론의 계보도 복잡하고, 혁명운동의 갈래도 복잡하다.


## 레닌은 선량하지도 유약하지도 않았다

아무튼, 무정부주의자든 마르크스주의자든 서로 간에 '한 집안 식구'라는 생각은 않고 있다. 마르크스가 『공산당 선언』에서 보통사람들이 공산주의자로 착각하기 쉬운 '비슷한 놈들'을 공격하는 데, 짝퉁을 가려내는 데 많은 지면을 할애했던 이유도 같은 이유에서다. 복잡한 얘기는 이쯤 해두고, 『혁명주의 입문』의 내용 일부를 옮긴다.

"자신의 내부에서 꿈틀거리는 친족애, 남녀간의 사랑, 감사하는 마음 그리고 체면 따위의 유약하고 선량한 정서를 억누르고 혁명을 위한 냉혹한 목표지향적 정열을…… 군주국가의 모든 체제를 그 뿌리까지 말살시키고, 모든 국가행정, 제도 그리고 계급을 러시아땅에서 절멸시키고자 하는 열정을…… 가져야 한다."

이 글 때문만은 아니었겠지만 아무튼 레닌은 선량하지도 않았고, 유약하지도 않았다.

레닌의 오랜 친구이자 한때는 코민테른의 비서직을 맡기도 했던 여류혁명가 발라바노프는 레닌이 "자신과 생각이 다른 사람에게는 철저하게 가혹했다"고 술회하고 있다.

언젠가 그녀가 그에게 물었다.

"왜 당신은 평생을 피착취계급을 위해 싸워온 사회주의자들을 배신자라고 매도합니까?"

레닌이 대답했다.

"그들이 개인적으로 파렴치하다는 뜻이 아니라 그들의 정치적 행위가 객관적인 배신이라는 의미입니다."

이런 대화가 오고갔을 무렵은 사회주의 진영이 코민테른과 사회주의 인터내셔널로 양분된 이후인 것 같다. 그러니까 두 사람의 대화중에 등장하는 사회주의자는 오늘날 '사회민주주의자'라고 지칭하는 그룹이다. 복잡한 그쪽 집안사정은 이쯤 해두자.


**대학시절, 사형당한 형 때문에 퇴학을 당하다니…** | 위대한 작가 막심 고리끼도 볼셰비즘의 잔혹성에 제동을 걸고자 애썼던 사람이다. 그 자신이 볼셰비키에 가담하지는 않았으나 레닌과의 친교는 무난히 유지하고 있었다. 고리끼의 문제제기에 레닌이 답했다.

"지금은 사람들의 머리를 쓰다듬어줄 때가 아닙니다. 지금은 두개골을 쪼개기 위해, 무자비하게 쪼개기 위해 손을 내뻗어야 할 때입니다."

1906년 무렵이었다. 레닌의 생애에서 가장 힘들었던 시기라는 것을 감안하더라도 듣기에 섬뜩하다. 나만 그런가, 아니면 독자들도 같은 느낌인가?

어쨌거나……, 알렉산더가 처형되고 나서 가족은 카잔으로 이주했다. 레닌은 그곳에서 대학을 다녔다. 그는 모친에게 그 어떤 정치적인 활동도 하지 않겠노라고 맹세했다. 반역죄로 사형당한 형 때문에 가족이 항상 감시받고 있었던 터라 움직이는 것이 쉽지도 않았다.

그러나 그는 퇴학당했다. 모범적인 학생은 아니었을지라도 당시의 학생운동에 적극적으로 가담한 바도 없었다. 알렉산더의 동생이라는 사실이 주된 이유였던 모양이다. 카잔을 떠나라는 추방령도 덧붙여졌다.

정부가 지정해준 거주지는 외조부 소유의 땅이 많았던 코쿠쉬키나였다. 그곳에는 1년형을 살고 나온 누이 안나가 머무르고 있었다.

그곳에서 그는 많은 책을 읽었다. 그곳에서의 체류가 레닌이 혁명가로서의 기본적인 소양을 갖추게 된 기간이었다고 보는 것이 옳을 것이다. 학교에 그냥 다녔다면 잡다한 시위 따위에 휩쓸려 다니느라 책 볼 시간도 별로 없었을 것은 자명하지 않은가.

한때 우리나라에 유행했던 '공식'이 있었다. "일단 데모부터 하고, 잡혀들어 가서 그때부터 공부한다."

"지금은 사람들의 머리를 쓰다듬어줄 때가 아닙니다. 지금은 두개골을 쪼개기 위해, 무자비하게 쪼개기 위해 손을 내뻗어야 할 때입니다."

어쨌거나……, 운동가에겐 정제된 의식이 필요하다. 그러나 그 의식이 간단하게 정리된 교조적인 '교리문답서'만으로 얻어진 것이라면 위태롭다.

레닌에게로 돌아가자. 그는 1888년 '세습귀족 블라디미르 일리치 울리아노프'의 이름으로 복학원을 제출했으나 거부당했다. 다만 카잔으로 돌아가도 좋다는 허락은 받았다.

## 교수의 가르침 없이 법과졸업시험을 수석으로 합격하다 │ 그해 가을

모친은 카잔에서 멀지 않은 사마라 지역의 정미소가 딸린 농장을 사들였다. 그리고 그 운영을 원래는 둘째였으나 이제는 맏이가 되어버린 블라디미르에게 맡겼다. 그 자신이 농사에는 전혀 관심이 없었으나 모친의 요구를 거절하기도 힘들었다. 당장은 다른 할 일도 없는 것이 레닌이 처한 상황이었다.

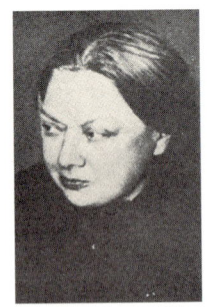

좌로부터 일리아 니콜라예비치 울리아노프(1831~1886), 마리아 알렉산드라 울리아노바
(1835~1916), 레닌의 아내 크홉스카야(1869~1939).

수차례 제출했던 복학원은 그때마다 '불가'로 돌아왔다. 모친이 백방으로 뛴 끝에 '법과 졸업자격 시험'은 봐도 좋다는 허가를 받았다. 1891년 그는 국가고시에 합격했다. 124명의 응시자 중 수석이었다. 교수의 가르침 없이 이룬 성과였다. 카잔에서의 유배생활 동안 열심히 공부했던 덕분이었을 것이다. 그 직후 그는 사마라에서 어떤 변호사 사무실에 취직했다. "어머니가 원했기 때문"이었다. 업무능력이 신통찮았던 모양이다. 그는 그곳에 오래 있지 못했다. 그 직업에 대한 애착이 없었던 탓이었을 것이다.

1893년 그는 당시의 수도였던 성 페테르부르크의 어떤 법률사무소로 옮겨갔다. 이제 겨우 23살이었으나 성긴 머리 탓에 실제의 나이보다 십년은 더 들어 보였던 것이 그 무렵의 레닌이었다. 그곳으로 가자마자 레닌은 마르크스주의 그룹에 가담했다. 반체제 그룹의 동향에 비밀경찰이 촉각을 곤두세우고 있던 무렵이었다. 체포는 시간문제였다. 그는 돈을 물 쓰듯 했다. 많은 사람을 만나고, 많은 모임을 조직했던 때문이었다. 맏아들 알렉산더가 부친으로부터 매달 40루블을 받아 그중 일부를 저축까지 했었던 기억을 가진 모친은 블라디미르의 거듭된 송금요청을 꾸짖는 편지를 남기고 있다.


**지출의 대부분은 책을 사는데 사용됐다** | 그해 4월 레닌은 합법적인 출국허가를 받아 유럽을 여행했다. 그는 오스트리아, 프랑스, 독일 그리고 스위스 등지를 둘러보았다. 가는 곳마다에서 그는 모친에게 안

게오르기 플레하노프(1856~1918). 러시아 마르크시스트의 대부격인 인물이다. 사상적 제자였던 레닌으로부터 훗날 혹독한 비판을 받는다. 그 역시 귀족출신이다.

부편지를 보냈다. 편지 말미에는 돈 좀 보내달라는 얘기가 양념으로 꼭 들어 있었다. 흥청망청 유흥비로 탕진한 것은 아니었다. 혁명가가 그럴 리가 있겠는가! 그의 지출의 대부분은 책을 사고, 불법유인물을 인쇄하는 비용으로 소요되었다.

그는 모친이 보내주는 돈과 자기가 버는 돈 이외에도 제3자로부터 활동자금을 지원받고 있었다. 정부고관의 부인이었던 알렉산드라 칼미코바라는 이름의 숙녀가 어떤 이유에선지는 몰라도 적지 않은 돈을 반체제집단에게 제공하고 있었다.

1897년 그가 시베리아로 유형을 떠날 때 그의 지갑에는 1천 루블 이상의 돈이 들어 있었다. 당시로서는 거금이었다.

### 〈이스크라〉 창간으로 혁명가로의 기반을 구축하다

유형지에서 그는 짧은 시간 안에 온갖 잡색의 정치범들 사이에서 우두머리가 되었다. 사냥이나 장기와 같은 친목도모용 놀이에 열심히 참여하면서 동시에 마르크스와 엥겔스의 이론에 기초한 자신의 혁명프로그램을 다듬어갔다.

1900년 『러시아 사회민주주의자들의 목표』가 탈고되었다. 저자의 이름은 '레닌'으로 되어 있었다. 그의 생애에서 '세습귀족 블라디미르

일리치 울리아노프'의 시절이 끝나고, 레닌의 시대가 시작된 것이다.

그는 유형지를 벗어나 외국으로 갔다. 독일 뮌헨에서 그는 러시아 마르크시스트 제1세대에 속하는 플레하노프, 마르토프 등과 함께 〈이스크라〉를 창간했다. 그 대부분이 라이프찌히에서 인쇄된 이 신문은 밀수꾼이나 연락요원들의 손을 빌어 러시아 본국으로 반입되었다. 그 신문은 혁명사상의 전파통로였고, 레닌의 스피커였다.

이 신문을 통해 그는 직업적인 혁명가로서 확고한 기반을 구축했다. 그가 제시하는 변혁의 프로그램이 '인텔리겐차'와 선동가들에 의해 인용되면서, 그것은 민중들에게 체제전복의 당위성을 일깨우는 복음이 되었고, '볼셰비키교'의 교리가 되었다.

〈이스크라〉 이후의 레닌의 삶이 바로 혁명이었고, 그가 바로 소련이었다. 이 글에서는 '이스크라' 이전의 레닌의 삶을 다루었다. 그 이후는 『러시아 혁명사』에 맡긴다.

레닌이 성자이다시피 추앙받았던 것은 1990년대 초까지다. 그러니까 소위 '현존 사회주의'가 소련을 맹주로 한 '동구권'의 실질적인 통치이념으로 존재하면서, 자본주의의 대척점으로 버텨주고 있을 때까지다. 약간 왼쪽으로 기운 듯한 나라들이야 아직도 없진 않지만 이제 더이상 현존하는 '사회주의 국가'는 없다. 따라서 이제 더이상 레닌이 성자이기는 힘들지 싶다.

레닌의 '입'이었던 〈이스크라〉.

천체의 움직임을 '신의 영역'에서 끌어내린 천문학자

# 요하네스 케플러

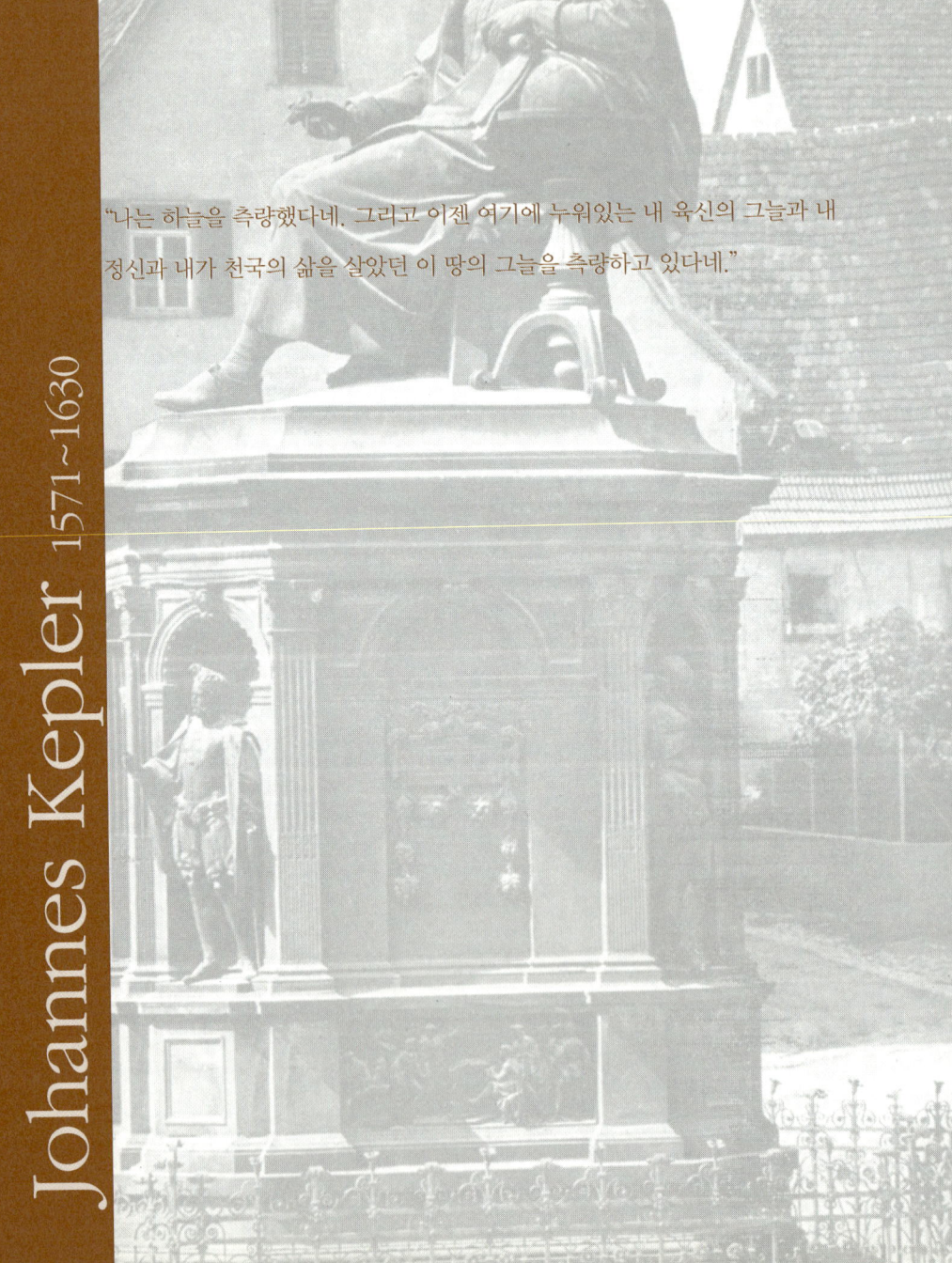

"나는 하늘을 측량했다네, 그리고 이젠 여기에 누워있는 내 육신의 그늘과 내 정신과 내가 천국의 삶을 살았던 이 땅의 그늘을 측량하고 있다네."

Johannes Kepler 1571~1630

## 천체의 움직임을 '신의 영역'에서 끌어내리다

옛 사람들에게 있어서 지구는 널찍한 판 모양이었다. 지구가 구체일 것이라는 생각은 프톨레마이오스에서 비롯되었다. 그러나 그는 지구가 우주의 중심이라 믿었다. 모든 별들이 인간이 살고 있는 지구를 축으로 빙빙 돌고 있다는 것이 그의 생각이었다. 기독교 교회는 그의 우주관을 받아들였다. 기독교는 예수 그리스도, 즉 '지저스 크라이스트'가 그 개조다. 그가 살았던 땅이 창조의 중심이 되고, 기독교 우주관이 기본이 되는 것은 그래서 당연할 수밖에 없다.

지구가 태양계의 한 행성에 불과하다는 혁명적 인식의 단초를 연 것은 코페르니쿠스다. 코페르니쿠스의 발상을 논증한 사람이 케플러다. 그는 천체의 움직임을 '신의 영역'에서 측정 가능한 자연과학의 대상으로 격하시켰다. 그는 별들의 질서, 물질의 생성과정 등을 정의했다. 현대 자연과학의 장을 연 사람이 케플러라고 해도 과언이 아니다.

## 글쎄, 서양인들은 종교에 민감하더라고

요하네스 케플러는 1571년 12월 27일 슈투트가르트 인근의 봐일이라는 이름의 도시에서 태어났다. 그가 태어났던 그 무렵은 종교개혁의 물결이 독일땅을 한바탕 휩쓸고 지나간 다음이었다.

게다가 슈투트가르트와 멀지 않은 튀빙겐 대학은 개혁파 신학자들의 산실이었다. 그가 성장기를 보냈던 그 지역은 종교적, 정신적으로 루터파의 영향권에 있었다. 그러나 그 자신이 성장기에 가톨릭과 개혁교회의 사이에서 어느 한쪽으로 명백히 기운 것 같지는 않다.

그의 부모가 루터파였던 것은 확실한 모양이다. 그러나 그 자신이 신교식의 세례를 받았는지 아닌지는 불분명하다.

내가 서양 인물들에 관한 글을 쓰기 위해 자료를 정리하면서 "유별나다"고 느끼게 되는 것 중 하나는 그곳 사람들이 "종교에 민감하다"는 사실이다. 대상 인물의 삶이 교회나 종교와 전혀 상관없는 경우라도 예외가 없다. 무슨무슨 종교를 가졌으며, 무슨무슨식의 세례를 받았다거나 안 받았다거나 하는 얘기들이 빠지지를 않는다.

케플러에 관한 자료들 대부분에도 마치 약속이라도 한 듯이 "그가 신교식의 세례를 받았는지 아닌지는 불분명하다"는 내용이 포함되어 있다. 기독교가 이교에 대해 배타적이라서 그런지, 아니면 구교에서 신교가 갈라져 나오는 과정이 '세계관의 전환'과 겹쳐졌기 때문인지는 몰라도…… 어쨌거나, 그 사람들이 "쓸데없이 민감하다"는 것이 나의 생각이다.

내가 기억하고 있는 통계가 20여년 전의 것이기는 하지만, 통계에 의하면 통일 이전 서독사람의 90퍼센트 정도가 기독교인이며, 구교와 신교가 대충 반반씩이다. 공식적으로 종교가 부정되었던 구동독의 주민들이 보태어진 지금의 독일은 그 비율이 어떻게 변했는지는 알 수 없으나, 케플러가 살았던 그 당시가 지금보다 더 심했을 것은 명백하다.

유럽에 있는 나라들의 대부분이 그 지경일 것이므로 그들이 '종교'나 '세례' 따위에 관심을 갖는 것이 이상할 것은 없다. 그러나 나의 생각은 여전히 "씰데없이…"이다.

## 케플러, 종교와 자연과학적 인식은 별개였다

케플러가 쓴 어떤 편지에 "어릴 때 부모의 손에 이끌려 가톨릭교회에 갔고, 그곳에서 성수를 뒤집어썼다"는 기록이 있다. 부모가 이 시점 이후에 개종을 했는지, 아니면 자식에게만 가톨릭식을 허용했는지 불분명하다.

오랫동안 반反개혁세력에 의해 '신교도'로 지목받고 쫓겨 다니기도 했고, 때로는 정반대의 상황에 처하기도 했던 그가 "사실 나는 구교도다"라고 밝혔을 때는 그 자신에게 있어서 종교와 자연과학적 인식은 별개였다는 뜻으로 해석할 수 있다.

그러나 그 자신의 생각과는 상관없이 종교 문제는 일생 동안 그를 괴롭혔다. 부침이 심했던 그의 삶의 중요한 고비마다 종교가 개입했다. 그의 학문적 노작이 당대에 빛을 보지 못한 것도 사실은 어중간했던 그 자신의 종교적 위치와 무관하지 않았던 것 같다.

요하네스 케플러(1571~1630). 코페르니쿠스의 발상을 학문적으로 뒷받침했다.

## 부모의 한계를 극복한 게 '기적이다'

그는 부모복은 타고 나지 못했다. 부친은 그가 아주 어렸을 때부터 처자식을 내팽개치고, 알바 공작의 용병이 되어 이곳저곳 전선을 떠돌아다녔고, 모친 역시 자식들에게 자애로운 유형은 아니었던 모양이다. 그의 아버지는 잊을만하면 한 번씩 집에 들렀다.

떠돌이 삶에 익숙해져 있던 부친이 집에 와 있는 기간은 살림이 축나는 기간이었다. 이사도 잦았다. 그가 열살쯤이었던 무렵에 그의 부모는 거의 파산지경이었다. 그의 감성이나 기억 속에서 '부모'라든가 '가정'이라든가 하는 단어는 그리 긍정적이지는 않았지 싶다. 그런 엉망진창인 가정에서 자랐으되 그는 성실했다.

이 글을 쓰기 위해 들춰본 어떤 자료에는 케플러가 성장기에 비뚤어지지 않은 것이 "기적이다"라고 적혀 있다. '문제가정이 곧 문제아 양성소'라는 식의 시각에는 동의하기 힘들다. 그러나 환경을 극복하는 것이 쉬운 일이 아닌 것은 분명하다. 독한 마음먹지 않으면 휩쓸리기 십상이고, 부모의 한계를 자신의 한으로 품기 시작하면 사고의 유연성을 상실하기 마련이다.

어쨌거나, 케플러는 자신에게 주어진 성장기의 열악한 삶의 조건들을 어렵사리 극복했다. 1583년 그는 라틴어 학교를 졸업했다. 소작농이 되어버린 부모를 도와 1년 정도 농사를 지은 후에 아델베르그에 있는 기숙학교에 입학했다. 그 학교는 프랑스에서 발원한 프레몽트레 수도회에서 운영하는 학교로서 교육환경은 엉망인 채 규율만 아주 엄했다고 한다. 그는 그 학교를 1586년까지 다녔다.

1586년 케플러는 마울브론에 있었던 시토교단의 수도원에 들어갔
다. 그 수도원의 교육환경도 아델베르그의 기숙학교와 별반 다름없었
다. 요즘처럼 대중교육이 일반화되어 있지도 않았던 그 당시에 빈한한
가정출신의 청년이 교육받을 수 있는 방법은 그런 '후진'학교를 찾아
다니는 길밖에 없었을 것이다. 학교는 후졌지만 1588년 그는 '바카라
우레아트'시험에 합격했다.

직접적인 비교에 무리가 따르기는 하겠지만 독자들의 이해를 돕기
위해 덧붙이자면 '바카라우레아트'는 그 취득과정이나 등급이 우리의
'독학사'쯤에 해당하는 학위다. 우리나라로 치자면 임진왜란 무렵인데
도 제대로 꼴을 갖춘 대학이나 학위제도
가 있었겠나 싶겠지만 중세 유럽에는
오늘날의 기준으로 봐도 인정해줄 수 있
을 만큼의 틀이 갖추어져 있었다. 하기
사 우리에게도 성균관이 있었지 않은가!
서구의 학문체계와는 사뭇 달랐지만.

1589년 그는 튀빙겐 대학에서 장학금
을 받으면서 학업을 계속할 수 있게 되
었다.

장학금 지급기한은 계속 연장되었다.
성적이 우수했던 때문이었을 것이다. 생
활의 안정 속에서 그의 천재성이 여물어

프라하 시절에 케플러가 살았던 집.

가고 있었다. 그러나 그의 천재성이 마음껏 표출될 수 있는 정신적인 자유가 주어졌던 것은 아니었다. 16세기의 튀빙겐의 분위기는 정신적 혹은 학문적 자유와는 거리가 멀었다. 진정한 개혁적 신앙을 찾기 위해 수십년에 걸쳐 루터파, 캘빈파 그리고 쯔빙글리파가 뒤엉켜 신학적 논쟁을 벌인 끝에 튀빙겐은 오히려 편협한 정통 루터파의 본산이 되어 버린 것이 당시의 상황이었다.

케플러가 계속 장학금을 받을 수 있도록 힘써준 사람들은 그가 학교를 마치고, 신학자나 혹은 성실한 시골목사가 되어주기를 원했다. 그 자신도 그것이 바른 길이라 믿었다. 그는 주어진 교과과정을 열심히 이수했다.


## 코페르니쿠스를 통해 새로운 세계관에 눈을 뜨다 | 근본적인 전환

이 닥쳐왔다. 그가 코페르니쿠스의 가르침을 접한 것이었다. 우리는 흔히 종교개혁이 자연과학적 영역에서의 소위 '학문적 자유'까지를 포함했던 것으로 알고 있다. 그러나 실상은 그렇지 않았다.

코페르니쿠스가 조심스레 제시했던 이론, 즉 지구가 태양의 주위를 도는 수많은 행성 중의 하나일 뿐이고, 그래서 지구가 우주의 중심일 수는 없다는 기본명제는 당시의 교회가 공식적으로 표방하고 있던 우주관과는 정면으로 배치되는 것이었다. 개혁교회 역시 이 부분에서는 가톨릭과 같은 입장이었다. 마르틴 루터는 코페르니쿠스의 이론에 대한 가톨릭교회의 판결에 전적으로 공감한다는 입장을 표명하기도 했다.

케플러가 코페르니쿠스의 이론을 접한 것은 '과외'나 '외도'를 통해서가 아니었다. 정규 교과과정의 하나였던 천문학 강좌를 통해서였다. 천문학을 강의했던 메스틀린 교수는 코페르니쿠스의 발상에 잠재된 폭발성을 알고 있었던 듯 그저 간단히 소개만 하는 정도로 지나쳤으나 케플러는 마치 벼락이라도 맞은 듯한 충격을 받았던 모양이다. 그가 "눈을 뜨면서" 그의 인생 역시 근본적인 전환을 맞게 된다.

1591년 케플러는 '마기스터' 학위를 취득했다. 우리의 것과 비교하자면 석사쯤 될 것이다. 그는 그 무렵부터 말하자면 '교양과목'에 몰입했다. 고대철학, 수학, 물리학, 그리고 기독교 전통 속에 숨어 있는 '비교'의 이론들이 그의 관심의 대상이었다. 그러나 그는 그 모든 것들이 진정한 신학공부를 위한 기초라고 믿었고, 목사가 되고자 하는 희망도 아직은 버리지 않고 있었다.

### 기존질서로 인해 정신적 발전이 중단되는 걸 원치 않았다

당시 신교교회의 성직자가 되고자 하는 자는 '일치신조'를 신봉하겠다는 서약을 해야만 했다. 신조서는 정통 루터교의 정신적 수장이었던 튀빙겐대학의 신학교수 안드레가 만든 것이었다. 자율적인 신앙이라든가 정신적인 자유가 비집고 들어갈 틈은 허용되지 않았다.

케플러는 그로 인해 자신의 정신적 발전이 중단되는 것을 원치 않았다. 그는 서약서에 서명하는 것을 거부했다. 이젠 목사가 될 가능성도, 그리고 튀빙겐대학의 교수요원으로 남을 수 있는 가능성도 차단되었다. 직업적인 전망은 암담했으나 케플러는 묵묵히 공부만 하고 있었다. 기존의 질서에 거칠게 마주 부딪치는 성정의 소유자는 아니었던 모양이다.

전화위복의 계기는 우연히 주어졌다. 오스트리아 스타이러지방에 있는 그라쯔에서 튀빙겐대학에 수학교사 한명을 보내줄 것을 요청해 왔다. 그라쯔는 일치감치 루터파의 영향권에 든 도시였으나 반<sub>反</sub>개혁파들로부터 여전히 위협을 받고 있었다.

개혁파로 분류될 수 있었던 수학교사가 죽자 그 자리에 반개혁적인 인사가 임용될 가능성을 우려한 시당국이 재빨리 튀빙겐대학에 지원을 요청한 것이었다. 학자로서의 자질이 우수해야함은 물론 종교적으로도 철저한 루터파인 인물을 보내달라는 것이 개혁파의 본산인 튀빙겐에 보내온 그라쯔측 요청의 주된 내용이었다.


## 신을 부정한 게 아니라 '교회의 우주관'을 부정했다

튀빙겐측은 숙의를 거듭한 끝에 케플러로 낙점했다. 그의 의식 속에서 화근의 씨앗이 자라나고 있는 것을 불안하게 지켜보고 있던 튀빙겐측으로서는 그를 쫓아낼 수 있는 절호의 기회를 잡은 셈이었다.

어쨌거나, 이 결정이 그를 아꼈던 천문학자 메스틀린 교수의 적극적인 추천에 의한 것이었다는 기록은 있다. 그로서도 케플러가 튀빙겐에 그대로 머무르고 있다가 끝내 좌절하고 마는 것을 원치 않았기 때문이었을 것이다.

주사위는 던져졌다. 그는 자신이 원했던 신학자 대신 자연과학자의 길로 들어설 수밖에 없었다. 당시 케플러에게 요즘 말하는 '가치중립적인 연구'에 대한 인식은 없었던 듯하다. 어찌됐든 신앙심만큼은 깊었던 그가 윤리적인 가치와 연계되지 않은 학문을 추구하지는 않았다는 뜻이다. 비유가 적당한지는 모르겠으나 케플러라면 원자폭탄을 만들기 위한 연구 따위는 하지 않았을 것이라는 게 나의 생각이다. 설사 그것이 그 당시에 가능했다 하더라도.

그가 우주의 실체에 다가서고자 노력했던 것도 기실 창조주의 섭리를, 그 오묘함을 보다 정확히 밝혀내고자 하는 차원의 접근이었다고 보는 것이 그에 대한 바른 이해법일 것 같다. 그러니까 그는 신을 부정한 것이 아니라 당시 교회의 '공식적인 우주관'을 부정한 것이었다.

1594년 케플러는 그라쯔로 이주했다. 그가 그곳으로 가기 몇년 전에 그 지역의 가장 유력한 인사 중의 하나였던 칼 공작이 사비를 들여 대학을 세웠다. 독실한 가톨릭교도였던 공작의 뜻에 의해 그 대학은 예수회의 영향권하에 놓이게 되었다. 저변은 개혁파로 기울어가고 있었으되 상층부는 여전히 가톨릭이 장악하고 있던 것이 당시 그 도시의 실상이었다.

대학이 생기고, 그것이 그 지역의 여론형성의 중심지로 자리잡아가자 상대적으로 위기의식을 느낀 신교측에서도 기존의 학교에 대한 지원을 강화했다. 그러나 교사들에게 주어지는 급료라든가 근무환경은 새로 생긴 돈 많은 대학에 비할 바는 아니었다. 게다가 케플러는 달력 편찬의 일도 수행해야 했다. 당시의 달력에는 점성술이라든가 미래에 대한 예언적인 메시지가 그 내용으로 포함되어야 했다.

케플러가 그 일을 즐겨했던 것 같지는 않으나, 어쨌든 그런 일을 한 것만큼은 사실이라 그것이 후일 적대자들로부터 공격받는 자료가 되기도 했다. 케플러는 점성술이 천문학의 '덜 떨어진 여동생'이라고 부정적으로 기록하고 있다. 그러나 창조 속에 내제한 원리에 기초한 천체운행의 질서는 포착 가능하다는 생각은 갖고 있었다. 즉 인간이 '예견'할 수 있다는 것이 그의 믿음이었다.

임용시 그에게 주어졌던 과제는 수학을 가르치고, 달력을 편찬하는 것이었다. 그러나 학교측이 케플러가 맡은 과목에 열의를 보이지 않는다고 판단해서였는지는 몰라도 얼마 후 그는 라틴문학과 수사학을 가르치라는 지시를 받았다. 그리고 학교측은 그가 자연과학적인 연구를 할 수 있도록 배려했다. 무슨 특별한 재정적인 지원 따위가 주어졌던 것 같지는 않고, 그저 잡무에서 해방시켜주는 정도였던 것 같다.

**첫번째 저서 『우주의 비밀』이 탄생하다** │ 그는 날이 갈수록 코페르니쿠스에 경도되어 갔다. 코페르니쿠스의 발상에 대한 증거를 제시하는 것이 자신의 과제라고 믿었다. 1596년 케플러는 『우주의 비밀』이라는 책을 세상에 내놓았다.

앞서 언급했듯이 케플러는 별들의 질서가 포착 가능하고, 그래서 예견 가능할 것으로 믿고 있었다. 그는 별들의 조화로운 상호관계나 그들의 궤도를 수학적으로 논증하는 일에 골몰했다. 코페르니쿠스의 '전환'에 기초한 자신의 가정에 대한 자연과학적 논거를 제시하는 것이 그의 첫번째 저서 『우주의 비밀』이었다. 그러나 그가 제시한 자연과학적 연구의 결과 뒤에는 그것을 통해 창조주의 오묘한 섭리를 밝히고자 하는 그 자신의 깊은 신앙심이 도사리고 있었다.

그라쯔 시절에 케플러가 공부만 한 것은 아니었다. 1597년 그는 딸이 하나 딸린 젊은 과부와 결혼했다. 결혼생활의 초기에 둘 사이에서 연이어 두 명의 아이가 태어났으나 둘 다 나자마자 죽었다.


### 추방, '14일 안에 그라쯔를 떠나라'

아이들의 죽음만이 불행의 전부는 아니었다. 1598년부터 반개혁파는 그라쯔지역을 주 공격대상으로 잡았다. 사실 오스트리아 전 지역이 비슷한 상황이었다. 반개혁파의 극성스런 반격에 의해 곳곳에서 신교도들이 쫓겨나고 있었고, 많은 지역이 가톨릭의 영향권으로 회귀했다. 그해 가을 그라쯔지역의 새로운 주인으로 부임한 광신적인 가톨릭교도였던 페르디난드 공작은 학교나 개혁파 교회에서 봉직하고 있는 신교도들에게 14일 안에 그라쯔를 떠나라는 지시를 내렸다. 후일 페르디난드 2세라는 이름으로 황제의 위에 등극하게 되는 바로 그 인물이다.

케플러는 헝가리로 이주했다. 추방된 지 한달이 채 되지 않아 그라쯔측에서 케플러에게 사면의사를 밝혀왔다. 그에게 주어진 특혜가 어떻게 가능했는지는 알려진 바 없다. 아마도 그가 튀빙겐에서 신교의 '일치신조'에 대한 서약을 거부했던 사실이 그라쯔측의 가톨릭 지도자들의 호감을 샀을 것이다. 어쨌거나, 케플러 본인은 그라쯔로 귀환할 의사가 없었다. 자신이 의도하고 있는 자연과학적 연구와 가톨릭교회가 언젠가는 다시 갈등을 빚게 될 것이라는 것을 누구보다도 그 자신이 잘 알고 있었기 때문일 것이다.

## 구제불능의 '코페르니쿠스의 졸병'으로 낙인찍히다

그는 자신에 대한 가톨릭측의 사면을 이용하여 튀빙겐으로 돌아갈 생각을 했다. 케플러를 총애했던 메스틀린 교수도 그를 당겨주는 데는 소극적이었다. 가톨릭교회의 사면장도 무용지물이었다. 튀빙겐 사람들에게 있어서 케플러는 이미 '일치신조'를 거부한, 구제불능의 '코페르니쿠스의 졸병'으로 낙인찍혀 있었기 때문이었다.

그 자신이 독실한 기도교도였으되 구·신교 어느 교회와도 화합할 수 없는 것이 그가 처한 상황이었다. 개혁파가 힘을 얻기 위해 데려왔던 수학선생이 엉뚱하게 가톨릭측의 호감을 얻어 개혁파가 다 쫓겨난 도시에서 외롭게 밥벌어먹을 수밖에 없는 상황이 그에게 도래했다.

그는 체코 프라하의 브라헤 교수에게 도움을 요청했다. 두 사람은 바로 몇달 전에 만난 적이 있었다. 개인적으로는 서로 간에 큰 호감을 가졌던 것 같지는 않으나 새로운 천문학에 대한 두 사람의 이해는 일치하는 부분이 많았던 모양이다. 브라헤 교수는 선뜻 그를 초청해주었다. 케플러가 스스로 가톨릭신도임을 서약해줄 것을 기대하고 있던 그라쯔측은 그가 끝내 그것을 거부하자 최종적이고 영구적인 추방을 결정했다. 다시는 돌아올 수 없도록 엄청난 벌금도 부과시켰다. 그해 9월 케플러는 프라하로 이주했다.

흔히 '보헤미아'라고 부르는 뵈메는 지금은 체코의 한 지방이다. 당시는 황제 루돌프 2세가 통치하고 있었다. 그는 국가경영에는 별관심이 없었던 모양이다. 점성술과 연금술이 그의 주된 관심사였다. 그의 궁정에는 적당히 배운 말 많은 인간들과 사기꾼들이 들끓고 있었다.

케플러도 그들 무리에 끼어들게 되었다. 브라헤 교수의 추천으로 황제가 그에게 새로운 성좌도를 만들 것을 위촉했기 때문이었다. 앞질러서 얘기하자면, 그 성좌도가 완성되는 데는 꼬박 26년이 걸린다. 어쨌거나……

브라헤는 케플러가 프라하에서 생활의 안정을 얻을 수 있도록 성심성의껏 지원했다. 황실의 일을 맡도록 했을 뿐만 아니라 자신이 맡고 있는 다른 일들도 나누어주었다. 그러나 브라헤는 케플러가 그곳으로 이주한 지 1년 만에 사망하고 말았다. 케플러는 또다시 홀로 남겨졌다. 다행히 브라헤가 케플러의 몫으로 남겨놓은 유산이 있어 당장 생활의 어려움을 겪지는 않아도 되었던 모양이다.

**천문학자로서 치명적인 약점, '눈이 좋지 않았다'** |  살다보면 전혀 예기치 않은 상황에서 전혀 예상 밖의 사람으로부터 은혜를 입게도 되지만 두 사람의 짧았던 관계로 본다면 브라헤가 케플러를 그렇듯 전폭적으로 후원한 것은 의외였다. 그는 물질적인 지원뿐만 아니라 자신이

평생에 걸쳐 관찰했던 천체에 관한 모든 자료들도 케플러에게 넘겨주었다. 케플러는 눈이 좋지 않았다. 천문학자로서는 치명적인 약점을 갖고 있었던 셈이다. 그로서는 브라헤가 남겨놓은 천체관측 자료가 그 무엇보다도 소중한 유산이었을 것이다. 우리가 알고 있듯이 케플러는 그 자료들을 잘 활용했고, 브라헤에게 보답했다.

1601년 케플러는 브라헤의 후임으로 궁정수학자로 위촉되었다. 적지 않은 돈을 급료로 받게 되었다. 그러나 약속된 전액이 제대로 지불된 적이 단 한번도 없었다. 그 이유는 알 수 없으나, 그로 인해 그는 항상 경제적 궁핍을 겪어야 했던 모양이다.

경제적 곤란으로 인해 그는 항상 부업을 했어야 했다. 부업은 다름 아닌 점성술이었다. 당시 유력인사의 대부분이 최소 한번쯤은 그가 치는 엉터리 '점'에 귀를 기울였던 모양이다. '점바치'로서 고객과 궁합이 맞았던 경우도 있었던 것 같다. 훗날 '30년 전쟁'에서 이름을 떨치게 되는 발렌슈타인 장군은 케플러의 점괘에 반해 그를 자기 집안의 '전속 점바치'로 삼기도 했다. 물론 먼 훗날이기는 하지만.


### 『새로운 천문학』, '케플러의 법칙'이 탄생하다

케플러는 브라헤의 관측자료를 수학적으로 분석하는 작업에 몰입했다. 1604년 케플러는 자신의 천문학적 인식 중에서 광학적인 부문만을 뽑아내어 『광천문학』이라는 이름의 책을 펴냈다. 그것이 오늘날의 광물리학의 기초가 되었다. 이 책에서 그는 빛의 굴절현상, 그리고 그것이 천체관측에 미치는 영향을 논증했다.

1609년에는 프라하에서의 연구를 집대성
한 『새로운 천문학』을 출간했다. 13년 전의
『우주의 비밀』이 코페르니쿠스의 발상에 기
초한 철학적 명제를 집대성한 것이었던 반
면 13년 후의 책은 그 명제들에 대한 수학적
뒷받침이 주된 내용이었다. 후기에서 케플
러는 『새로운 천문학』이 브라헤의 도움이
있었기 때문에 가능했다는 말을 빠뜨리지
않았다.

오늘날에도 여전히 유효한, 그 유명한 '케
플러의 법칙'은 이 책에서 비롯되었다. "행
성들이 타원궤도를 따라 움직이며, 그 중심

프라하 시절, 케플러가 출간한 『새로운 천문학』의
표지.

에 태양이 있다"는 등 오늘날 우리가 너무나도 당연한 것으로 받아들
이고 있는 명제들이 바로 그것이다. 행성의 질서가 그에 의해 규명된
것이다.


**갈릴레이의 실수를 밝혀내다** | 이론적으로 본다면 케플러는 수십
년 뒤에 태어나게 되는 뉴턴에게도 가르침을 준 셈이다.

그러나 뉴턴이 현상자체에 몰입했던 반면 케플러는 자신이 체득한
모든 자연과학적 지식을 신학의 발전에 귀속시키고자 했다는 점에서

크게 차이가 난다.

그 무렵 그는 딸 하나와 아들 둘을 낳았다. 1611년에는 아내가 사망했다. 그해에 그는 광학에 관한 책을 펴냈다. 『광선 굴절론』이란 제목으로 발간된 그 책은 광선의 측정법과 망원경에 의한 천체관찰법을 기술한 것이었다.

이 책과 뒤이은 몇몇 논문에서 그는 갈릴레이가 발명한 망원경에 의한 천체관측법의 한계를 지적했다. 목성의 한 위성을 행성인 것으로 인식했던 갈릴레이의 실수도 밝혀냈다.

눈송이가 결정체라는 사실과 그것의 형상을 밝혀내고, 수학적으로 논증한 것도 그 무렵이었다.

잠깐이나마 케플러에게 경제적 안정을 제공했던 발렌슈타인과 케플러의 모습.

그 자신이 존경했든 안 했든 간에 루돌프 2세는 든든한 후견인이었다. 몽상가였던 황제가 1612년에 죽었다. 몽상가는 원래 후한 법이다. 그의 밑에서 일하는 동안 케플러가 종교문제로 어려움을 겪었던 적은 없었다.

그러나 새로운 황제는 종교적 관용과는 거리가 먼 사람이었다. 케플러는 프라하에서 살날도 얼마 남지 않았다는 것을 감지했다.

그는 다시 튀빙겐으로 돌아가고자 백방으로 선을 대었다. 정신의 고향으로 돌아가고자 했던 그의 시도는 그러나 결국 실패로 끝났다. 그때부터 죽을 때까지 약 20년 동안 경제적 궁핍은 그를 떠나지 않았다.

당시의 개혁교회는 그를 포용할 수 없을 정도로 경직되어 있었다. 루터파의 정교가 확립되면서 신교는 가톨릭 이상으로 배타적이 되어 있었다. 오갈 데 없는 천재는 아무런 대책도 없이 1612년 프라하를 떠났다.

### 파문을 가져온 금서 『코페르니쿠스 천문학의 기초』

케플러는 도나우 강변의 린쯔에 도착했다. 지난 12년 동안 케플러는 황실전속 수학자로서 마음껏 연구할 수 있었다. 그러나 이제는 연구는 고사하고, 하루하루의 끼니를 걱정해야 할 상황이었다. 소문으로 케플러의 경력을 알게 된 시당국이 그에게 토지측량사의 자리를 제안해왔다.

그들은 위대한 천재가 품고 있는 학문적 야망 따위에는 관심이 없었다. 그들이 원했던 것은 지도를 정확히 읽을 줄 알고, 그리고 어디서 어디까지가 누구 땅이라고 판정할 수 있는 지극히 현실적인 능력이었다.

학교에서 수학과 철학도 가르쳐야 했다. 개인적인 연구를 위한 시간은 거의 없었다. 그럼에도 불구하고 그는 몇년 뒤 몇권의 책을 세상에 내놓았다. "시간 없어 못했다"는 말이 입에 붙은 사람들은 부끄러워해야 할 대목이다.

그가 쓴 책 중에서 물론 토지측량과 관련된 것도 있었으나 대부분이 천문학과 관련된 것들이었다. 1618년에는 그 자신의 천문학적 지식을 집대성한 『코페르니쿠스 천문학의 기초』 제1부가 책으로 나왔다. 그

책에 대한 반향은 엄청났다. 오로지 부정적인 의미로만.

　로마 교황청은 그 책을 금서목록에 포함시켰고, 신교측은 그를 파문시켰다.


## '마녀사냥'에 휘말린 어머니를 위해 헌신하다

엎친 데 덮친 격으로 그는 가정적인 어려움도 겪어야 했다. 아무런 대책도 없이 프라하를 떠나야 했던 그는 아이들을 낯선 사람에게 맡겨두고 왔었다. 양육비를 보내줄 수도 없는 입장이었던 그는 아이들을 하루 빨리 데려와야만 했다. 아이들에게 새엄마가 필요했다. 1613년 그는 18년 연하의 스물네살짜리 처녀를 대충 새 아내로 맞았다. 일찍 부모를 여의고 고아로 자라난 여성이었다. 그의 어깨가 더 무거워졌으나 별다른 해결책도 보이지 않았다.

　1615년 레온베르크에 살고 있던 그의 어머니가 '마녀'로 지목되어 재판을 받게 되었다. 앞서 언급했듯이 그는 성장기에 부모로부터 크게 은덕을 입은 바도 없었고, 모친에 대한 애정도 거의 없는 상태였다.

　그러나 그는 모친을 살리기 위해 갖은 노력을 아끼지 않았다. 자신을 파문하고, 자신의 노작을 금서에 포함시킨 교회에 대한 적개심 때문이었을 수도 있다. 어쨌거나…… 그는 6년간에 걸친 법정투쟁 끝에 모친에게 씌워진 혐의를 벗기는 데에 성공한다. 그러나 모친은 오랜 수형생활의 후유증으로 무죄판결을 받고 석방된 그 이듬해에 사망했다.

## 자비로 완성한 '성좌도', 20년 만에 완성하다

케플러가 루돌프 황제로부터 성좌도를 만들 것을 위촉받았다는 얘기는 이미 했다. 수백년이 지난 오늘날에도 천문학의 가장 중요한 자료로 손꼽히는 그것을 그는 그 당시 아직 완성치 못하고 있었다. 루돌프가 죽고, 후임 황제가 등극하면서 프라하를 떠난 그였으나 공식적으로는 그때까지도 그가 황실전속의 수학자로 위촉되어 있는 상태였다.

성좌도가 완성될 때까지 그 신분은 지속되게 되어 있었다. 그러나 앞서 언급했듯이 급료가 제대로 지불된 적도 없었고, 더구나 그가 프라하를 떠난 이후로는 단돈 한 푼도 지원되지 않은 상태였다. 그는 자비로 그것을 완성할 수밖에 없었다.

1627년 그는 성좌도를 완성했다. 그러나 인쇄비용을 마련할 길이 없었다. 그 무렵 그가 반개혁파들에 의해 린쯔에서조차 쫓겨났기 때문이었다.

1627년도 얼마 남지 않은 시점에 그는 울름에 머물고 있었다. 그곳에서 그는 몇몇 사람들로부터 도움을 받아 성좌도의 인쇄를 시작했으나 인쇄비용은 생각보다 많이 들었다. 인쇄업자와 한바탕 싸움을 하고 나서 그는 그것들을 들고 프랑크푸르트로 달려갔다. 그곳에서 '도서박람회'가 열리고 있었기 때문이었다. 프랑크푸르트 도서박람회는 수백년이 지난 오늘날에도 개최되고 있다. 어쨌거나…….

그 자신은 그 성좌도가 엄청나게 잘 팔려서 밀린 인쇄비도 갚고, 그리고 생활도 한결 나아질 것으로 기대했으나 현실은 그의 뜻대로 되지는 않았다. 그저 빚을 갚을 수 있을 정도의 소득은 있었던 모양이다.

울름으로 돌아온 그는 개혁파에 대한 미련을 버리고, 가톨릭의 영향권에 있는 도시나 대학에 일자리를 얻고자 동분서주했다.

### 발렌슈타인, 전속 점성술사를 제안하다

그렇다고 그가 뒤늦게나마 가톨릭신도임을 서약한 것도 아니었다. 교회가 둘로 양분되어 있던 그 당시 그 어느쪽에도 서지 않은 그에게 어느쪽에서도 일자리를 주지 않은 것은 어쩌면 지극히 당연한 일일 수도 있다.

그는 아무런 소득도 없이 여기저기를 기웃거리기만 했다. 극한상황에 처한 케플러는 프라하로 돌아갔다. 그리고 완성된 성좌도를 황제에게 헌정했다. 페르디난드 2세는 전임황제가 그런 작업을 위촉했다는 사실도 모르고 있었으나 어쨌든 그를 따뜻이 맞이했다. 성좌도를 받으면서 대단한 사례를 할 것처럼 얘기는 했으나 케플러에게 주어진 것은 아무것도 없었다.

속절없이 기다리고 있는 케플러에게 한때 '고객'이었던 발렌슈타인 장군이 재미있는 제안을 해왔다. 자기집안의 '전속 점성술사'가 되어달라는 것이었다. 케플러는 당연히 거절했다. 별의 질서를 자연과학의 영역으로 확립한 것이 바로 그 자신인 마당에 점성술을 팔아먹을 수는 없는 노릇이었다. 바짝 달아오른 발렌슈타인은 처음 제시했던 급료의 두 배를 주겠다는 제안을 해왔고, 곤궁에 처해 있던 케플러는 그 제안을 수락했다.

케플러의 출생지 봐일에 있는 동상.

1628년 케플러는 발렌슈타인의 본거지인 사강으로 옮겨갔다. 얼마 뒤 가족들도 따라왔다. 경제적 안정은 보장되었으나 하는 일도 마음에 들지 않았고, 그리고 그 지역의 반개혁파의 핍박도 심했다. 그러나 발렌슈타인이 그런 외부의 압력 정도는 막아줄 능력이 있었다.

### "나는 하늘을 측량했다네"

사강에서 케플러는 젊은 의사 야콥 바르쉬를 만났다. 천문학에도 조예가 깊었던 그 청년의사의 도움으로 케플러는 자신의 말년의 역작들을 완성할 수 있었다. 그 청년의사는 그의 사위가 되었다. 그러나 그들의 만남은 잠깐으로 끝났다. 앞질러 하는 얘기지만 케플러의 죽음이 그들을 갈라놓았고, 사위 바르쉬도 1633년 페스트에 걸려 세상을 떠났다.

1630년 발렌슈타인과 황제 간에 갈등이 일어났다. 케플러는 발렌슈타인의 불확실한 미래에 자신의 운명이 휩쓸리는 것을 원치 않았다. 그는 사강을 떠났다.

생애의 막바지에 이르러 초조해진 그는 레겐스부르크로 향했다. 마침 그곳에서는 제국의회가 소집되고 있었다. 황제든 제후든 누구든 붙잡고, 자신의 연구를 지원해줄 것을 요청할 참이었다.

그러나 그는 레겐스부르크까지 가지도 못하고 라이프찌히에서 몸져 누웠다. 황실전속 수학자가 중병에 걸렸다는 소식을 접한 황제가 약간의 위로금을 보내왔다. 그가 그동안 받지 못한 급료에 비하면 형편없는 액수였다. 학문적 야망을 못다 이룬 한을 품은 채, 그는 1630년 11

월 17일 영면했다.

그가 묻혔던 묘지는 폐허가 되어 그의 인골은 간 데 없고, 비석만 남아있는 모양이다. 그의 묘비명을 여기에 옮긴다.

"나는 하늘을 측량했다네. 그리고 이젠 여기에 누워있는 내 육신의 그늘과 내 정신과 내가 천국의 삶을 살았던 이 땅의 그늘을 측량하고 있다네.

## 뜻밖의 세계사

초　판 1쇄 발행 ｜ 1997년　4월 17일
개정판 1쇄 발행 ｜ 2006년 12월 11일

지은이 ｜ 엄창현
펴낸이 ｜ 최용범
펴낸곳 ｜ 페이퍼로드

주소 ｜ 서울시 마포구 연남동 563-10 2층
전화 ｜ 326-0328, 6387-2341
팩스 ｜ 335-0334
이메일 ｜ paperroad@hanmir.com
출판등록 ｜ 2002년 8월 7일(제 10-2427호)

ⓒ 엄창현, 2006

ISBN　89-958266-2-2　03900

책값은 뒤표지에 표시되어 있습니다.
잘못된 책은 구입한 곳에서 바꾸어드립니다.